国家社科基金青年项目（批准号：10CJY003）

TISHENG XIBU DIQU
ZIWO FAZHAN NENGLI
ZHANLUE YANJIU

提升西部地区自我发展能力 战略研究

王彬彬／著

中国财经出版传媒集团
经济科学出版社
Economic Science Press

图书在版编目（CIP）数据

提升西部地区自我发展能力战略研究/王彬彬著.
—北京：经济科学出版社，2017.11
ISBN 978-7-5141-8772-4

Ⅰ.①提… Ⅱ.①王… Ⅲ.①区域经济发展-研究-西北地区②区域经济发展-研究-西南地区 Ⅳ.①F217

中国版本图书馆CIP数据核字（2017）第304956号

责任编辑：李　雪
责任校对：隗立娜
责任印制：邱　天

提升西部地区自我发展能力战略研究
王彬彬　著
经济科学出版社出版、发行　新华书店经销
社址：北京市海淀区阜成路甲28号　邮编：100142
总编部电话：010-88191217　发行部电话：010-88191522
网址：www.esp.com.cn
电子邮件：esp@esp.com.cn
天猫网店：经济科学出版社旗舰店
网址：http://jjkxcbs.tmall.com
固安华明印业有限公司印装
710×1000　16开　19.75印张　220000字
2017年12月第1版　2017年12月第1次印刷
ISBN 978-7-5141-8772-4　定价：68.00元
（图书出现印装问题，本社负责调换。电话：010-88191510）

序

2010年《中共中央国务院关于深入实施西部大开发战略的若干意见》（以下简称《意见》）发布。《意见》在系统总结西部大开发十年成就的基础上，提出以“增强自我发展能力”深入实施西部大开发战略。站在深入推进西部大开发新的历史起点上，培育特色优势产业，增强西部地区自我发展能力，刻不容缓。其关键就在于要转变发展方式。长期以来，我们片面坚持在比较优势战略框架下发展特色优势产业，通过外生要素投入和政策倾斜，激活西部地区优势资源要素转化，形成规模供给能力和竞争力，从而提升资本形成能力和自我发展能力。然而，面对外需波动、资源要素价格上升等新形势，基于比较优势的西部地区特色优势产业将不可避免地面临产业竞争力下降、“根植性”不强、产能过剩等新考验。西部地区唯有借鉴本地原生性特色优势产业的发展经验，抓住市场需求快速扩大的机遇，深挖本地市场潜力，形成产业集聚与规模经济，才能坚实构建自我发展能力不断提升的产业基础，应对国内外宏观经济环境变化和区域经济竞争所带来的巨大挑战。

然而，时移世易。2007年美国次贷危机爆发，并于2008年9月后向欧洲扩散，在2010年酿成欧洲主权债务危机。随后，本次经济危机快速蔓延成全球经济危机，时至今日各国仍然深陷于经济衰退之中，发达国家、金砖国家及其他新兴工业化国家普遍面临经济增长长期停滞的风险。而2010年后我国的国内外环境也发生了重大变化。这些变化主要表现在三个方面：第一，在历经30多年持续快速增长、举世瞩目的“中国奇迹”后，2010年中国超过日本成为全球第二大经济体和全球制造业第一大国，2012年我国超过美国成为全球进出口贸易第一大国，中国的实体经济整体崛起。2014年我国西部地区经济增速领先全国，实现GDP138073．5亿元，占全国比重的20．18%。作为大国经济特征下的西部地区，部分省份的经济规模已经分别超过泰国和以色列这些国家，而同时其人均GDP仅为全球人均GDP的一半。因此，2010年后西部地区发展的内涵是发达和欠发达、赶超和扶贫并存。第二，全球化的态势发生重要转变，全球贸易显现出区域化、集团化的趋势。在经济危机的冲击下，欧美市场相对萎缩，而东南亚、中东、中亚、南亚、南美、非洲等新兴区域性市场的市场潜力和市场地位相对上升，面向东南亚、中亚、南亚、俄罗斯的沿边贸易兴起，使得西部地区从传统的内陆封闭地区转变为沿边开放地区。随着“一带一路”倡议逐渐将欧亚市场和其他区域性市场连为一体，跨国高铁基础设施建设、跨境电子商务、跨境人民币结算以及更具有战略性的亚洲基础设施投资银行、丝路基金等，推动西部地区直接融入世界的开放经济快速发展起来。按照传统发展经济学的逻辑，作为发展核心的资本形成，西部地区已经可以从自我积累、自我发展转到利用全球资本加速区域资本形成的“快车道”来。第三，在加快发展的同时，西部地区也面临全球经济危机、中国经济“新常态”等现实挑战，经济增速不断下降。传统上西部地区劳动工资低、资源价格低、土地成本低、环境容量高的比较优势随着区域经济一体化、要素流动、过度开发而逐渐消解。虽然除了少数超大城市、特大城市，西部地区其余区域相对于东部地区仍有比较优势，但相对于越南、孟加拉等东亚生产体系内的发展中国家已部分偏高。由此，资本、产业、人口迁移的流向出现竞争性的态势，西部地区并不是必然的流向目的地。而在前十年西部大开发中，由自然资源掠夺性开发和环境过度污染等不当的自我发展方式所累积起来的生态环境问题、经济社会问题，也在2010年后集中凸现出来，从而表明传统的自我发展方式值得反思、自我发展能力需要提升。

在此背景下，党和国家对西部大开发的总体战略做了重要调整，建设西部地区内陆开放型经济成为新的战略取向。2012年9月12日李克强同志在2012中国（宁夏）国际投资贸易洽谈会暨第三届中阿经贸论坛上提出，“向西开放是中国全方位对外开放的重大举措”。2013年9月7日习近平同志在哈萨克斯坦纳扎尔巴耶夫大学演讲时，提出“一带一路”倡议。因此，今天的西部大开发，是在“一带一路”倡议这一中国的全球战略下统筹推进。西部地区成为中国向西开放的前沿基地，西部大开发也成为中国加快“一带一路”建设的重要支撑。

作者王彬彬是我的博士弟子，他长期从事区域经济发展和资源环境经济研究，具有扎实的理论功底和敏锐的观察能力，在科研工作中踏实认真、勤于思索、大胆创新，坚持理论联系实际。作为国家社会科学基金项目的研究成果，他的学术专著《提升西部地区自我发展能力战略研究》即将面世。该书引入“国家能力”概念，以国家能力体系构建西部地区的自我发展能力体系，并从生态文明战略、开放经济战略、创新驱动发展战略、社会协调战略四个方面，探讨提升西部地区自我发展能力的思路和路径。

该书将国家能力这一宏观层面的概念和西部地区自我发展能力结合起来，创新性地构建起区域自我发展能力体系，具有相当的深度和难度。但作者凭借多年来理论知识的积累和的学术品格，深入实地调研，孜孜以求，大胆探索，取得了丰硕的成果。作为他的导师，对他在学术研究道路上的这种坚持不懈和勤奋努力，感到由衷的欣慰。这本著作也是王彬彬副教授学术生涯的新起点，希望他继续秉承“努力为地方经济做一点切实贡献”的师门精神，在区域经济发展的学术道路上继续努力，不断进取，取得更大的成就。

邓　玲

四川大学教授、博士生导师

2017 年 12 月 20 日于川大花园

摘 要

不断提升西部地区自我发展能力是我国推进西部大开发的战略途径和目标导向。早在本世纪初，我国就从国家战略层面上高度重视西部地区自我发展能力建设，优先推进基础设施和生态环境建设，统筹产业、民生、公共服务有序发展，加快区域增长极培育和对内对外开放，初步破解了制约发展的瓶颈约束，取得了显著成效。然而，遗憾的是，西部地区自我发展能力建设始终未能取得突破性进展。究其原因是多方面的，而其中最重要的原因是作为关键支撑的特色优势产业发展长期滞后，“造血”功能仍然不强，从而造成投资饥渴、资源诅咒、路径依赖、制度刚性等现象。

2013 年，国家主席习近平出访中亚和东南亚国家期间，先后提出共建“丝绸之路经济带”和“21 世纪海上丝绸之路”的重大倡议，这是我国未来 30 年乃至更长时间的全球战略，是新形势下对外开放战略的深化和突破。随着“一带一路”倡议的全方位推进，西部大开发逐渐实现战略转向，如何在新的区域开放格局下高质量地提升西部地区自我发展能力是当前亟待破解的难题，西部地区自我发展能力建设呼唤理论和理念的创新。

在开放经济下，在全球化所形成的“世界市场”中，单一国家成了参与全球竞争的个体，由国家能力决定的国家发展能力和竞争能力是参与全球化、走向国家成功、避免国家失败的基石。因此，从全球视野来审视单个国家的发展，不断提升国家能力至关重要。而在具有大国经济特征的中国，走向开放的西部地区包含有12个经济总量“富可敌国”的省份，且西北地区、西南地区经济一体化趋势明显。从理论上来说，西部地区不仅具有区域经济的基本特征，更具有亚国家（Sub-state）经济的基本特征。在经济危机愈演愈烈的今天，各国普遍采取了救助危机、促进就业、支持创新等国家干预经济的反经济周期政策，主要发达国家也实施了极度宽松的货币政策，推动经济发展的已不只是市场的力量，国家的作用显著上升，国家在经济发展中再次回归。因此，本书引入“国家能力”概念，以国家能力体系构建西部地区的自我发展能力体系，并从生态文明战略、开放经济战略、创新驱动发展战略、社会协调战略四个方面，探讨提升西部地区自我发展能力的思路和路径。

本书认为，在开放经济下，西部地区的自我发展不仅在于通过产业发展具备自身的“造血”能力，更在于因应国内外环境变化，适时地转换发展战略、融入全球经济、提高社会协调等。因此，本书首先引入“国家能力”的概念来整体研究西部地区作为一个“亚国家”体系在发展中所需具备的能力，构建起促进发展的国家能力基本体系；其次，将发展解构为基于市场的自组织发展、欠发达的赶超发展、融入外部经济的开放发展、注重生态环境保护的可持续发展、促进平等的包容发展，并相应地将自我发展能力解构为创新激励、资本形成、全球竞争、生态治理、社会协调等能力，形成国家能力的解释框架；最后，坚持问题导向，分别研究生态文明战略、开放经济战略、创新驱动发展战略、社会协调战略的实施思路，通过案例分析，提出具体的对策。

第一，本书构建了西部地区自我发展能力的国家能力解释框架。本书认为，从历史的侧面透视国家和地区的兴衰，位于同一区域、拥有同类资源的国家和地区，因遵循不同的发展路径，有的走向富强，而有的陷于贫弱，关键在于发展战略和发展路径的抉择。这是一种主要的发展能力，其主体是国家和地区。对于东亚国家来说，国家参与到经济发展的全过程和全领域，一国的国家能力在很大程度上决定了该国的发展能力。而在中国经济的崛起过程中，国家也起到了重要作用。根据各国发展经验和国外理论研究成果，促进发展的国家能力基本体系包括财政能力、行政能力、法治能力、基础能力和军事能力。另外，在今天，发展是一个广义的概念。它不仅包括经济的发展，也包括社会的发展、政治的发展等；不仅包括个人收入的增长，也包括能力和权利的获得、选择的自由等。本书认为，发展的主要维度有基于市场的自组织发展、欠发达的赶超发展、融入外部经济的开放发展、注重生态环境保护的可持续发展、促进平等的包容发展等；而相应的促进发展的国家能力包括创新激励能力、全球竞争能力、生态治理能力和社会协调能力。

第二，本书分析了西部地区实施生态文明战略对提升可持续发展能力的影响，并从指导理念、发展方式、重点领域、特色产业四个方面提出西部提升可持续发展能力的基本思路和重点。本书认为：第一，在指导理念上，坚持经济建设与生态文明建设融合发展。推动西部地区形成经济发展与生态环境的良性循环、互动发展模式，既能够有效维护生态环境，增强环境承载力，又能够通过发展绿色产业，培育新的经济增长点，达到经济发展与环境保护的双赢目标。第二，在发展方式上，由传统发展方式转变为绿色发展方式。西部地区需要从传统的单纯依靠要素投入和规模扩大的粗放型发展模式，转变为一种基于绿色要素、信息技术、知识集成、“互联网+”等的新型的绿色发展模式，以一种新的发展方式来完成工业化初期到工业化中期的过渡。第三，在重点领域上，重视贫困地区扶贫开发和可持续发展。实现摆脱贫困社会和谐稳定的途径是培育自我发展能力，就西部贫困地区的发展条件和水平来看，培育自我发展能力中的赶超发展能力、自组织发展能力等为时尚早，实施生态文明战略，培育其可持续发展能力是最为紧迫也是最有效的方法。第四，在特色产业上，发展具有优势且代表新经济形态的低碳农业。西部地区具有发展低碳农业的巨大潜力，因地制宜地推广和发展低碳农业，既实现了农业生产方式的转变，又能够大大提升农业的可持续发展能力。

第三，本书认为“一带一路”倡议是奠定中国21世纪上半叶国家竞争优势的重大战略。其价值在于：从区域开发层面，开放和贸易已取代开发和资源，成为深入推进西部大开发的主题和动力；从中国经济层面，是工业资本（制造业过剩产能）和金融资本（人民币国际化）协同输出的主要途径，是新常态下中国经济新的增长点；从国际政治层面，是我国联通东亚市场、欧盟市场、中东市场、印度次大陆市场，由区域一体化参与新的全球竞争的主要抓手。这意味着地区乃至全球经济格局将随之改变，内陆在全球经济中的地位上升，将开创新世纪我国内陆和沿海共同发展的新局面。这一战略需求反馈到政策层面，意味着现有的产业政策、投资政策、财税政策甚至于部考评机制等都将发生重大变化。以国家战略为引领，嵌入区域发展战略，着力发展内陆开放型经济，是沿线省区争取更多政策资源和市场投资、推进经济社会发展所必需面临的战略调整。

第四，本书选择货物进出口总额、外贸依存度、外商投资总额、外商直接投资依存度4个指标，对西部地区外贸开放程度和引进外资开放程度进行了分析，结合国家宏观形势，提出西部地区以开放经济战略提升赶超发展能力的基本思路和途径。本书认为，第一，夯实对外开放的基础，重点从交通枢纽、产业升级、政策完善三个方面入手，全面提高开放型经济发展水平；第二，抓住国家新一轮对外开放战略机遇，积极主动地融入“一带一路”倡议；第三，把区位劣势这一发展的内在桎梏转变为对外开放的地缘优势，同时推动西部地区的内陆开放与沿边开放，将重庆、四川、陕西、贵州、青海、宁夏建设成最具活力的内陆开放高地，将广西、云南、新疆、甘肃、内蒙古、西藏建设成最具潜力的沿边开放桥头堡；第四，提高西部地区外向型经济发展的整体竞争力，突出各省区区域特色，有力统筹全面开放与重点开放。

第五，本书从创新经费、创新主体、创新效率三个方面对西部地区创新能力进行了数据分析，基于当前西部创新能力的现状和国际国内创新领域的最新动向、发展趋势，提出西部地区以创新驱动发展战略提升自组织发展能力的思路和实施重点。本书认为，西部地区推动创新驱动发展战略，把创新动力转变为区域自组织发展能力，需要从两个方向来构建基本思路：一是问题导向，针对区域创新存在的问题制订解决方案，制定更有利于创新驱动发展的政策体系，改善要素条件，逐步提高区域整体创新能力。其实施重点是加大政府重视力度、积极培育创新主体、大力提高创新效率。二是目标导向，把握国际创新领域发展趋势，大力发展我国政府高度重视的、东部经济强省已蓬勃兴起的创新产业，拓展创新产业的新业态和新模式，以创新产业带动整个地区产业优化升级。其实施重点是推动生态创新、发展科技服务业、推进空间协同。

第六，本书提出“城镇化中期陷阱”的命题，并分析西部地区如何通过共享能力建设推进新型城镇化、跨越“城镇化中期陷阱”。本书认为，城镇化的不同阶段存在不同的主要矛盾，具有不同的发展动力。各国城镇化的一个普遍经验是，早期基于剥夺和排斥的生存驱动型城镇化必须向共享发展型城镇化转变，共享发展是城镇化中后期的主要动力。而世界上很多国家由于没有及时转换动力，陷入了经济滞胀、社会撕裂、环境恶化的“城镇化中期陷阱”。2011年末我国常住人口城镇化率首次突破50%，进入了城镇化中期阶段，正直面这一挑战。为此，2016年党和政府在提出以人为核心的新型城镇化的基础上，进一步部署以五大理念引领新型城镇化，尤其是以共享发展跨越“城镇化中期陷阱”。作为我国新型城镇化的关键区域，西部地区应不断增强共享发展能力，实现新型城镇化的可持续发展。

目　　录

导论 ……………………………………………………………………… 1

一、研究的背景和意义 ……………………………………… 1

二、研究对象与概念界定 …………………………………… 5

三、研究综述 ……………………………………………… 13

四、研究思路、框架和方法 ……………………………… 24

五、结构与内容 …………………………………………… 26

六、主要观点 ……………………………………………… 28

七、可能创新点 …………………………………………… 33

第一章　自我发展能力：一个国家能力的解释框架 ……………… 38

第一节　发展与国家能力：近十五年国外研究进展 ………… 40

一、国家能力：从政治学到经济学 ……………………… 43

二、促进发展的国家能力基本体系 ……………………… 46

三、促进发展的国家能力的形成 ………………………… 52

第二节　多维发展与国家能力结构 …………………………… 56

一、创新激励：自组织发展的能力 …………………………… 56

二、资本形成：赶超发展的能力 …………………………… 59

三、全球竞争：开放发展的能力 …………………………… 63

四、生态治理：可持续发展的能力 …………………………… 66

五、社会协调：包容发展的能力 …………………………… 68

第二章　以生态文明战略提升西部地区可持续发展能力：生态文明建设的视角 …………………………… 71

第一节　生态文明战略的制度性内涵与实施机制 …………… 72

一、生态文明的制度性内涵 …………………………… 73

二、生态文明战略的实施机制 …………………………… 76

第二节　以生态文明战略提升可持续发展能力的思路与格局 …………………………… 89

一、实施生态文明战略对提升可持续发展能力的影响 …………………………… 90

二、以生态文明战略提升可持续发展能力的基本思路和重点 …………………………… 96

第三节　以生态文明战略提升可持续发展能力的实践探索 …………………………… 105

一、“制度创新优先、社会协调协商、绿色赶超发展”的贵阳实践 …………………………… 106

二、“区域竞生、产城共生、资源再生、生态自生”的荥经实践 …………………………… 112

第三章　以开放经济战略提升西部地区赶超发展能力：“一带一路”倡议的视角 …… 120

第一节　开放经济战略的内涵和新构想 …… 121

一、开放经济战略的内涵 …… 121

二、开放经济战略对赶超发展能力的作用机理 …… 123

三、新形势下我国对外开放的战略构想：“一带一路”倡议 …… 130

第二节　西部以开放经济战略提升赶超发展能力的思路与格局 …… 134

一、西部地区的对外开放程度 …… 134

二、以开放经济战略提升赶超发展能力的基本思路与途径 …… 146

三、“一带一路”背景下西部实施开放经济战略的省区格局 …… 153

第三节　以开放经济战略提升赶超发展能力的实践——以四川为例 …… 157

一、加快城市国际化发展，推动多点多极支撑战略 …… 158

二、发挥比较优势，积极主动融入“一带一路”建设 …… 168

第四章　以创新驱动发展战略提升自组织发展能力：创新创意的视角 …… 173

第一节　国家创新驱动发展战略现阶段的实施重点 …… 174

一、创新驱动发展战略的内涵和实施重点的选择 …… 174

二、以推动生态创新为实施重点 …… 176

三、以发展科技服务业为实施重点 …………………… 182
四、以推进创新发展空间协同为实施重点 ……………… 185
第二节　以创新驱动发展战略提升自组织发展能力的思路和重点 …………………………………………… 190
一、西部地区的创新能力分析 ……………………… 190
二、西部以创新驱动发展战略提升自组织发展能力的思路构建 ………………………………… 208
三、西部以创新驱动发展战略提升自组织发展能力的实施重点 ………………………………… 211
第三节　以创新驱动发展战略提升自组织发展能力的实践 …………………………………………… 226
一、战略资源型城市创新驱动绿色发展的“攀枝花实践” …………………………………… 227
二、中心城区发展文化创意产业的“成华实践” …… 235
第五章　以社会协调战略提升包容发展能力：新型城镇化的视角 ……………………………………… 241
第一节　“城镇化中期陷阱”与动力转换 ………………… 243
第二节　共享发展：跨越“城镇化中期陷阱”的中国道路………………………………………………… 249
第三节　西部地区：我国新型城镇化的关键区域 ………… 253
一、“十二五”时期人的城镇化视域下西部地区的人口流向………………………………………… 253
二、“十三五”时期“三个1亿人”目标的西部地区分解………………………………………… 256

第四节　共享发展能力建设：西部地区新型城镇化的破题之法…… 258
一、西部地区新型城镇化共享发展能力的评价 …… 259
二、西部地区新型城镇化的共享发展能力建设 …… 264

参考文献 …… 268
后记 …… 293

导　论

一、研究的背景和意义

不断提升西部地区自我发展能力是我国推进西部大开发的战略途径和目标导向。早在21世纪初，我国就从国家战略层面上高度重视西部地区自我发展能力建设，优先推进基础设施和生态环境建设，统筹产业、民生、公共服务有序发展，加快区域增长极培育和对内对外开放，初步破解了制约发展的“瓶颈”约束，取得了显著成效。然而，遗憾的是，西部地区自我发展能力建设始终未能取得突破性进展。究其原因是多方面的，而其中最重要的原因是作为关键支撑的特色优势产业发展长期滞后，“造血”功能仍然不强，从而造成投资饥渴、资源诅咒、路径依赖、制度刚性等现象。

2010年《中共中央国务院关于深入实施西部大开发战略的若干意见》（以下简称《意见》）发布。《意见》在系统总结西部大开发十年成就的基础上，提出以“增强自我发展能力”为深入实施西部大开发战略的主线。站在深入推进西部大开发新的历史起点上，培育特色优势产业，增强西部地区自我发展能力，刻不容缓。其关键就在于要转变发展方式。长期以来，我们片面坚持在比较优势战略框架下发展特色优势产业，通过外生要素投入和政策倾斜，激活西部地区优势资源要素转化，形成规模供给能力和竞争力，从而提升资本形成能力和自我发展能力。然而，面对外需波动、资源要素价格上升等新形势，基于比较优势的西部地区特色优势产业将不可避免地面临产业竞争力下降、“根植性”不强、产能过剩等新考验。西部地区唯有借鉴本地原生性特色优势产业的发展经验，抓住市场需求快速扩大的机遇，深挖本地市场潜力，形成产业集聚与规模经济，才能坚实构建自我发展能力不断提升的产业基础，应对国内外宏观经济环境变化和区域经济竞争所带来的巨大挑战。

然而，时移世易。2007 年美国次贷危机爆发，并于 2008 年 9 月后向欧洲扩散，在 2010 年酿成欧洲主权债务危机。随后，本次经济危机快速蔓延成全球经济危机，时至今日各国仍然深陷于经济衰退之中，发达国家、金砖国家及其他新兴工业化国家普遍面临经济增长长期停滞的风险。而 2010 年后我国的国内外环境也发生了重大变化。这些变化主要表现在 3 个方面。第一，在历经 30 多年持续快速增长、举世瞩目的“中国奇迹”后，2010 年中国超过日本成为全球第二大经济体和全球制造业第一大国，2012 年我国超过美国成为全球进出口贸易第一大国，中国的实体经济整体崛起。2014 年我国西部地区经济增速领先全国，实现 GDP138073.5 亿元，占全国比重的 20.18%，其中排名第一的四川 GDP28536.66 亿元、排名第二的陕西 GDP17689.94 亿元。作为大国经济特征下的西部地区，部分省份的经济规模已经分别超过泰国和以色列这些国家，而同时其人均 GDP 仅为全球人均 GDP 的一半。因此，2010 年后西部地区发展的内涵是发达和欠发达、赶超和扶贫并存。第二，全球化的态势发生重要转变，全球贸易显现出区域化、集团化的趋势。在经济危机的冲击下，欧美市场相对萎缩，而东南亚、中东、中亚、南亚、南美、非洲等新兴区域性市场的市场潜力和市场地位相对上升，面向东南亚、中亚、南亚、俄罗斯的沿边贸易兴起，使得西部地区从传统的内陆封闭地区转变为沿边开放地区。随着“一带一路”倡议逐渐将欧亚市场和其他区域性市场连为一体，跨国高铁基础设施建设、跨境电子商务、跨境人民币结算以及更具有战略性的亚洲基础设施投资银行、丝路基金等，推动西部地区直接融入世界的开放经济快速发展起来。按照传统发展经济学的逻辑，作为发展核心的资本形成，西部地区已经可以从自我积累、自我发展转到利用全球资本加速区域资本形成的“快车道”来。第三，在加快发展的同时，西部地区也面临全球经济危机、中国经济“新常态”等现实挑战，经济增速不断下降。传统上西部地区劳动工资低、资源价格低、土地成本低、环境容量高的比较优势随着区域经济一体化、要素流动、过度开发而逐渐消解。虽然除了少数超大城市、特大城市，西部地区其余区域相对于东部地区仍有比较优势，但相对于越南、孟加拉等东亚生产体系内的发展中国家已部分偏高。由此，资本、产业、人口迁移的流向出现竞争性的态势，西部地区并不是必然的流向目的地。而在前十年西部大开发中，由自然资源掠夺性开发和环境过度污染等不当的自我发展方式所累积起来的生态环境问题、经济社会问题，也在2010年后集中凸显出来，从而表明传统的自我发展方式值得反思、自我发展能力需要提升。

在此背景下，党和国家对西部大开发的总体战略做了重要调整，建设西部地区内陆开放型经济成为新的战略取向。2012 年 9 月 12 日李克强同志在 2012 中国（宁夏）国际投资贸易洽谈会暨第三届中阿经贸论坛上提出，“向西开放是中国全方位对外开放的重大举措”。2013 年 9 月 7 日习近平同志在哈萨克斯坦纳扎尔巴耶夫大学演讲时，提出“一带一路”倡议。2016 年 8 月 17 日，习近平同志在“一带一路”建设工作座谈会上，提出加快推进的 8 点要求。因此，今天的西部大开发，是在“一带一路”倡议这一中国的全球战略下统筹推进。西部地区成为中国向西开放的前沿基地，西部大开发也成为中国加快“一带一路”建设的重要支撑。

西部大开发的战略转向，呼唤理论和理念的创新。在开放经济下，在全球化所形成的“世界市场”中，单一国家成了参与全球竞争的个体，由国家能力决定的国家发展能力和竞争能力是参与全球化、走向国家成功、避免国家失败的基石。因此，从全球视野来审视单个国家的发展，不断提升国家能力至关重要。而走向开放的西部地区包含有 12 个富可敌国的省份，且西北地区、西南地区经济一体化趋势明显。从理论上来说，西部地区不仅具有区域经济的基本特征，更具有亚国家（Sub-state）经济的基本特征。在经济危机愈演愈烈的今天，各国普遍采取了救助危机、促进就业、支持创新等国家干预经济的反经济周期政策，主要发达国家也实施了极度宽松的货币政策，推动经济发展的已不只是市场的力量，国家的作用显著上升，国家在经济发展中再次回归。而西部大开发也较以往更多地受到“一带一路”倡议等国家战略的主导。因此，本书引入政治学中的“国家能力”概念，以国家能力体系构建西部地区的自我发展能力体系及其实施战略，并将五大发展理念贯彻落实。当然，需要说明的是，在本书的研究中，西部地区是作为一个整体的“亚国家”体系进行研究，本书不作结构性分析，因此不讨论西部地区内部的协调发展问题。

二、研究对象与概念界定

（一）西部地区的概念界定与空间范围

本书所研究的西部地区，一般意义上指的是重庆、四川、贵州、云南、广西、陕西、甘肃、青海、宁夏、西藏、新疆、内蒙古十二个省、自治区和直辖市。西部地区土地面积681万平方公里，占全国总面积的71%；人口约3.5亿，占全国总人口的28%。

从划分基础可以看出，西部地区自然资源丰富，处于我国南向和西向出口，具有重要的战略地位。但是由于自然、历史、社会等原因，西部地区经济社会发展与东部、中部和东北部地区相比相对落后。我国实施的西部大开发战略在一定程度上促进了西部地区的发展，但是同其他地区相比，在经济社会发展速度和发展效益、对外开放、社会稳定等方面还存在较大差距。

西部地区的发展，除了其他地区“输血式”的帮扶外，更多的还需要西部地区各省市加强自我发展能力，提高自身“造血”功能，自我发展能力对于西部地区发展具有更加重要的意义。基于此，本书将研究范围界定为西部12省市和自治区。

（二）发展能力的主要内涵

1. 农村发展能力

赵智勇指出，大力提高农村自我发展能力，是建设社会主义新农村的必然要求和重要保证。为此，应不断加强农村基层组织建设，健全村党组织领导的充满活力的村民自治机制，充分发挥村民自治组织的作用；积极推进农村基层民主，完善村规民约，健全村务公开、一事一议等民主管理制度，让农民群众真正享有知情权、参与权、管理权、监督权，形成依靠农民群众建设公共事业、管理公共事务、维护自身权益、化解矛盾纠纷的长效机制；大力发展农村文化事业，丰富农民群众的精神文化生活，提高农民的文化素质和农村的文明程度；充分发挥农村党员的先锋模范作用，提高基层党员干部执行政策的能力、服务群众的能力、化解矛盾的能力、促进发展的能力，为新农村建设提供坚强的政治和组织保障①。

张保指出，改革开放使农村情况发生了巨大的变化，以工业化、城市化促进劳动力非农化，大力推进农业现代化，增强支农惠农力度这“三条路径”为主要内容的农村发展战略的作用条件也发生了相应变化。因此，在新时期，必须调整农村发展战略，增强农村自主发展能力②。

王湘林指出，农民发展能力是农村发展的内源动力，并指出农民发展能力是指在一定的制度和政策环境下，农民自主获取资源、发展生产、改善生活并实现政治诉求的能力，是由体能、智能和潜能所构成的多层次综合能力。

李盛刚指出，自我发展能力属于内生变量，是事物内在基本要素的建构及其存在，是事物发展的根本所在。因此民族地区经济社

---

① 赵智勇：《增强农业、农村、农民的自我发展能力》，载于《人民日报》2006年9月8日，第9版。

② 张保：《调整农村发展战略，增强农村自主发展能力》，载于《生产力研究》，2009年第1期。

会发展受限应坚持民族地区自力更生为主、国家帮助为辅的方针。激发农民的自主意识，催生农业和农村的内部活力，增强农业、农村和农牧民的自我发展能力，是实现农村经济社会全面、协调、可持续发展的根本保证。民族地区农村自我发展能力是民族地区农村发展的关键和根本。它既包括民族地区农村经济方面的发展能力，如经济总体实力、经济结构比例、农牧业产业化和规模经营等，也包括民族地区农村社会方面的发展能力，如教育问题、就业问题、生活质量问题等。因此，农村自我发展能力是推动农牧民增收的最终和持久力量，外源性增收作为加速农牧民增收的外部推动力，必须促进和带动农村自我发展能力的增强①。

2. 企业自生能力

企业自生能力这一概念最初是由林毅夫在研究国有企业改革时提出的，并扩展到了所有企业和我国的经济转型。在1999年的美国经济学年会上，林毅夫和谭国富在一起发表的讨论预算软约束的论文中首先提出了自生能力的概念。对自生能力最系统的阐述是在2001年5月应芝加哥大学之邀去作“Annual D. Gale Johnson Lecture”的第一讲“Development Strategy, Viability, and Economic Convergence”。此文的中文译稿《发展战略、自生能力、经济收敛》刊登于《经济学季刊》第1卷第2期②。在该论文中，林毅夫指出：我用一个开放、自由和竞争市场中的企业的预期利润率来定义自生能力（Viability）一词。如果一个企业通过正常的经营管理预期，

① 李盛刚：《西部民族地区农村发展：机遇自我发展能力研究》，兰州大学博士学位论文，2007年。

② 林毅夫：《自生能力、经济转型与新古典经济学的反思》，载于《经济研究》，2002年第12期。

能够在自由、开放和竞争的市场中赚取社会可接受的正常利润，那么这个企业就是有自生能力的，否则，这个企业就是没有自生能力的。很显然，如果一个企业预期不能获取社会可接受的正常利润，那么就没有人愿意投资，这样的企业除非政府提供支持，否则就不会存在①。如果一个企业在竞争的市场中并未获得大家可以接受的正常利润率，则一定是由于缺乏正常管理。其中可能是公司治理方面的问题，激励机制或是产权的问题，也可能有政府对市场的不正当干预的问题。

林毅夫认为，在一个竞争性市场中，一个企业的自生能力取决于其产品和技术选择是否位于最低成本线上，该线是由经济的相对要素禀赋所决定的②。只有当其产品和技术选择与其要素禀赋相匹配时，企业才能够获得社会可以接受的正常利润，才具有自生能力。

自生能力这一命题最初提出时是以国有企业为对象，但就其经济学逻辑及其现实意义而言，同样适用于自由、开放和竞争市场中的其他经济组织和参与者，如家庭、个人、政府③。

3. 区域发展能力

随着经济社会的发展，中国在区域发展中出现了一系列人口、资源、环境、区域发展差距拉大的问题，而区域发展能力成为解决这些问题的根本途径。现有的区域发展能力研究多以阿玛蒂亚·森的能力理论、韩庆祥的能力本位论和林毅夫的自生能力理论等主流

---

①② 林毅夫：《发展战略、自生能力和经济收敛》，载于《经济学（季刊）》，2002年总第2期。

③ 胡超、王新哲：《城市化在边境民族地区自生能力构建中的作用》，载于《城市问题》，2013年第4期。

理论为基础[1]。从区域发展能力现有研究来看，大多数区域发展能力理论涉及了概念界定、能力培育的重要性、评价标准和培育方式等。当然由于研究视角和依据的理论有所不同，也产生了许多不同的区域发展能力理论流派[2]。

从概念界定看，现有研究也将区域发展能力界定为区域自我发展能力，如周亚成、兰彩萍在《新疆牧区少数民族自我发展能力浅析》中指出："自我发展能力即指在发展过程中，源于自我本体的、与社会发展相吻合的内部推动力量。它包括两方面的内容：一方面是对自身生产、生活的认识与操作能力；另一方面是与社会整体的联系与融合能力。"[3] 周彦、吴一丁在《新疆区域自我发展能力分析》中指出："自我发展能力是指一个国家或地区经济系统内部的经济效益和地区积累能力。它强调的是经济发展的自身基础或造血功能。它并不排斥外部力量对一国或地区经济发展的推动作用……自我发展能力对一个地区的经济增长起到决定性的作用。"[4]

对区域发展能力的构成要素的研究，多集中在特定类型的区域上。如沈茂英在《试论农村贫困人口自我发展能力建设》中指出："贫困人口自我发展能力建设内容包括：贫困人口文化素质和生机能力建设，贫困人口获取社区资源和参与社区决策能力、市场参与

① 魏丽莉、陈璐：《区域发展能力理论研究综述》，载于《经济视角》，2012 年 10 月 25 日。

② 张大玮：《区域发展能力理论——基于阿玛蒂亚·森能力理论的拓展》，兰州大学硕士论文，2014 年。

③ 周亚成、兰彩萍：《新疆牧区少数民族自我发展能力浅析》，载于《新疆大学学报（哲学社会科学版）》，2003 年第 2 期。

④ 周彦、吴一丁：《新疆区域自我发展能力分析》，载于《科技信息》，2007 年第 31 期。

能力、信贷资源获取能力、家庭财产与资源管理分配能力、健康教育与儿童抚养能力、社会就业参与能力等。”① 高新才、王科在《贫困地区发展能力培育》中指出：“自然生态环境可持续发展能力是形成区域自我发展能力的导向，区域社会发展能力是形成区域自我发展能力的基础，区域经济集聚能力是形成区域自我发展能力的保障。”②

对区域发展能力的实现途径和评价的研究，如闫磊在《中国西部区域自我发展能力研究》中构建了区域自我发展能力生成路径。他认为，区域自我发展能力生产激励可包括两条路径，一条是区域主体受产业分工的利益激励产生的“自生”资源联结能力，这一路径称之为区域自我发展能力内在生成路径，简称内生路径；另一条是由国家着眼于空间结构的优化，通过功能分区政策的激励而形成的“新生”发展能力，称之为区域自我发展能力外在生成路径，简称外生路径③。成学真、陈小林则从区域产业发展能力、区内企业竞争力、区域金融服务能力、区域生态环境可持续能力和地方政府行政调控能力 5 个子能力系统出发，构建了三层次、五系统、多指标、多变量的区域发展自生能力的评价指标体系④。李豫新、张争妍则构建了包括政府自我发展能力、家庭自我发展能力、企业自我发展能力、区域学习创新能力 4 个方面，共 10 个具体的指标体系来

① 沈茂英：《试论农村贫困人口自我发展能力建设》，载于《安徽农业科学》，2006 年第 34 卷第 10 期。

② 高新才、王科：《主体功能区视野的贫困地区发展能力培育》，载于《改革》，2008 年第 5 期。

③ 闫磊：《中国西部区域自我发展能力研究》，兰州大学博士论文，2011 年。

④ 成学真、陈小林：《区域发展自生能力界定与评价指标体系构建》，载于《内蒙古社会科学（汉文版）》，2010 年第 31 卷第 1 期。

衡量区域自我发展能力。

4. 可持续发展能力

可持续发展由世界环境与发展委员会最先提出，被定位为“能满足当代人的需要，又不对后代人满足其需要的能力构成危害的发展”。而可持续发展能力建设是实现可持续发展的重要途径。

《21 世纪议程》中对可持续发展能力建设曾有过阐述：一个国家的可持续发展能力在很大程度上取决于其在生态和地理条件下人民和体制的能力，具体地说，能力建设包括一个国家在人力、科学、技术、组织、机构和资源方面的能力的培养和增强。并指出可持续发展能力强调了科学技术的能力、重视人力资本与体制资本的积累、关注国家所处的自然条件、资源储备等自然系统的供给能力[①]。基于此，周海林、黄晶首次定义了可持续发展能力的概念：能力建设是指建立国家、地方、机构和个人在制定正确决策和以有效的方式实施这些正确决策方面的能力，它包括人们不断改善能力效率的整个过程，是一个国家或地方、机构、个人在开发、利用可持续发展能力的过程中所有努力之总和[②]。并提出了技术能力的提高与人力资源的开发、制度效能的提高两条建设途径。牛文元在《可持续发展导论》中将可持续发展能力定位为：“一个特定系统在规定目标和预设阶段内可以成功地将其发展度、协调度、持续度，稳定地约束在可持续发展阈值内的概率。[③] 同时指出，中国的可持续发展能力建设必须通过三条“倒 U 型”曲线：发展动力的“倒 U 型”曲线、

---

① 《21 世纪议程》，http：//www. un. org/chinese/events/wssd/agenda21. htm.

② 周海林、黄晶：《可持续发展能力建设的理论分析与重构》，载于《中国人口、资源与环境》，1999 年第 3 期。

③ 牛文元：《可持续发展导论》，科学出版社 1994 年版。

发展质量的“倒U型”曲线、发展公平的“倒U型”曲线[①]。

5. 自我发展能力

目前，国内研究多将自我发展能力同区域自我发展能力相混淆。本书认为，自我发展能力是包含更广泛的一个概念范畴，区域自我发展能力只是其中一部分，同时区域自我发展能力也是目前研究较多的范畴。

周生俊则指出，自我发展能力应该包括认识能力、自信能力、改革能力、和谐能力、生产能力和开放能力，并对各方面的能力进行了阐述。郑长德指出自我发展能力是反映一个区域在没有外部扶持的情况下，区域将完成它所期望的功能和实现某种更美好结果的程度与可能性。它受到自然资源禀赋、环境和文化传承等多方面因素的影响。青雪燕指出，自我发展能力是一个广义的概念，目前的研究主要集中在个人自我发展能力、企业自我发展能力、区域自我发展能力等方面，并在对各方面研究进行综述的基础上，提取出了自我发展能力的共性特征，指出自我发展能力是相较于系统发展主要依靠“输血”的方式提出的概念，强调系统依靠自己的力量促进自身发展，实现“造血”，通俗地讲就是“自力更生”，它是由系统内部各要素之间、内部要素与外部要素之间，通过优化结构、相互协作、共同作用而产生的能够促进系统自身可持续发展的内生性动力[②]。李海红、张剑指出自我发展能力是一个综合性概念，是指一个地区的自然和社会生产力的综合，是对一个地区的经济、政治、

---

① 牛文元：《可持续发展是中国的必然选择》[DB/OL]. http://www.china.com.cn/chinese/zhuanti/xxsb/544594.htm 1999 年。

② 青雪燕：《自我发展能力的概念研究》，载于《改革与开放》，2012 年第 22 期。

文化、社会以及生态发展能力的整体描述，是包括了自然资源环境承载力、区域社会发展能力和经济集聚能力的三维系统。并构建了包括经济发展、政治局面稳定、文化传承与发展、生态保护、社会发展五方面能力的评价指标体系，用来评价西藏地区自我发展能力。

三、研究综述

从研究角度看，可以分为对发展能力的构成要素和概念界定、动力、实现阶段、评价指标体系、政策工具、特定区域的实现等。

（一）提升发展能力的要素基础

通过对现有文献综述的分析可以看出，关于发展能力的要素基础，目前主要集中在发展能力如何提升、特定区域如何提升发展能力、特定类型行业如何提升发展能力。

从发展能力如何提升的研究来看，周海林、黄晶指出，可持续发展能力建设的途径主要包括：技术能力的提高与人力资源的开发、制度效能的提高。杨先明将能力结构定义为“一个地区或国家在增长要素积累的基础上所形成的配置能力、学习能力、技术能力、开放能力等结构性能力”①②。杜黎明在可持续发展承载力理论的基础上，考虑了科技和制度对承载力的动态影响，把可持续发展能力抽象为下述函数：$SD(t) = N(t) + C(t) + I(t)$，其中 $N(t)$ 指

① 杨先明：《强化能力建设》，载于《云南日报》，2010年11月4日。

② 周海林、黄晶：《可持续发展能力建设的理论分析与重构》，载于《中国人口、资源与环境》，1999年第3期。

资源的多样性与存量，C(t) 为发展的创新能力，I(t) 为制度能力，指出这是对区域可持续发展能力其重要影响的因素[①]。周彦、吴一丁认为地区自我发展能力的计算方法为：地区实际累计率/地区资金利用系数[②]。成学真、陈小林指出，区域发展自生能力主要取决于区域对要素的集聚能力，并将区域发展自生能力分解为产业发展能力、企业竞争力、生态环境可持续能力、金融服务能力和地方政府的调控能力等几个要素，并指出要通过产业集聚、企业集群、保持生态环境的容量和承载能力，提高金融服务能力；通过体制机制创新提高政府的调控能力来提高区域发展自生能力[③]。闫磊、姜安印认为，区域自我发展能力是自然资本、物质资本、人力资本和社会资本的耦合[④]。姜安印从人的全面发展的区域属性角度，也把区域发展能力看成以上四个变量的函数。张大玮认为，资源、权利、知识和功能对区域发展形成了约束，在某种程度上，可将这四者作为区域发展能力函数的四个基本构成要素[⑤]。李晓红、郭蓉认为，区域自我发展能力经济学界定的经验包含两层含义：一是制度激励增进区域自我发展能力；二是技术改进增进区域自我发展能力[⑥]。

---

① 杜黎明：《在推进主体功能区建设中增强区域可持续发展能力》，载于《生态经济》，2006 年第 1 期。

② 周彦、吴一丁：《新疆区域自我发展能力分析》，载于《科技信息》，2007 年第 31 期。

③ 成学真、陈小林：《区域发展自生能力界定与评价指标体系构建》，载于《内蒙古社会科学（汉文版）》，2010 年第 31 卷第 1 期。

④ 闫磊、姜安印：《区域自我发展能力的内涵和实现基础——空间管制下的区域自我发展能力研究》，载于《甘肃社会科学》，2011 年第 2 期。

⑤ 张大玮：《区域发展能力理论——基于阿玛蒂亚·森能力理论的拓展》，兰州大学硕士论文，2014 年。

⑥ 李晓红、郭蓉：《区域自我发展能力的经济学界定及经验含义》，载于《经济问题》，2013 年第 7 期。

从特定区域提升发展能力的要素基础看，周亚成、兰彩萍指出，新疆牧区少数民族自我发展能力弱的主要原因包括自然环境的制约、传统产业结构和经济发展模式的限制、人口和劳动力素质的限制、旧观念的制约、新机制的限制[①]。李林认为，西部地区要想提高对外开放水平，增强参与国际分工的能力，就必须大力发展信息服务，通过多种手段，构建技术条件成熟、内容丰富的信息服务体系[②]。陈军民认为培育农村自主发展能力是解决农村长远发展的根本，并从系统论的角度把农村自主发展分为农民个体、农户家庭和村庄整体自主发展三个层次[③]。孙美璆认为乡村文化产业的发展是少数民族加强文化建设和提高自我发展能力的一条切实可行的途径[④]。杨建辉、任建兰通过指标体系，得出综合人文水平、环境质量、对外开放能力、经济发展现状和潜能、科技效益和潜力、公共和自然资源禀赋、社会保障情况、城市人均生态状况8个因素，对我国14个国家级沿海经济区的区域可持续发展能力贡献率达到了89.84%[⑤]。薛剑符、周雪林认为西藏地区自我发展能力的要素构成包括：资源凝聚能力、科技进步能力、战略创新与科学决策能力。孙根紧、陈健生提出，西部地区自我发展能力要

---

① 周亚成、兰彩萍：《新疆牧区少数民族自我发展能力浅析》，载于《新疆大学学报（哲学社会科学版）》，2003年第31卷第2期。

② 李林：《论信息服务于增强西部地区自我发展能力》，载于《经济体制改革》，2008年第2期。

③ 陈军明：《贫困地区农村自主发展能力研究》，载于《广西农业科学》，2008年第39卷第3期。

④ 孙美璆：《少数民族自我发展能力和乡村文化建设——以云南省乡村文化产业为例》，载于《黑龙江民族丛刊》，2009年第3期。

⑤ 杨建辉、任建兰：《我国沿海经济区可持续发展能力综合评价》，载于《经济地理》，2013年第33卷第9期。

通过产业多样化的发展路径来培育和提升，实现由内生力量推动为主导的区域自我发展①。

从特定行业提升发展能力的要素基础看，林毅夫指出，一个企业是否具有自生能力，要视其产业、产品、技术选择是否与经济要素禀赋结构所决定的比较优势相一致而定。因此可以看出，要提升发展能力，必须对其要素基础进行提升。傅立文、何卫江通过构建两期动态模型，分析了现有国有银行自生能力的根源，指出在当前国有商业银行产权及治理结构的改革中，培育、发展、完善公平竞争的金融市场环境同样重要②。刘小瑜、谢娟娟在对企业可持续发展能力内涵、作用机理进行分析的基础上，提炼出了影响企业可持续发展能力的 5 个因素，构建了包括 6 个潜变量、17 个观测变量的影响因素模型。根据实证分析指出，企业可持续发展能力的高低，首先取决于企业制度和企业家素质，其次是市场权力和技术水平，经营理念影响最小③。

（二）提升发展能力的动力机制

胡超、王新哲从理论上探讨城市化构建边境民族地区家庭、企业和政府三位一体的自生能力的机制路径。需要自上而下地形成以政府为主体，以外向型经济为抓手，以城镇化为依托的综合机制，全面推动边境民族地区的城市化④。

---

① 孙根紧、陈健生：《通过产业多样性来提升西部地区自我发展能力》，载于《经济纵横》，2014 年第 3 期。

② 傅立文、何卫江：《市场竞争与国有商业银行的自生能力》，载于《金融研究》，2005 年第 2 期。

③ 刘小瑜、谢娟娟：《基于结构方程模型的企业可持续发展能力探析》，载于《北京工商大学学报（社会科学版）》，2013 年第 28 卷第 2 期。

④ 胡超、王新哲：《城市化在边境民族地区自生能力构建中的作用》，载于《城市问题》，2013 年第 4 期。

张秦、李笑春认为，区域可持续发展能力是在人类需求演化的诱发作用下，在信息化、新型工业化、市场化、技术进步和制度安排的推动下，逐步形成的。而且，在形成过程中，各诱发因素与推动因素通过相互协调、相互作用，加速推进区域可持续发展能力的形成①。

（三）提升发展能力的政策工具

关于提升发展能力的政策工具，更多的研究集中在特定区域如何通过政策提升发展能力上，如对贫困地区、西部地区、少数民族地区和农村地区等。

沈茂英认为，推进贫困人口自我发展能力，需要制度建设，具体来说包括推行农村义务教育、发展贫困农村职业技术教育、推进乡土文化与岷江文化的发掘与人才培育、加强残疾人教育、实施生态移民—易（异）地扶贫、整合自然村加大中心村建设等②。

陈新、左昊华指出，农业税的免除使农户直接受惠的程度比较小且不明显，政府应该重点考虑如何不断出台实际的惠农政策，强化农民群众“农业生产能够获得更高期望收益”的预期，同时，增加对农村公共产品的供给和公共设施的建设，加强对国内通货膨胀的控制，尤其是对农业生产资料价格和基本生活必需品价格波动的治理③。

---

① 张秦、李笑春：《区域可持续发展能力形成的动力机制研究》，载于《科学管理研究》，2013 年第 31 卷第 2 期。

② 沈茂英：《试论农村贫困人口自我发展能力建设》，载于《安徽农业科学》，2006 年第 34 卷第 10 期。

③ 陈新、左昊华：《农业税取消后典型农业县财政自生能力培养的转变机制研究——基于云南省玉溪市华宁县乡村的 90 个样本的调查》，载于《税务研究》，2009 年第 11 期。

(四) 提升发展能力的阶段特征

郑伯红、廖荣华认为，资源型城市可持续发展能力演变具有时序性，并将其划分为四个不同的时序阶段，即起步期、成长期、成熟期和衰退期，在各个阶段中，资源型城市核心可持续发展能力成长的驱动力依次是资源（群）禀赋、资源产业和区域广义资源支撑系统①。

柏鹤在构建指标体系的基础上，通过将指标分为正指标和逆指标，以个体指标为基础，按几何平均法计算得到了各子系统的“组指数”，再用加权算术平均法算出苏锡常区域可持续发展总能力指数，得出了可持续发展能力总体趋势图，指出苏锡常区域的可持续发展能力在2000 ~ 2004 年一直呈上升趋势，并对各个子系统的动态变化进行了研究②。

邵建平、何晓琦通过成本—收益解析了可持续发展能力，在此基础上提出了可持续发展能力的三阶段增长模型，即高速增长阶段、增长率递减的转换阶段和永续增长的稳定阶段③。并对各阶段的特征及相互关系进行了论述④。

(五) 提升发展能力的评价体系

对提升发展能力的评价指标的研究，主要集中在整体评价和结合地区特点的特定区域评价方面。

从整体评价看，盛科荣、张平宇构建了经济、社会和资源环境 3 大类 41 项指标。成学真、陈小林从区域产业发展能力、企业竞争

---

① 郑伯红、廖荣华：《资源型城市可持续发展能力的演变与调控》，载于《中国人口、资源与环境》，2003 年第 13 卷第 2 期。

② 柏鹤：《苏锡常区域可持续发展能力分析》，中国石油大学硕士论文，2006 年。

③④ 邵建平、何晓琦：《区域可持续发展能力“三阶段增长模型解析”》，载于《科技进步与对策》，2008 年第 25 卷第 5 期。

力、金融服务能力、生态环境可持续能力和地方政府行政调控能力5个子能力系统，构建了一个三层次、五系统、多指标、多变量的区域发展自生能力的评价指标体系[①]。郭存芝、凌亢应用DEA方法构建了一个综合评价城市可持续发展能力的指标——资源与环境效率系数，包括了输入指标和输出指标，其中输入值表包括了资源利用、环境污染、经济发展，输出指标指社会发展，并通过对全国除拉萨以外的地区进行了实证验证。李海红、张剑构建了经济发展能力、维护稳定政治局面的能力、生态保护能力、文化传承与发展能力、社会建设能力5大能力，包括系统层—指标层—变量层3个层次的多维度指标体系[②]。

从因地制宜的原则看，多位学者结合不同地区的特点，制定了适宜评价当地发展能力的指标体系，并进行了实证分析。顾朝林在综述了国内外可持续发展指标体系研究成果的基础上，构建了3层，包括经济、社会、资源与环境3个方面共42项指标的可持续发展能力综合评价指标体系，并对江苏省地级市可持续发展能力进行了综合评价[③]。柏鹤通过构建由经济、社会、人口、资源环境4个子系统、23个指标构成的指标体系，对苏锡常区域可持续发展能力进行了评价[④]。张协奎、安晓明构建了三层次、三系统的北海市城市可持续发展能力评价指标体系，其中一级指标包括了经济、社会、环

① 成学真、陈小林：《区域发展自生能力界定与评价指标体系构建》，载于《内蒙古社会科学（汉文版）》，2010年第31卷第1期。

② 李海红、张剑：《西藏自我发展能力评价指标体系构建分析》，载于《黑龙江民族丛刊》，2013年第6期。

③ 顾朝林、甄峰、黄朝永：《江苏省地市级可持续发展能力综合评价研究》，载于《南京大学学报（自然科学版）》，2001年第37卷第3期。

④ 柏鹤：《苏锡常区域可持续发展能力分析》，中国石油大学硕士论文，2006年。

境3个系统。何龙娟、陈伟忠、康永兴等在分析了青藏地区农村发展的主要影响因素后，构建了包括资源环境状况、区位条件、经济发展条件、社会人文环境四方面、三层次的青藏高原生态农牧区农村综合能力评价指标体系①。杨建辉、任建兰通过构建经济、社会、生态、开放、潜力5个子系统，18个指标的指标体系，对我国14个国家级沿海经济区的可持续发展能力进行了评价②。陈国宏、李美娟构建了包括人口、经济、社会、资源、环境5个系统、3个层次的指标体系，对福建省区域可持续发展能力进行了动态研究。

（六）提升发展能力的区域实现

盛科荣、张平宇通过实证分析指出辽宁省可持续发展能力建设的途径：建立资源节约型的国民经济体系、优化产业结构、调整经济空间布局和保护生态环境③。闫磊、姜安印认为，应该用内生路径和外生路径来解决区域自我发展能力生成的问题④。郑长德构建了区域自我发展能力框架图，包括了政府自我发展能力、企业自我发展能力、家庭自我发展能力以及区域的学习和创新能力。指出民族地区增强自我发展能力必须持续加大对民族地区的援助力度、加大能力建设力度⑤。张大玮指出，从能力角度看，区域发展要着眼

① 何龙娟、陈伟忠：《青藏高原生态农牧区农村综合发展能力评价与分析》，载于《生态经济》，2013年第3期。

② 杨建辉、任建兰：《我国沿海经济区可持续发展能力综合评价》，载于《经济地理》，2013年第33卷第9期。

③ 盛科荣、张平宇：《辽宁省可持续发展能力及调控政策研究》，载于《中国人口、资源与环境》，2003年第13卷第3期。

④ 闫磊、姜安印：《区域自我发展能力的内涵和实现基础——空间管制下的区域自我发展能力研究》，载于《甘肃社会科学》，2011年第2期。

⑤ 郑长德：《中国民族地区自我发展能力构建研究》，载于《民族研究》，2011年第4期。

于能力培育的匹配性，从自身的能力构成要素出发，找到区域自身的能力优势与劣势，发挥优势能力，弥补能力缺口，以达到区域功能完善的目标①。

针对贫困地区提高发展能力的实现路径，沈茂英认为，要通过贫困妇女自我发展能力、贫困人口文化与生计能力、社区资源获取能力、基层组织管理以及社会提供相应的政策支持来提高农村贫困人口自我发展能力②。高新才、王科基于主体功能区，认为贫困地区自我发展能力的培育途径包括3个方面：一是建立生态补偿长效机制，适当采取移民开发；二是公用服务供给均等化；三是调整产业结构，发展特色产业③。

针对西部地区提高发展能力的实现路径，刘爽认为，实施西部大开发战略中，要重视消除人口的“能力贫困”，突出能力建设。具体来说，要将消除物质贫困与消除文化贫困和“能力贫困”结合起来、要优先发展教育、提高落后地区的开放程度、推动西部地区人口跨区域流动、要重视文化传播的作用等方面。康晓玲、师耀武指出，解决西部城市新贫困问题的一个重要措施就是要以要素禀赋结构的升级为目标，确立比较优势原则在农业、制造业和服务业中的根本性地位，根据资源和劳动力充裕的比较优势优化增量投资，调整现有经济结构和产业结构。何代欣在分析总结了西部大开发10年来自我发展能力的经验基础上，指出并证实了进一步增强自我发

① 张大玮：《区域发展能力理论——基于阿玛蒂亚·森能力理论的拓展》，兰州大学硕士论文，2014年。

② 沈茂英：《试论农村贫困人口自我发展能力建设》，载于《安徽农业科学》，2006年第34卷第10期。

③ 高新才、王科：《主体功能区视野的贫困地区发展能力培育》，载于《改革》，2008年第5期。

展能力的3个主要方面：实现农业生产要素优化配置的路径选择；提高农民整合土地、农产品和劳动力优势的综合能力；加强农村社会均等化与农村市场秩序正常化的全面建设。①

针对民族地区如何提高发展能力，周亚成、兰彩萍认为从政府重视、基础设施建设、定居最优化、加大人力资本投入四方面来提高新疆牧区少数民族自我发展能力。② 徐君指出了四川民族地区进行自我发展能力建设的具体途径：一是国家总体规划，加大投入力度；二是大力发展教育、普及科学技术。周彦、吴一丁认为要提高新疆区域的人口素质、增强适应市场经济的能力、注重外因对内因的促进作用来提高新疆区域自我发展能力。张佳丽、贺新元指出，增强西藏自我发展能力，关键在于提升西藏经济自我发展能力、加快培育西藏特色优势产业。孙岿指出，少数民族农牧民自我发展能力的提升要从改善农牧民生活条件为出发点（以改善民生为援疆工作的出发点和落脚点、扶持优势特色产业发展、实施差别化经济政策、实施全方位援疆）、要为少数民族农牧民提供外部发展平台（农牧产业升级、新型工业化、新型城镇化）、内部结构调整与适应（单边支援、产业合作、互利共赢）③ 胡超、王新哲指出，边境民族地区自生能力的实现，需要从3个方面着手。一是发挥“沿边”的禀赋优势，选择外向型经济发展战略。二是要以自由、开放和竞争的市场环境为前提，实行开放的市场经济制度。三是发展城市化，

---

① 何代欣：《非农业化是工业反哺农业、农民的唯一产业路径吗——中国西部大开发10年来的自我发展能力塑造与经验》，载于《财贸经济》，2011年第4期。

② 周亚成、兰彩萍：《新疆牧区少数民族自我发展能力浅析》，载于《新疆大学学报（哲学社会科学版）》，2003年第31卷第2期。

③ 孙岿：《对口援疆与少数民族农牧民自我发展能力的提升》，载于《中南民族大学学报（人文社会科学版）》，2012年第32卷第3期。

通过城市化的市场拓展功能、学习追赶效应、资源优化配置功能来提高边境民族地区的自生能力。王永莉指出，在对口援助基础上提高西部民族地区自我发展能力，应该努力增强西部民族地区的参与性管理，尽量选择具有内生性的产业以及正确看待与处理对口援助与自我发展的关系。①② 薛剑符、周雪林指出西藏自我发展能力的生成路径包括内生路径和重构路径两方面。其中重构路径包括地形的复杂性转变为地种的丰富性、大众自然资源的贫乏转变为稀有能源的独有、特殊的人文因素转变为丰富的民族文化；内在实现路径包括第二产业的维持和提升（起点）、特色优势产业的选择和发展（要点）、改造和拓展以旅游等为主的第三产业（重点）、探索引导第四产业的创造性发展（创新点）。③

针对农村提高发展能力的实现路径，陈军民指出，从农民个体自主发展能力来说，要提高农村主要劳动力的技能、加强妇女的自我发展能力建设、加强残疾人教育培训；从农户自主发展能力来说，要完善农民小额信贷制度、实行有条件的扶贫、促使农民更新观念；从提高农村整体自主发展能力来看，要必要的外源性输入、在村庄形成一个领导核心、繁荣农村文化、挖掘特色创办企业形成产业、建立专门的服务队伍等。④ 王湘琳指出，推动农村进步和农村发展，要把握好"农民"这个关键因素，认为农民发展能力不足是造成农村发展相

---

① 王永莉：《西部民族地区自我发展能力的培育——基于对口援助西藏扎囊县为例》，载于《西南民族大学学报（人文社会科学版）》，2013 年第 10 期。

② 张佳丽、贺新元：《西藏自我发展能力刍议》，载于《西藏研究》，2010 年第 4 期。

③ 薛剑符、周雪林：《西藏自我发展能力的逻辑解读》，载于《黑龙江民族丛刊》，2014 年第 1 期。

④ 陈军民：《贫困地区农村自主发展能力研究》，载于《广西农业科学》，2008 年第 39 卷第 3 期。

对落后的重要因素。并认为要增强农民发展能力，应大力改善农村公共服务。① 何龙娟、陈伟忠、康永兴等认为，提高青藏地区生态牧区农村综合发展能力，应该在资源利用、区域布局、基础设施建设、农业发展方式等方面着力缩小地区差距。②

四、研究思路、框架和方法

（一）研究思路和框架

本书认为，在开放经济下，西部地区的自我发展不仅在于通过产业发展具备自身的"造血"能力，更在于因应国内外环境变化，适时地转换发展战略、融入全球经济、提高社会协调等。因此，本书首先引入"国家能力"的概念来整体研究西部地区作为一个"亚国家"体系在发展中所需具备的能力，构建起促进发展的国家能力基本体系；其次，将发展解构为基于市场的自组织发展、欠发达的赶超发展、融入外部经济的开放发展、注重生态环境保护的可持续发展、促进平等的包容发展，并相应地将自我发展能力解构为创新激励、资本形成、全球竞争、生态治理、社会协调等能力，形成国家能力的解释框架；最后，坚持问题导向，分别研究生态文明战略、开放经济战略、创新驱动发展战略、社会协调战略的实施思路，通过案例分析，提出具体的对策。研究思路框架如图 0－1。

---

① 王湘琳：《农民发展能力：农村发展的内源动力》，载于《广西大学学报（哲学社会科学版）》，2010 年第 32 卷第 5 期。

② 何龙娟、陈伟忠：《青藏高原生态农牧区农村综合发展能力评价与分析》，载于《生态经济》，2013 年第 3 期。

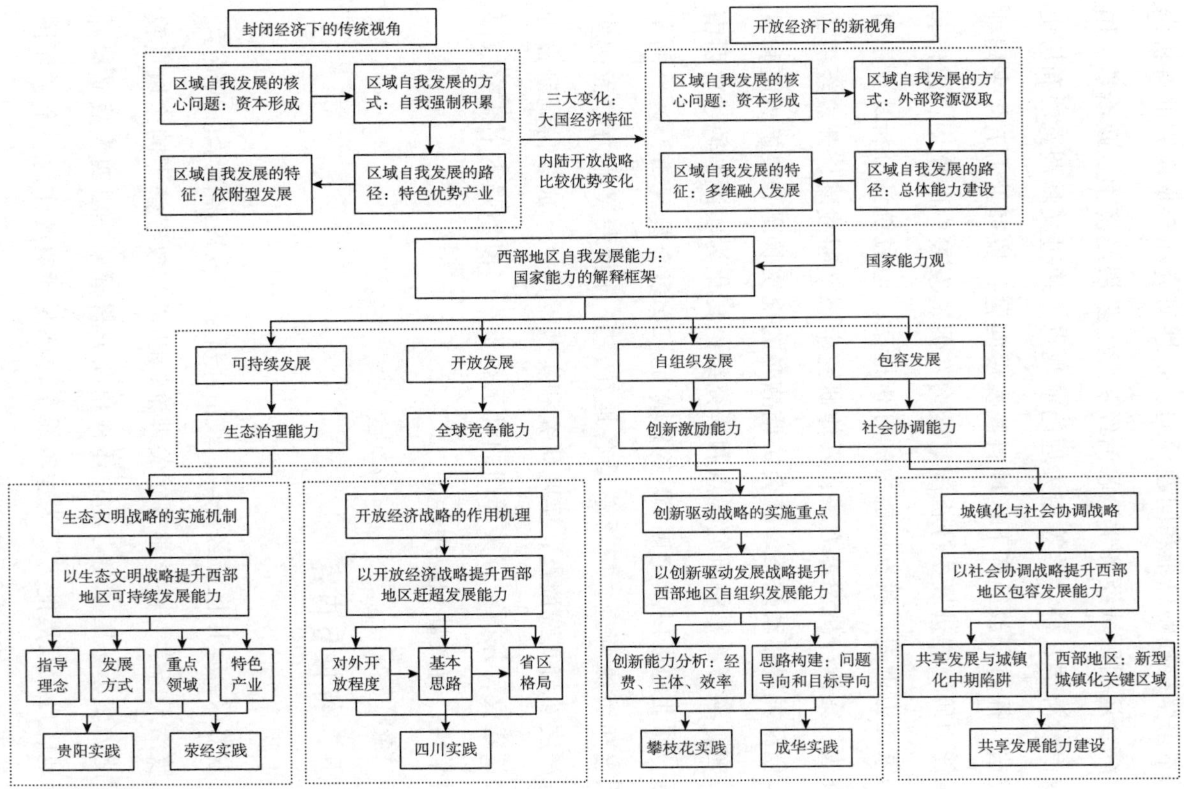

封闭经济下的传统视角
区域自我发展的核心问题：资本形成
区域自我发展的方式：自我强制积累
区域自我发展的特征：依附型发展
区域自我发展的路径：特色优势产业
三大变化：
大国经济特征
内陆开放战略
比较优势变化
开放经济下的新视角
区域自我发展的核心问题：资本形成
区域自我发展的方式：外部资源汲取
区域自我发展的特征：多维融入发展
区域自我发展的路径：总体能力建设
国家能力观
西部地区自我发展能力：
国家能力的解释框架
可持续发展
开放发展
自组织发展
包容发展
生态治理能力
全球竞争能力
创新激励能力
社会协调能力
生态文明战略的实施机制
以生态文明战略提升西部地区可持续发展能力
指导理念
发展方式
重点领域
特色产业
贵阳实践
荥经实践
开放经济战略的作用机理
以开放经济战略提升西部地区赶超发展能力
对外开放程度
基本思路
省区格局
四川实践
创新驱动战略的实施重点
以创新驱动发展战略提升西部地区自组织发展能力
创新能力分析：经费、主体、效率
思路构建：问题导向和目标导向
攀枝花实践
成华实践
城镇化与社会协调战略
以社会协调战略提升西部地区包容发展能力
共享发展与城镇化中期陷阱
西部地区：新型城镇化关键区域
共享发展能力建设

图0-1 研究思路框架

（二）主要研究方法

本书坚持战略思维和问题导向、定性研究和定量研究的有机结合，综合运用区域经济学、政治经济学、发展经济学、政治学、国际政治经济学、科学学等相关理论或观点，通过文献调查法和历史研究法，探讨开放经济下区域自我发展问题，梳理近十五年来国外国家能力研究的进展，分析国家能力在促进发展中的作用，建构起从国家能力审视自我发展能力的分析框架；通过统计分析法、田野调查法、案例分析法等方法，具体研究生态文明战略、开放经济战略、创新发展驱动战略、社会协调战略的现实状况、实施思路和具体措施。本书注重将研究观点和研究结论转化为实践，通过对西南地区、西北地区以及全国 10 多个城市、20 多个县（市、区）的实地调查和访谈调查，广泛总结各地在提升自我发展能力方面的实践，深度参与实践调查、实践研究和实践推广，形成多份调研报告和对策建议，并得到有关部门的批示和重视，以增强本书研究成果的科学性、有效性和应用性。

五、结构与内容

本书综合运用区域经济学、政治经济学、发展经济学、政治学、国际政治经济学、科学学等相关理论，以“开放经济下的区域自我发展能力变革—国家能力的总体视角和分析框架—以四大战略提升西部地区自我发展能力”为逻辑线索，将西部地区作为一个“亚国家”体系的整体进行系统研究。

本书由 6 个部分组成，包括导论和 5 章正文，其中正文按照

"总—分"结构展开。总论是第一章，通过追踪国外近十五年国家能力的研究进展，提出多维发展与多维国家能力的映射结构，形成从国家能力分析西部地区自我发展能力的解释框架。分论包括第二、第三、第四、第五章，从生态文明战略、开放经济战略、创新驱动战略、社会协调战略四个方面，研究提升西部地区自我发展能力的战略思路、战略路径和具体实践。

本书的基本结构和主要内容如下。

导论。分析了西部地区自我发展能力研究的背景变化，提出了在开放经济下研究西部地区自我发展能力的重要意义。介绍了本书的研究思路、基本框架和主要分析方法，梳理了本书的结构和内容，阐述了本书的主要观点以及可能的创新点。

第一章，自我发展能力：一个国家能力的解释框架。本章首先引入"国家能力"的概念，来审视发展能力的问题。其次集中梳理了近十五年国外关于国家能力研究的进展，讨论了促进发展的国家能力体系和国家能力形成。最后，解析了发展的多个维度，提出与发展维度相应的国家能力，形成本书的分析框架。

第二章，以生态文明战略提升西部地区可持续发展能力。本章首先提出了生态文明战略的基本内涵与实施机制，其次结合西部区情，提出以生态文明战略提升可持续发展能力的基本思路与重点，并构建了差异化实施生态文明战略的省区格局，最后分析了贵州省贵阳市和四川省荥经县的实践案例。

第三章，以开放经济战略提升西部地区赶超发展能力。本章首先提出了开放经济战略对赶超发展能力的作用机理，阐述了新形势下我国对外开放的战略构想即"一带一路"倡议的重大战略意义，然后从对外贸易和引进外资两个方面定量分析了西部地区对外开放程度，在此基础上提出了西部以开放经济战略提升赶超发展能力的基本思路和省区格局，最后以四川省为例分析了其扩大对外开放、进一步提升赶超发展能力的探索。

第四章，以创新驱动发展战略提升自组织发展能力。本章首先结合国际创新发展趋势和国内创新领域的新经济形态，确定了现阶段创新驱动发展战略的实施重点，其次从创新经费、创新主体、创新效率 3 个方面定量分析了西部地区创新能力，在此基础上，提出了西部以创新驱动发展战略提升自组织发展能力的思路和重点，最后分析了战略资源型城市和中心城区创新发展的实践。

第五章，以社会协调战略提升包容发展能力。本章首先从城镇化的视角分析社会协调和包容发展，探讨各国城镇化率超过 50% 这个阶段可能出现的各种社会问题和社会矛盾，提出跨越“城镇化中期陷阱”的理论命题。其次界定共享发展的概念和特征，指出共享发展是跨越“城镇化中期陷阱”的中国道路。最后，本书认为西部地区是我国新型城镇化的关键区域，破题之法是加强共享发展能力建设。

六、主要观点

本书根据章节脉络，提出主要观点如下：

第一，本书提出了 2010 年后提升西部地区自我发展能力研究的立论基础的重大变化。本书认为，这些变化主要有大国经济特征、开放经济战略和比较优势变化。第一，在历经 30 多年持续快速增长、举世瞩目的“中国奇迹”后，中国的实体经济整体崛起。作为大国经济特征下的西部地区，部分省份的经济规模已经分别超过泰国和以色列等国家，而同时其人均 GDP 仅为全球人均 GDP 的一半。西部地区发展的内涵是发达和欠发达、赶超和扶贫并存。第二，全球化的态势发生重要转变，全球贸易显现出区域化、集团化的趋势。向西开放使西部地区从传统的内陆封闭地区转变为沿边开放地区，而“一带一路”倡议推动西部地区直接融入世界的开放经济快速发展起来。西部地区已经可以从自我积累、自我发展转到利用全球资本加速区域资本形成的“快车道”来。第三，传统上西部地区劳动工资低、资源价格低、土地成本低、环境容量高的比较优势随着区域经济一体化、要素流动、过度开发而逐渐消解。资本、产业、人口迁移的流向出现竞争性的态势，西部地区并不是必然的流向目的地。而在前十年西部大开发中，由自然资源掠夺性开发和环境过度污染等不当的自我发展方式所累积起来的生态环境问题、经济社会问题，也在 2010 年后集中凸显出来，从而表明传统的自我发展方式值得反思、自我发展能力需要提升。

第二，本书构建了西部地区自我发展能力的国家能力解释框架。本书认为，从历史的侧面透视国家和地区的兴衰，位于同一区域、拥有同类资源的国家和地区，因遵循不同的发展路径，有的走向富强，而有的陷于贫弱，关键在于发展战略和发展路径的抉择。这是一种主要的发展能力，其主体是国家和地区。对于东亚国家来说，国家参与到经济发展的全过程和全领域，一国的国家能力在很大程度上决定了该国的发展能力。而在中国经济的崛起过程中，国家也起到了重要作用。根据各国发展经验和国外理论研究成果，促进发展的国家能力基本体系包括财政能力、行政能力、法治能力、基础能力和军事能力。此外，在今天，发展是一个广义的概念。它不仅包括经济的发展，也包括社会的发展、政治的发展等；不仅包括个人收入的增长，也包括能力和权利的获得、选择的自由等。本书认为，发展的主要维度有基于市场的自组织发展、欠发达的赶超发展、融入外部经济的开放发展、注重生态环境保护的可持续发展、促进平等的包容发展等；而相应的促进发展的国家能力包括创新激励能力、全球竞争能力、生态治理能力和社会协调能力。

第三，本书分析了西部地区实施生态文明战略对提升可持续发展能力的影响，并从指导理念、发展方式、重点领域、特色产业4个方面提出西部提升可持续发展能力的基本思路和重点。本书认为。一是，在指导理念上，坚持经济建设与生态文明建设融合发展。推动西部地区形成经济发展与生态环境的良性循环、互动发展模式，既能够有效维护生态环境，增强环境承载力，又能够通过发展绿色产业，培育新的经济增长点，达到经济发展与环境保护的双赢目标。二是，在发展方式上，由传统发展方式转变为绿色发展方式。西部地区需要从传统的单纯依靠要素投入和规模扩大的粗放型发展模式，转变为一种基于绿色要素、信息技术、知识集成、“互联网+”等的新型的绿色发展模式，以一种新的发展方式来完成工业化初期到工业化中期的过渡。三是，在重点领域上，重视贫困地区扶贫开发和可持续发展。实现摆脱贫困社会和谐稳定的途径是培育自我发展能力，就西部贫困地区的发展条件和水平来看，培育自我发展能力中的赶超发展能力、自组织发展能力等为时尚早，实施生态文明战略，培育其可持续发展能力是最为紧迫也是最有效的方法。四是，在特色产业上，发展具有优势且代表新经济形态的低碳农业。西部地区具有发展低碳农业的巨大潜力，因地制宜地推广和发展低碳农业，既实现了农业生产方式的转变，又能够大大提升农业的可持续发展能力。

第四，本书认为“一带一路”倡议是奠定中国21世纪上半叶国家竞争优势的重大战略。其价值在于：在区域开发层面，开放和贸易已取代开发和资源，成为深入推进西部大开发的主题和动力；在中国经济层面，是工业资本（制造业过剩产能）和金融资本（人民币国际化）协同输出的主要途径，是新常态下中国经济新的增长点；在国际政治层面，是我国突破美国TPP围困，整合中亚、东南亚乃至东亚经济，直连欧盟市场、中东市场、印度次大陆市场，由区域一体化参与新的全球竞争的主要抓手。这意味着地区乃至全球经济格局将随之改变，内陆在全球经济中的地位上升，将开创新世纪我国内陆和沿海共同发展的新局面。这一战略需求反馈到政策层面，意味着现有的产业政策、投资政策、财税政策甚至干部考评机制等都将发生重大变化。以国家战略为引领，嵌入区域发展战略，着力发展内陆开放型经济，是沿线省区争取更多政策资源和市场投资、推进经济社会发展所必须面临的战略调整。

第五，本书选择货物进出口总额、外贸依存度、外商投资总额、外商直接投资依存度4个指标，对西部地区外贸开放程度和引进外资开放程度进行了分析，结合国家宏观形势，提出西部地区以开放经济战略提升赶超发展能力的基本思路和途径。本书认为，一是，夯实对外开放的基础，重点从交通枢纽、产业升级、政策完善3个方面入手，全面提高开放型经济发展水平；二是，抓住国家新一轮对外开放战略机遇，积极主动地融入“一带一路”倡议；三是，把区位劣势这一发展的内在桎梏转变为对外开放的地缘优势，同时推动西部地区的内陆开放与沿边开放，将重庆、四川、陕西、贵州、青海、宁夏建设成最具活力的内陆开放高地，将广西、云南、新疆、甘肃、内蒙古、西藏建设成最具潜力的沿边开放桥头堡；四是，提高西部地区外向型经济发展的整体竞争力，突出各省（区、市）区域特色，有力统筹全面开放与重点开放。

第六，本书从创新经费、创新主体、创新效率 3 个方面对西部地区创新能力进行了数据分析，基于当前西部创新能力的现状和国际国内创新领域的最新动向、发展趋势，提出西部地区以创新驱动发展战略提升自组织发展能力的思路和实施重点。本书选择了规模以上企业 R&D 经费占 GDP 比重来衡量创新经费，规模以上企业中有产品或工艺创新活动的企业占全部企业的比重来衡量创新主体，规模以上企业单位 R&D 经费专利申请量来衡量专利产出效率，规模以上企业单位 R&D 经费支出的技术市场成交额、规模以上企业单位新产品开发经费所产生的新产品销售收入来衡量经济产出效率。本书认为，西部地区推动创新驱动发展战略，把创新动力转变为区域自组织发展能力，需要从两个方向来构建基本思路：一是问题导向，针对区域创新存在的问题制定解决方案，制定更有利于创新驱动发展的政策体系，改善要素条件，逐步提高区域整体创新能力；二是目标导向，把握全球创新领域发展趋势，大力发展我国政府高度重视的、东部创新强省已蓬勃发展的新兴产业，拓展创新产业新的业态和模式，以新兴产业带动整个地区产业优化升级。问题导向下的实施重点是加大政府重视力度、积极培育创新主体、大力提高创新效率；目标导向下的实施重点是推动生态创新、发展科技服务业、推进空间协同。

第七，本书提出"城镇化中期陷阱"的命题，并分析西部地区如何通过共享能力建设推进新型城镇化、跨越"城镇化中期陷阱"。本书认为，城镇化的不同阶段存在不同的主要矛盾，具有不同的发展动力。各国城镇化的一个普遍经验是，早期基于剥夺和排斥的生存驱动型城镇化必须向共享发展型城镇化转变，共享发展是城镇化中后期的主要动力。而世界上很多国家由于没有及时转换动力，陷入了经济滞胀、社会撕裂、环境恶化的"城镇化中期陷阱"。2011年年末我国常住人口城镇化率首次突破50%，进入了城镇化中期阶段，正直面这一挑战。为此，2016年党和政府在提出以人为核心的新型城镇化的基础上，进一步部署以五大理念引领新型城镇化，尤其是以共享发展跨越"城镇化中期陷阱"。作为我国新型城镇化的关键区域，西部地区应不断增强共享发展能力，实现新型城镇化的可持续发展。

七、可能创新点

本书试图在以下几个方面有所创新：

第一，本书构建了国家能力的解释框架，并以此分析西部地区的自我发展能力。传统的自我发展能力研究是在区域经济学、发展经济学的理论框架下，作为一个封闭经济体系，从产业发展、扶贫、可持续发展等主题展开分析。本书提出，2010年后随着向西开放的提出，西部地区已从内陆封闭地区转变为沿边开放地区，并直接融入全球经济，西部地区自我发展能力的研究应在开放经济的条件下展开。据此，本书引入“国家能力”概念，将西部地区作为“世界市场”一部分的“亚国家”体系，以财政能力、行政能力、法治能力、基础能力、军事能力等促进发展的国家能力来解释西部地区发展能力，并根据多维发展的趋势，提出促进自组织发展的创新激励能力、促进开放发展的全球竞争能力、促进可持续发展的生态治理能力、促进包容发展的社会协调能力，在研究视角和分析框架上有一定的创新。

第二，本书在界定生态文明制度性内涵的基础上，构建了生态文明战略的实施机制并提出其实施特征。本书提出，生态文明是一种内生性制度体系，其实施既是一般性的制度变迁过程（不考虑制度实施中的委托—代理问题），其特征是正式制度非正式化；又是在多重委托—代理结构下由国家向区域的扩散性制度创新过程，其特征是国家战略的区域实现。在推进生态文明建设的过程中，为取得一定的实施效果，正式制度（产业结构升级、增长方式转变、消费模式转型）的实施机制与非正式制度（行为规范、惯例和自我限定的行事准则）的作用呈现出不同的组合特征。虽然生态文明建设受外部性、多重委托代理等更为复杂的因素影响，但总体上也存在着由强制政策向社会习惯演进的三个阶段：（1）在制度初期，惩戒机制为主体。虽然有长期以来践行生态建设与环境保护所培育起的绿色文化价值认同，但是一旦形成制度安排、涉及各方主体利益结构调整，就可能出现舆论“软约束”和道德风险，因此机制实施强度决定着实施效果。（2）在制度中期，激励相容机制为主体。以生态文明具体政策安排为博弈规则导向，通过激励相容机制整合各方主体利益，形成内生化的收益函数，从而构建起国家政策落实和利益主体再创新互动的格局。(3) 在制度后期，约束机制为主体。强实施机制逐渐转弱，国家通过生态文明具体制度安排的制定、完善、解释规范社会行为，引导人们自觉践行生态文明的生产生活方式。

第三，本书基于对外开放的相关理论、区域自我发展能力的相关理论、区域经济合作理论，从要素流动、分工程度、结构优化、制度创新 4 个方面构建开放经济战略对赶超发展能力的作用机理。本书提出，开放经济战略将国内市场和国际市场联结在一起，使技术、资本、劳动力等生产要素在更大的范围内自由流动追逐效益，实现最优配置，从而促进本地区技术进步、资本积累、人力资本增加。产业分工程度与地区发展能力有密切关系，产业分工越细，表示该地区形成产业链长链，产业关联度高，满足市场需求程度高。结构决定功能，经济结构反映了一个国家或地区资源配置的状况。实施开放经济战略，可以通过提高产业技术水平、发挥前后向产业关联效应、发挥竞争与示范效应、形成新产业、优化产业空间布局等方面来提升经济结构，实现资源优化配置。制度创新能力越强的地区，越能适应经济形势变化的要求，越能吸引更多的要素投入当地经济的发展中，并且要素的组合效率也会越高，则经济的发展就越快，发展的能力自然就强。

第四，本书梳理国内外创新发展、绿色发展的研究脉络和最新动态，探索性地提出这两类发展形势显示出合流的态势且衍生出新的交叉领域和经济形态，即生态创新和创新生态，并尝试界定生态创新的概念。本书提出，到了 21 世纪，创新发展与绿色发展出现合流的态势。创新发展与绿色发展的结合衍生出新的交叉领域和经济形态，主流之一是以科技创新实现绿色发展，如生态创新（Eco-innovation）；之二是以生态学重构创新链和创新组织，如创新生态（Innovation Ecology）。生态创新又称为环境创新或绿色创新，其相关研究可追溯到著名的波特假说，即“严格的环境规制将刺激创新”。从创新效果和创新动机的角度来界定，生态创新是经济创新和环境创新之间的交集，是面向可持续发展的创新过程，通过全新的或重大改进的产品和服务、生产流程、组织变化或市场方案，减少对自然资源（材料、能源、水和土地等）的使用，降低有害物质在产品生命周期中的释放。

第五，本书明确创新的空间异质性，并依据创新等级的高低和创新能力的大小，提出由创新枢纽城市、专业化创新中心城市、创新外围城市形成的区域创新协同发展思路。本书提出，从创新的理论与实践来看，无论是创新的孕育、发生、扩散，还是创新价值链的空间构建，创新活动从来都不是均质分布的。全球占国土面积3%的城市群创造了70%的GDP，而创新活动更是高度集中在这些城市群。创新的空间异质性，意味着空间自组织下的创新体系重构。依据创新等级的高低和创新能力的大小，城市可以分为创新枢纽城市、专业化创新中心城市、创新外围城市。由知识创新、科研创新、产品创新构成的创新价值链从创新枢纽城市向创新外围城市延伸，城市创新的竞争就是依从创新价值链对创新等级地位的竞争。一旦知识和技术在创新枢纽城市推陈出新，处于创新价值链末端的创新外围城市因技术锁定效应而面临产能过剩和产业结构调整。我国区域创新协同发展的思路是：北京、上海、深圳等创新枢纽城市，辐射形成环渤海的北京—天津、长三角的上海—苏州—杭州—南京、珠三角的深圳—广州—香港等创新圈层，参与国际创新价值链竞争；专业化创新中心城市天津、武汉、杭州、成都、西安、重庆等二线城市，依托特色优势产业，围绕共性技术和关键环节，发展科技创新与科技服务，形成专业化创新集群；属于创新外围城市的三四线城市，主动接受创新枢纽城市和专业化创新中心城市的创新溢出，以开放合作，实现“技术更新和产业替代”。

第六，本书根据各国进入城镇化率50%阶段的历史经验，借鉴“中等收入陷阱”，提出“城镇化中期陷阱”，并阐述以共享发展跨越“城镇化中期陷阱”。本书提出，自2004年后我国城镇化发展速度开始放缓，快速城镇化已接近尾声，大规模自发式进城潮基本结束，逆城镇化趋势有可能提前到来。历史上，无论是西方国家的城镇化，还是发展中国家的城镇化，很多国家由于没有根据城镇化动力演化的规律及时地转换动力，出现了严重的环境问题、社会问题、经济问题、政治问题。这种所谓的“城市病”，从城镇化发展阶段的角度，实质上如同“中等收入陷阱”一样，是一种“城镇化中期陷阱”的现象。在此背景下，共享发展已不仅致力于“被动型”城镇化的群体的权益补偿和权益发展，更是致力于以城镇文明吸引农民工“主动”留城和新增农业转移人口“主动”进城，它是城镇化发展新阶段下实现可持续城镇化的基本动力。作为新型城镇化的关键区域，提升西部地区城镇化的共享发展能力至关重要。课题构建了由生活水平、公共服务、人居环境3个方面12个指标构成的共享发展能力评价指标体系，对西部地区的共享发展能力做了基本评价。

第一章

自我发展能力：一个国家能力的解释框架

从历史的侧面透视国家和地区的兴衰，其吊诡之处在于：位于同一区域、拥有同类资源的国家和地区，因遵循不同的发展路径，有的走向富强，而有的陷于贫弱。[①] 在此，发展所需的资源禀赋结构基本相同，[②] 导致发展结果分叉的唯一的异质性条件，仅是由各类发展战略决定的差异化的发展路径，[③] 以及由此带来的不同的资本积累速度。如果将发展战略和发展路径的抉择视为一种发展能力的差异、[④] 而非先赋条件的差异，那么依据联合国开发计划署

---

① Daron Acemoglu and James Robinson, *Why Nations Fail: The Origins of Power, Prosperity, and Poverty*, New York: Crown Business, 2012, p. 15 - 27.

② "资源禀赋结构是指一个经济中自然资源、劳动力和资本的相对份额。自然资源通常是给定的；劳动力增加的速度取决于人口的增长率，国家之间并无巨大的差异，一般在1% ~3%；所以，唯一可以有巨大的增长差异的资源是资本。有的国家可以达到年平均20% ~30%的资本积累速度，而有的国家仅能达到10%甚至更低的年平均资本积累率"。参见林毅夫、蔡昉、李周：《比较优势与发展战略——对"东亚奇迹"的再解释》，载于《中国社会科学》，1999年第5期。

③ 林毅夫：《战略抉择是经济改革与发展成功的关键》，载于《经济科学》，1994年第3期。

④ 经济学一般将发展战略和发展路径的形成作为经济发展的"天然"结果。然而，经济发展的过程和绩效本身就具有不确定性，审时度势地选择一个明确的发展战略和发展路径，并成功地促进经济发展，通常可认为是一种能力的考验。

（UNDP）的定义，发展能力就是通过资源配置确立和实现发展目标的能力。

发展能力的主体是国家和地区。[①] 事实上，无论是 17～19 世纪英法争霸时期先发国家关于重农主义、重商主义、自由放任主义的发展战略竞争，还是 20 世纪全球化下后发国家关于赶超战略和比较优势战略的争论，在成功的发展战略推动国家崛起的背后，都有国家对发展战略的制定、选择、执行、纠正以及为适应不同发展阶段而切换的过程，其绩效高低、质量好坏与国家能力密切相关。回顾过去几个世纪的历史，国家能力是长期经济增长的重要决定因素。[②] 各国发展的一个普遍结论，就是国家能力是善治的基本要素，[③] 而善治促进发展。在 20 世纪 50 年代开启的潮涌式的世界各国现代化进程中，离当今时代最近的一次发展中国家区域性崛起，是以东亚发展型国家（Developmental State）创造的"东亚奇迹"。作为"东亚奇迹"的基本特征，国家参与到经济发展的全过程和全领域，一国的国家能力在很大程度上决定了该国的发展能力。

2011 年中国超越日本成为世界第二大经济体，并持续接近第一大经济体美国的经济总量，国家在经济发展和国际竞争中起到了重

---

① 虽然阿玛蒂亚·森（Amartya Sen）开创性地以个人的"可行能力"解释"发展"，但是如果对国家和地区赋予人格化，那么经济的增长、收入的提高、社会的稳定等发展结果，都可以理解成是国家"可行能力"的扩大。参见 Amartya Sen，*Development as Freedom*，New York：Alfred A. Knopf，1999，p. 3.

② Mark Dincecco and Gabriel Katz，"State Capacity and Long-run Economic Performance"，*The Economic Journal*，Vol. 126，No. 590（February 2016），pp. 189－218.

③ Bruce Cumings，"State Building in Korea：Continuity and Crisis"，In Matthew Lange and Dietrich Rueschemeyer（eds.），*States and Development*：*Historical Antecedents of Stagnation and Advance*，Gordonsville：Palgrave Macmillan Press，2005，pp. 211－235.

要作用。[1] 然而，在中国经济飞速发展的同时，国内发展不平衡仍长期存在，落后地区的发展能力不足是重要原因。[2] 为破解发展不平衡难题、全面建成小康社会，从 2002 年党的十六大到 2015 年全国扶贫开发工作会议，不断增强西部地区、民族地区、集中连片特困地区的发展能力成为一以贯之的基本思路。本章以国家能力为分析框架，探讨发展能力的形成和构成。

第一节　发展与国家能力：近十五年国外研究进展

长期发展有赖治理。[3] 作为治理的基本要素，[4] 国家能力的结构和状态决定了治理体系的构成和治理能力的提升，从而影响发展的速度和质量。在中国成为世界第二大经济体并向全面建成小康社会目标冲刺之际，党的十八届三中全会作出重要战略部署，以全面深化改革作为推动发展的强大动力。全面深化改革的总目标是“完善和发展中国特色社会主义制度，推进国家治理体系和治理能力现代

① 张慧君、黄秋菊：《国家制度能力与经济转型：理解中国模式的政治经济维度》，载于《天津社会科学》，2011 年第 2 期；陈曙光：《中国模式：确定性与不确定性——兼评西方话语中的“中国模式”观》，载于《教学与研究》，2014 年第 2 期。

② 吴传钧：《增强我国西部地区自我发展能力是根本》，载于《学会》，1999 年第 11 期。

③ David Hulme, Antonio Savoia and Kunal Sen, “Governance as a Global Development Goal? Setting, Measuring and Monitoring the Post – 2015 Development Agenda”, *Global Policy*, Vol. 6, No. 2 (May 2015), pp. 85 – 96.

④ Antonio Savoia and Kunal Sen, “Measurement, Evolution, Determiants, and Consequences of State Capacity: A Review of Recent Research”, *Journal of Economic Surveys*, Vol. 29, No. 3, (2015), pp. 441 – 458.

化”，而推进国家治理现代化的关键是因应新形势新发展促进国家能力的结构性调整。[①]

国家能力是西方“国家回归学派”提出的、重新审视国家在经济和社会关系中角色定位的分析维度。[②] 在其核心术语体系中，国家及国家能力从一开始就与经济发展密不可分。[③] 从某种意义上说，20 世纪 80 年代在西方政治学界兴起的“国家回归”潮流，虽然肇始于对当时比较社会科学研究中“国家缺失”现象的反思和批判，但更深刻的背景是拉丁美洲、东亚等地区的新兴工业化国家的经济崛起。这些后发国家奉行“国家干预经济”的凯恩斯主义（Keynesianism），通过实施进口替代、出口导向等国家战略，实现快速工业化，从而拉近了与欧美发达国家经济发展水平和国民收入水平的距离，部分国家甚至跻身于发达国家行列。这不仅加剧了新兴工业化国家与欧美发达国家的产业竞争和国际分工竞争，而且由新兴工业化国家开辟的后发国家发展道路，对欧美发达国家大力推广的自由放任主义模式构成了现实挑战。在势不可挡的全球化浪潮下，越来越多的后发国家参与全球竞争、加快经济发展，由此即便是在处于领先地位的欧美发达国家，国家也不再是一种剩余权力。[④] 它不仅

① 李玲、江宇：《有为政府、有效市场、有机社会——中国道路与国家治理现代化》，载于《经济导刊》，2014 年第 4 期。

② 曹海军：《“国家学派”评析：基于国家自主与国家能力维度的分析》，载于《政治学研究》，2013 年第 1 期。

③ 作为标志性著作之一，《把国家找回来》的第一部分就是“作为经济发展和社会再分配促进者的国家”。该部分“探讨了新兴工业化国家的国家战略……以呈现高度工业化的民主国家的各种凯恩斯主义模式”。Peter B. Evans，Dietrich Rueschemeyer and Theda Skocpol，*Bring the State Back In*，Cambridge：Cambridge University Press，p. viii.

④ 黎静：《发展中国家的国家能力比较》，载于《政治学研究》，1999 年第 3 期。

要对社会进行统治和管理，更要应对他国的竞争和挑战，[①] 在经济和社会发展中起到中心作用。[②]

然而，现实中国家并未如约而至。20 世纪 70 年代以来，由自由放任主义主导的全球化和区域一体化、信息化和网络化，竭力突破地理空间和制度约束的国家边界，建立“统一的世界市场”和“超国家的全球治理”。虽然逻辑上全球化和国家权力并不是零和博弈，[③] 但事实上在全球化时代国家是被相对削弱的。出于深度融入全球化和避免国家过度干预经济的需要，新兴工业化国家纷纷从凯恩斯主义经济政策转向新自由主义经济政策，并在东欧剧变和苏联解体后达到了高潮，自由放任主义倡导的“弱国家强社会”的国家能力观盛行一时。直到 2007 年美国次贷危机爆发并快速蔓延至全球，这种国家能力观在全世界范围内遭受了重大挫折：欧美主要发达国家大多陷入“长期停滞”（Secular Stagnation），[④] 不得不出台紧急救助计划、就业促进法案、再工业化战略，通过国家介入危机救助、就业恢复、出口促进以推动经济复苏和发展；孱弱的国家能力使得希腊、巴西等国深陷债务危机或经济萧条，滑向国家破产的边缘。增长乏力、两极分化等长期累积的发展问题，在各国普遍造成社会动荡，不断冲击着国家对社会的统治。经过 30 多年平均增速超过 9.8% 的超高速增长，中国也面临着国家能力结构性调整的挑战：

---

① 黄清吉：《国家能力基本理论》，载于《政治学研究》，2007 年第 4 期。

② Linda Weiss, “The State-augmenting Effects of Globalisation”, *New Political Economy*, Vol. 10, No. 3 (September 2005), pp. 345 – 353.

③ Linda Weiss, “Globalization and State Power”, *Development and Society*, Vol. 29, No. 1 (June 2000), pp. 1 – 15.

④ Barry Eichengreen, “Secular stagnation: A review of the issues”, In Coen Teulings and Richard Baldwin (eds.), *Secular Stagnation: Facts, Causes and Cures*, London: CEPR Press, 2014, p. 41.

一方面，由于国家能力的下降，收入不平等、社会福利供给不足导致中国经济发展越来越不可持续；[①] 另一方面，政府干预过多和监管不到位，产生了大量资源错配和寻租腐败问题。如何走出危机、实现转型，呼唤国家再次归来？

一、国家能力：从政治学到经济学

脱胎于社会的国家，其能力包括“渗入社会、调节社会关系、提取资源，以及以特定方式配置或运用资源四大能力”[②]。借此，“国家将自己的意志、目标转化为现实”[③]，且这一过程“干净而透明”[④]。从马克斯·韦伯（Max Weber）的“国家—社会”关系框架出发，政治学和社会学构建起了国家能力的早期论述，并越来越多地受到包括历史学、经济学在内的社会科学领域多个学科的共同关注。[⑤] 虽然从国家治理角度的国家职能范围及其演进来看，国家能力是由强制能力、汲取能力、濡化能力、国家认证能力、规管能力、统领能力、再分配能力、吸纳和整合能力等诸多基础性能力构成，[⑥] 但其基础却是以税收能力为衡量的汲取能力，以至于“作为

---

① 朱安东、李民骐、韩野：《国家能力与中国经济增长的可持续性》，载于《政治经济学评论》，2012 年第 4 期。

② ［美］乔尔·S·米格代尔著，张长东、朱海雷、隋春波、陈玲译，《强社会与弱国家：第三世界的国家社会关系及国家能力》，江苏人民出版社 2009 年版。

③ 王绍光、胡鞍钢：《中国国家能力报告》，辽宁人民出版社 1993 年版。

④ Francis Fukuyama, *State - Building: Governance and World Order in the 21st Century*, Ithaca: Cornell University Press, 2004, p. 9.

⑤ Timothy Besley and Torsten Persson, "State Capacity, Conflict and Development", *Econometrica*, Vol. 78, No. 1 (January 2010), pp. 1 - 34.

⑥ 王绍光：《国家治理与基础性国家能力》，载于《华中科技大学学报（社会科学版）》，2014 年第 3 期。

这一概念的始作俑者，查尔斯·蒂利（Charles Tilly）基于战争和民族国家建设这一特定研究视角，把国家能力理解为国家的征税能力”①。无独有偶，除了国家形成和政治发展外，税收也是分析发展的核心，② 而发展和繁荣正是经济学最重要的议题。在研究早期资本主义国家竞争和国家崛起这一当时的发展主题时，古典政治经济学就是滥觞于赋税问题，通过考察赋税对国民财富增长和资本主义生产的影响，探讨近代资本主义国家赋税体系的构建。然而，作为社会科学的总源流，19 世纪中叶以后古典政治经济学逐渐分化成经济学、政治科学、社会学、社会历史学、社会心理学、社会哲学，经济学开始了“去政治化”过程。③ 国家在经济学的语境中逐渐消失，国家能力更是遭到具有自由市场传统的经济学的普遍质疑，这是因为国家能力来源于国家功能，有哪些国家功能才会有相应类别和强度的国家能力，而除了强调国家在产权保护上的作用外，经济学很难阐明国家在经济发展中的直接功能。④ 1944 年卡尔·波兰尼（Karl Polanyi）在其比较经济史经典著作《大转型》中呼应马克斯·韦伯的思想，系统提出作为“发展工具”的官僚制，⑤ 触动了亚当·斯密（Adam Smith）的“守夜人”式政府的意识形态教条。

---

① 欧阳景根、张艳肖：《国家能力的质量和转型升级研究》，载于《武汉大学学报（哲学社会科学版）》，2014 年第 4 期。

② Deborah Boucoyannis，“No Taxation of Elites，No Representation：State Capacity and the Origins of Representation”，*Politics & Society*，Vol. 43，No. 3（September 2015），pp. 303 – 332.

③ Barry Clark，*Political Economy*：*A Comparative Approach*（*Second Edition*），London：Praeger Publishers，p. ix.

④ 因为政治学的制度性场域是政府，而经济学的制度性场域是市场。参见 Barry Clark，*Political Economy*：*A Comparative Approach*（*Second Edition*），p. 4.

⑤ Karl Polanyi，*The Great Transformation*：*The Political and Economic Origins of Our Time*，Boston：Beacon Press，2001，p. xxvi.

但这并不意味着经济学各流派在“国家促进发展”的问题上达成一致，威廉·阿瑟·刘易斯（William Arthur Lewis）就提出关于经济发展中国家功能的悖论，他认为“政府的失败既可能是由于它们做得太少，也可能是由于它们做得太多”[①]。到了20世纪70~80年代，新古典政治经济学和理性选择理论对寻租、掠夺型国家等问题的实证分析，重新强化了斯密的论断，其中影响颇大的是新制度经济学的“国家悖论”，即“国家的存在是经济增长的关键，同时又是人为造成经济衰退的根源”[②]。对此，彼得·埃文斯（Peter Evans）批评道，新古典政治经济学在竭力避免国家干预的危险的同时，也失去了探究最能促进经济发展的国家结构的机会。[③] 到了20世纪90年代，经济学家开创性地在跨国比较中发现，经济发展绩效与政府质量强相关。[④] 与此同时，对日本、韩国等东亚发展主义（Developmentalism）国家的案例解剖，20世纪90年代末至今催生了一波经济发展研究的治理转向，并进一步推动经济学从“国家的棱镜”来审视治理和发展，[⑤] 由此国家能力成为国外学术界关于发展研究的重要命题。

---

① ［英］W·阿瑟·刘易斯：《经济增长理论》，梁小民译，上海三联书店、上海人民出版社1994年，第475~576页。

② 何平、蒋玉珉：《新制度学派的“国家悖论”学说及其现实意义》，载于《经济学动态》，2003年第8期。

③ Peter Evans and James E. Rauch, “Bureaucracy and Growth: A Cross – National Analysis of the Effects of Weberian State Structures on Economic Growth”, *American Sociological Review*, Vol. 64, No. 5, (October 1999), pp. 748 – 765.

④ Stephen Knack and Philip Keefer, “Institutions and Economic Performance: Cross – Country Tests Using Alternative Institutional Measures”, *Economics and Politics*, Vol. 7, No. 3 (November 1995), pp. 207 – 227.

⑤ Antonio Savoia and Kunal Sen, “Measurement, Evolution, Determiants, and Consequences of State Capacity: A Review of Recent Research”.

二、促进发展的国家能力基本体系

正如萨赫·潘德（Sahr Kpundeh）和布莱恩·利维（Brian Levy）所说，当国家恢复了发展话语的主导地位，哪种类型的国家能力能促成积极的发展成果，成为学者和决策者共同关心的命题。① 相对于政治史学见证国家能力的历史起源和时代演化，21 世纪以来经济学则从假设和验证国家能力的存在，② 拓展到界定和测量国家能力的概念范畴与基本要素、评估和分析国家能力的发展绩效与决定因素。通过比较分析国家功能及其对发展的促进机制，经济学构建起了国家能力的基本体系，③ 并在国外文献中形成以下焦点：

第一，财政能力（Fiscal Capacity），即国家从税收中提取收入的能力。根据计量经济史学的实证研究，财政能力是国家能力的起源。诺埃尔·约翰逊（Noel D. Johnson）和马克·小山（Mark Koyama）考察了 1600 ~ 1800 年英国和法国的税制变革与国家争霸，指出：为了满足战争和竞争的需要，英法的税制改革不断演化，从竞争性包税制（Tax Farming）到金融财团的垄断包税制再到国家直接征税，孕育出了现代财政集权制度；而财政集权与否，形成了英国走向霸权、

---

① Sahr Kpundeh and Brian Levy (eds), *Building State Capacity in Africa: New Approaches, Emerging Lessons*, Washington DC: World Bank Publications, 2004, p. 1.

② Timothy Besley and Torsten Persson, "The Origins of State Capacity: Property Rights, Taxation, and Politics", *American Economic Review*, Vol. 99, No. 4 (September 2009), pp. 1218 - 1244.

③ Timothy Besley and Torsten Persson, *Pillars of Prosperity: The Political Economics of Development Clusters*, Princeton: Princeton University Press, 2011, p. 2.

法国陷入大革命的历史分异。[①] 马克·蒂切克（Mark Dincecco）和加百列·卡茨（Gabriel Katz）在总结欧洲 11 个民族国家距今 400 年以来的发展史的基础上，认为：财政集权和有限政府是形成国家能力的两项关键性改革，而国家能力是长期经济增长的决定因素；虽然没有证据表明有限政府和经济发展之间有显著的直接关系，但财政集权的国家实际人均 GDP 的年均增长率比财政分权的国家高 0.17% ~0.43%；其中，有利于提取更多税收收入的国家能力的增长是提升经济绩效的实现机制。[②] 而在黛博拉·宝科雅尼斯（Deborah Boucoyannis）看来，强大的财政能力催生了代表制（Representation）等西方政治制度。在前现代的欧洲，代表制最初是一种法律义务，而不是一种脆弱国家在财政压力下被迫授予社区的权利；它成为中央机构的组织原则，统治者可以要求社区派遣获其授权的代表签署中央决策；它的出现反映了在国家税收的基础上，社会对问责和善治的需求。[③] 如同税收的拉弗曲线一样，财政能力并非越高越好，处于合理区间的财政能力才是国家发展的基础。蒂莫西·贝斯利（Timothy Besley）等发现，财政能力通过政治决策的两个维度——凝聚力和稳定，对国家发展施加影响，而脆弱国家的低财政能力有可能导致机构松散和政治动荡，[④] 从而进一步降低国家财政

---

① Noel D. Johnson and Mark Koyama, "Tax Farming and the Origins of State Capacity in England and France", *Explorations in Economic History*, Vol. 51 (January 2014), pp. 1 – 20.

② Mark Dincecco and Gabriel Katz, "State Capacity and Long-run Economic Performance", *The Economic Journal*, Vol. 126, No. 590 (February 2016), pp. 189 – 218.

③ Deborah Boucoyannis, "No Taxation of Elites, No Representation: State Capacity and the Origins of Representation", *Politics & Society*, Vol. 43, No. 3 (September 2015), pp. 303 – 332.

④ Timothy Besley, Ethan Ilzetzki, and Torsten Persson, "Weak States and Steady States: The Dynamics of Fiscal Capacity", *American Economic Journal: Macroeconomics*, Vol. 5, No. 4 (October 2013), pp. 205 – 235.

能力和发展能力。相对地，卡梅伦·捷斯（Cameron Thies）指出，基于掠夺的高财政能力也将使国家走向失败。①

第二，行政能力（Administrative Capacity），即政府制定和实施政策、推动发展的能力，尤其是通过财政支出有效提供公共服务的能力。行政能力反映政府的竞争力，是国家能力的核心。作为政治原则的代理者和执行者，政府的低效率往往被视为阻碍经济发展的重要因素。虽然大量经济学研究从自由放任主义的角度推崇“有限政府”（或政治科学家提出的“弱国家”），但是达龙·阿西莫格鲁（Daron Acemoglu）的研究表明，由于获取充足收入或调节经济的能力不足，“有限政府”已成为当今许多发展中国家经济梦魇的罪魁祸首。② 蒂莫西·贝斯利和托尔斯滕·珀森（Torsten Persson）进一步指出，这些数量不断增加的脆弱国家由于不能为国民提供基本公共服务，国内还普遍存在严重的政治暴力和社会对立。③ 那么，为什么在这些国家会出现和维持一个低效政府？阿西莫格鲁等的解释是：在西方选举政治中，一个低效政府有利于富裕阶层资助和“俘获”民主政治，以减少再分配和公共服务供给的总量，同时也为官僚体系创造更多的租金；而当贫困阶层执政时，他们将创建有效政府，以低代价收取更多税收，减少官僚体系的租金收入。这样，为了获得低效政府，富裕阶层与官僚体系结成政治联盟，并支持官僚体系的规模过度扩张，从而使国家陷入低效政府与贫富分化的恶性

---

① Cameron G. Thies, “State Fiscal Capacity and State Failure”, *European Political Science Review*, Vol. 7, No. 2 (May 2015), pp. 167 – 187.

② Daron Acemoglu, “Politics and Economics in Weak and Strong States”, *Journal of Monetary Economics*, Vol. 52, No. 7 (October 2005), pp. 1199 – 1226.

③ Timothy Besley and Torsten Persson, “Fragile States and Development Policy”, *Journal of the European Economic Association*, Vol. 9, No. 3 (June 2011), pp. 371 – 398.

循环。[1] 对此，布莱恩·利维（Brian Levy）主张根据国家政治制度和政治利益结构引入具有本国特色的问责制（Accountability），[2] 以强化对政府行为的监督，提高政府效率和行政能力。

第三，法治能力（Legal Capacity），即国家维护市场秩序、保护产权的能力。法治能力是自古典政治经济学以降各个西方主流学派都高度重视的国家能力。斯密认为，国家应为个人和企业从事经济活动提供制度保证，以促进经济发展。这种围绕合同、财产、侵权法与合作的制度基础，使商品和服务的交换、积累、借贷、资本投资可以在宽松、安全、可预见的合理限度内进行。韦伯指出，国家在打破传统经济对资本主义渗入的抵制、促成资本主义兴起上发挥了关键作用，而其中的重要工具之一就是法律。道格拉斯·诺斯（Douglass North）进一步提出制度在资本主义经济体系中的核心地位。而今，正如马修·兰格（Matthew Lange）和迪特里希·鲁施迈耶（Dietrich Rueschemeyer）所说，法律已成为国家对市场失灵或私人难以协调的领域加以干预的主要形式。[3] 进入 21 世纪，由强转弱的国家失败（State Failure）现象在全球愈演愈烈，许多在去殖民化中突然独立的低收入小国很难重复西方的发展道路，成为国际社会中的失败国家。究其原因，是因为部分国家具有结构性特征，这些特征使它们难以提供法治、安全、责任等大规模公共服务，而缺乏

---

① Daron Acemoglu, Andrea Vindigni and Davide Ticchi, "Emergence and Persistence of Inefficient States", *Journal of the European Economic Association*, Vol. 9, No. 2 (April 2011), pp. 177 – 208.

② Brian Levy, "State Capacity, Accountability and Economic Development in Africa", *Commonwealth & Comparative Politics*, Vol. 45, No. 4 (November 2007), pp. 499 – 520.

③ Matthew Lange and Dietrich Rueschemeyer, "States and Development: An Introduction", In Matthew Lange and Dietrich Rueschemeyer (eds.), *States and Development: Historical Antecedents of Stagnation and Advance*, New York: Palgrave Macmillan, 2005, pp. 3 – 4.

这些公共服务，经济发展容易受挫。保罗·科利尔（Paul Collier）分析了津巴布韦走向国家失败的轨迹，以探寻这一非洲国家普遍存在的现象的内在逻辑和驱动因素。津巴布韦独立后，政府继承了高标准的财政能力和法治能力。20世纪90年代，该国引入西方民主选举制度，试图促进包容和问责。但为了赢得（或颠覆）选举，政府破坏了司法系统和财产权保护，并在消解财政能力后，通过恶性通货膨胀来掠夺社会、获得收入。①

第四，基础能力（Infrastructural Capacity），即国家政策可及地理范围的控制能力。基础能力突出的是国家权力的空间维度。希勒尔·索伊费尔（Hillel Soifer）和马蒂亚斯·豪（Matthias vom Hau）认为，国家作为发展和人类福祉的中心，其实施项目的能力具有领土组织的特征，并且被组织化网络的协调、控制、构建所塑造。②受疆域面积、行政层级以及国家能力的实施宽度和实施深度的制约，国家能力往往通过次级国家、下级政府、社会力量作为代理和中介组织，覆盖广袤领土和嵌入基层社会。然而，代理在空间上增强国家能力的同时，也在削弱国家能力：代理本身就是对国家权力的分权，而代理成本则是对国家能力的侵蚀。一个典型的文献是孙团辉（Tuan - Hwee Sng）和千秋守口（Chiaki Moriguchi）对1850年后的中日经济发展的比较研究。虽然中日两国都是实行“中央集权—地方代理”的行政体制，但幅员辽阔的中国代理成本更高，中央政

① Paul Collier, “The Political Economy of State Failure”, *Oxford Review of Economic Policy*, Vol. 25, No. 2, The Political Economy of Development (Summer 2009), pp. 219 - 240.

② Hillel Soifer and Matthias vom Hau, “Unpacking the Strength of the State: The Utility of State Infrastructural Power”, *Studies in Comparative International Development*, Vol. 43, No. 3/4 (September 2008), pp. 219 - 230.

府对多个层级的地方官僚掠夺本地社会的行为更难以监管。为了防止过度掠夺，清政府必须保持低税率和较小的政府规模。由此与日本德川幕府不同的是，清政府获得的人均财政收入和提供的人均公共服务并未与人口膨胀同步增长，经济发展在国家能力枯竭中陷入停滞，而更强大的国家能力促使日本经济起飞并完成工业革命。[①] 除了国家层面的比较研究，国家嵌入当地社会、提供本地公共服务等基础能力在区域层面的不平衡也引起越来越多的关注，如雅各布（Jacobs）在比较研究底特律和名古屋这两个汽车生产区域国家嵌入与都市发展之间的关系的基础上，[②] 提出促进发展的公共政策。

第五，军事能力（Military Capacity），即面临内部和外部安全问题时，国家用强力对威胁其权威的挑战进行威慑和排斥的能力。军事能力源于韦伯对国家作为“领土内合法的暴力垄断者”的定义，以及蒂利关于“战争创造国家，国家制造战争”的思想。贝斯利和珀森认为，从发展的维度来看，政治暴力的减少在国家层面与人均收入和国家能力的增长相互关联，形成双向正反馈关系。[③] 一方面，低收入水平、政治暴力和弱国家总是具有互补性。低法治能力使经济活动得不到保障、经济增长疲软，而低财政能力使投资短缺、生产扭曲，两者都将导致居民收入下降，从而增加国内战争爆发的概

① Tuan - Hwee Sng and Chiaki Moriguchi, “Asia’s Little Divergence: State Capacity in China and Japan before 1850”, *Journal of Economic Growth*, Vol. 19, No. 4 (December 2014), pp. 439 - 470.

② A. J. Jacobs, “Embedded Autonomy and Uneven Metropolitan Development: A Comparison of the Detroit and Nagoya Auto Regions, 1969 - 2000”, *Urban Studies*, Vol. 40, No. 2 (February 2003), pp. 335 - 360.

③ Timothy Besley and Torsten Persson, “The Causes and Consequences of Development Clusters: State Capacity, Peace and Income”, *Annual Review of Economics*, Vol. 6, No. 1 (August 2014), pp. 927 - 949.

率。在他们看来，国家既要追求共同利益目标，又要实现国内收入再分配，因此外部冲突和内部冲突对国家制度建设的影响截然相反。① 另一方面，国家构成了推动发展进程的关键性制度，其中国家权力（军事、警察）的出现是发展国家能力的先决条件。通过发展国家权力，民族国家获得了一个安全的环境，用以发展国家能力、鼓励私人和公共投资、刺激经济活动。佩特罗斯·塞克利斯（Petros Sekeris）指出，受自然地理的影响，国家权力集中投入在城市中心（主要是首都），其余人口密度低的地区出现权力真空。在这些地区，地方组织填补了国家权力的空缺，但这是以增加代理成本、降低经济效率和国家凝聚力为代价。②

三、促进发展的国家能力的形成

由财政能力、行政能力、法治能力、基础能力和军事能力构成的、发展所需国家能力的基本体系，使经济学得以将国家能力纳入到发展问题的变量之中，从国家能力的角度剖析发展面临的困境，探索发展成败的制度结构和国家作用。那么，是什么使条件相似的国家拥有不同水平的国家能力，从而导致分异的发展结果？这是国外研究聚焦的另一个主题，即国家能力从何而来，尤其是形成高标准的国家能力的演化轨迹。相关文献从历史、地理、新古典政治经济学等视角，主要运用普通最小二乘法（OLS）、普通最小二乘法和

① Timothy Besley and Torsten Persson, "State Capacity, Conflict and Development", *Econometrica*, Vol. 78, No. 1 (January 2010), pp. 1 – 34.

② Petros G. Sekeris, "State Power, State Capacity, and Development", *Peace Economics, Peace Science, and Public Policy*, vol. 21, No. 4 (2015), pp. 553 – 560.

工具变量法（IV）、广义矩估计（GMM）和工具变量法、普通最小二乘法和离散选择模型（Probit）、反事实分析法，研究高标准国家能力的生成条件和驱动因素。从历史来说，拥有强能力的成功国家的基本经验主要有：[①]（1）建国时间越悠久的国家（如中国），越能在历史的风云诡谲中“边干边学”，汲取更多治国理政的经验，在经验累积中提升国家能力和发展速度；[②]（2）持续不断的阶级斗争和对外冲突（如西欧国家），使国家加大有利于提升财政能力和法治能力的投入，以支撑冲突或调和矛盾；[③]（3）法律起源久远的国家（如英国），能发展出一种保护产权的治理方式和法治能力。[④]而弱能力的失败国家，其弱能力的来源也具有多样性：[⑤]（1）在前殖民地国家，殖民者榨取型的殖民策略往往使这些国家长期疏于产权保护和公共产品供给，从而缺乏行政能力和财政能力；[⑥]（2）在中南美洲，历史上的殖民者建立的大种植园经济、寡头政治以及由此产生的极度不平等制约了法治能力和财政能力的形成；[⑦]（3）在一些发生“资源诅咒”的资源型国家，生长在富集的自然资源之上

①⑤　Antonio Savoia and Kunal Sen, “Measurement, Evolution, Determiants, and Consequences of State Capacity: A Review of Recent Research”.

②　Valerie Bockstette, Areendam Chanda and Louis Putterman, “States and Markets: The Advantage of an Early Start”, *Journal of Economic Growth*, Vol. 7, No. 4 (December 2002), pp. 347 – 369.

③　Timothy Besley and Torsten Persson, “The Origins of State Capacity: Property Rights, Taxation, and Politics”.

④　La Porta, F. Lopez-de – Silanes R., A. Shleifer, R. Vishny, “The Quality of Government”, *Journal of Law, Economics, and Organization*, Vol. 15, No. 1 (1999), pp. 222 – 279.

⑥　Daron Acemoglu, Simon Johnson and James A. Robinson, “The Colonial Origins of Comparative Development: An Empirical Investigation”, *The American Economic Review*, Vol. 91, No. 5 (December 2001), pp. 1369 – 1401.

⑦　William Easterly, “Inequality does Cause Underdevelopment: Insights from a New Instrument”, *Journal of Development Economics*, Vol. 84, No. 2 (November 2007), pp. 755 – 776.

的反而是掠夺型经济结构、寻租的政府和败坏的法治，这些国家倾向于维持经济社会分化和削弱国家能力；①（4）在民族分裂的国家，民族冲突妨害了公共财政在不同民族间的公平分配，因而国家倾向于降低公共产品的供给能力；②（5）在发展中国家，公共部门雇员的择优录用以及为其提供有竞争力的薪酬，对改善政府质量和国家能力具有积极影响；③（6）在一些依赖国外大额援助的国家，精英阶层缺乏改革国家制度的动力，从而使国家的行政能力严重不足；④（7）在一些非民主国家，由于缺乏代表制和权力制衡，公职人员往往追求权力和私利而漠视公共利益，造成国家能力低下。⑤

虽然国家能力进入经济学的视野为时不长，但从“国家能力如何促进发展”到“如何生成国家能力”，新古典政治经济学构建了一条走向发展和繁荣的内在逻辑链，从国家角度审视国家的兴衰，从而事实上提供了一套有别于发展经济学“要素、路径、战略”分析范式的国家分析范式，为发展问题另辟了超越生产力层面的、基于生产关系层面的理论解答。然而，这种启发性并不能遮蔽新古典政治经济学在国家能力研究上的简单化倾向。第一，沿着促进发展

---

① Jonathan Isham, Michael Woolcock, Lant Pritchett and Gwen Busby, “The Varieties of Resource Experience: Natural Resource Export Structures and the Political Economy of Economic Growth”, *The World Bank Economic Review*, Vol. 19, No. 2 (2005), pp. 141 – 174.

② Alberto Alesina, Reza Baqir and William Easterly, “Public Goods and Ethnic Divisions”, *The Quarterly Journal of Economics*, Vol. 114, No. 4 (November 1999), pp. 1243 – 1284.

③ James E. Rauch and Peter B. Evans,” Bureaucratic Structure and Bureaucratic Performance in Less Developed Countries”, *Journal of Public Economics*, Vol. 75, No. 1 (2000), pp. 49 – 71.

④ Matthias Busse and Steffen Gröning, “Does foreign aid improve governance?”, *Economics Letters*, Vol. 104, No. 2 (August 2009), pp. 76 – 78.

⑤ Timothy Besley and Torsten Persson, “The Origins of State Capacity: Property Rights, Taxation, and Politics”.

的国家能力的逻辑线索，多数文献最终落入制度决定论的窠臼。以西方国家的政治体制为蓝本，相关研究往往是在总结西方国家的成功经验和非西方国家的失败教训的基础上，提出国家能力的框架、关键环节、建设目标等，并将其移植到非西方国家，而全然不顾非西方国家的适用性。正如“历史是任人打扮的小姑娘”，这类经验研究的结论也并不完美，如阿西莫格鲁将英美的成功归因为包容性政治体制产生包容性经济体制、包容性经济体制推动国家繁荣，而英美形成包容性政治体制缘起于历史上的“制度漂移”，这种关键时期的关键性制度变革具有偶然性，在脱离当事国的自然地理条件、政治体制和社会结构状况后，似乎成了“历史的选择”。第二，相关研究较少涉及促进发展的国家能力的结构性问题和动态演化问题。赖纳特指出，产权和制度本身并不创造国民财富，它们只是国民财富创造过程中的支撑体系，私有产权与其他制度体系是经济活动发展的结果，而不是原因；最根本的是一国如何选择以及选择怎样的产业活动。[①] 在赖纳特看来，新古典政治经济学的国家能力观仍然只局限于发展的外在环境建设，而未触及国家对经济发展的直接规划和组织。在凯恩斯主义以后，西方国家越来越多地干预经济过程，尤其是在全球化下各国普遍采用国家行动主义（State Activism）参与全球竞争，[②] 国家俨然成为发展的主要行动者。而在发展目标提出、发展战略选择、发展政策制定的过程中，国家也因应发展基础和竞争态势的变化，提升发展所需的各项国家能力，结构性

---

① 周勋君：《〈国家为什么会失败〉的失败》，载于《中国社会科学报》，2014 年。

② Linda Weiss, “Global Governance, National Strategies: How Industrialized States Make Room to Move Under the WTO”, *Review of International Political Economy*, Vol. 12, No. 5 (December 2005), pp. 723 – 749.

地调整和配置国家能力的组合体系。显然，加快国内经济转型与实现联合国千年发展目标所需的国家能力矩阵及其配比是有差异的。因此，在今天，促进发展的国家能力逐渐在各国转化为政策以后，关于国家能力研究的焦点应从“促进发展的国家能力是什么”“这些国家能力怎么来”转变到“这些国家能力怎么用”。

第二节　多维发展与国家能力结构

在今天，发展是一个广义的概念。它不仅包括经济的发展，也包括社会的发展、政治的发展等；不仅包括个人收入的增长，也包括能力和权利的获得、选择的自由等。自第二次世界大战以后，国家间的发展竞赛代替了军事竞赛和冲突扩张，发展逐渐形成自组织发展、赶超发展、开放发展、可持续发展和包容发展等新维度和新主题，由此演化出匹配和促进这些发展维度的新的国家能力。

一、创新激励：自组织发展的能力

引申自生物科学的自组织（Self-organization）原是用来描述生物进化中生命结构变化的一种总体范式，它包含保持旧结构的自我调节（负反馈）模式和颠覆旧结构、建立新结构的自我增强（正反馈）模式。[①] 类似于生命系统，看似“无序”的社会经济系统也具有自组织特征：第一，社会经济系统通过与外在环境的物质、信

① Ulrich Witt, “Self-organization and Economics—What is New?”, *Structural Change and Economic Dynamics*, Vol. 8, No. 4 (October 1997), pp. 489 – 507.

息、能量的交换，成为自然自组织的有效延伸；第二，在自由放任的市场经济中，每个个体都在“看不见的手”的指引下追逐自身的利益，整个社会经济系统则不断完善社会分工体系，消除市场失灵，降低社会生产、分配、交换、消费的协调成本；第三，经济活动在自我增强效应下由无序分布趋向空间集聚。① 在这一系统中，自我调节模式的核心是由预算约束和产权制度决定的价格调节机制，价格调节使经济系统趋于均衡状态；而自我增强模式的核心是在社会分工合作中不断涌现和持续扩散的新的知识，新知识应用到社会分工领域，能形成新产品、新技术和新的市场，内生地导向协同创新的经济扩张路径，② 从而提高经济效益。两者共同形成自组织发展的发展方式。

然而，从以斯密为代表的古典经济学开始，经济发展以及相关理论就总是围绕价格机制这一自我调节模式而展开。如果以价格信号为诱导，市场经济可以实现自组织，那么逻辑上国家对经济发展的干预就显得毫无必要。直到1929年，波及全球的“大萧条”严重动摇了古典经济学的自由放任主义，在生产垄断、过度投机、恶性通货膨胀、贫富分化、金融崩溃的冲击下，自由市场经济面临前所未有的危机。为了应对危机，新兴的凯恩斯主义经济学主张国家进行宏观需求管理，在经济萧条时通过扩张性政策刺激经济发展，在经济过热时通过紧缩性政策减缓经济发展。这一理论因提出国家干预经济论、在理论和政策上打破古典经济学的传统而被称为“凯

① Paul Krugman, *The Self Organizing Economy*, Cambridge: Blackwell Publishers, 1996, pp. 75 – 97.

② Jacques Lesourne, *The Economics of Order and Disorder*: *The Market as Organizer and Creator*, Oxford: Clarendon Press, 1992, pp. 57 – 72.

恩斯革命",[①] 但它实质上是以国家政策引导甚至部分替代价格机制，维持经济的自我调节模式。

如何将经济的自组织发展从以价格为中心的自我调节模式转换到以创新为中心的自我增强模式？自约瑟夫·熊彼特（Joseph Alois Schumpeter）用“创新”解释经济发展后，直到20世纪50年代西方发达国家经济高速发展和发展中国家经济起飞的阶段，才开启了这一进程。华尔特·惠特曼·罗斯托（Walt Whitman Rostow）总结了发达国家的工业化历史，描绘了一条通向发达之路，即通过传统社会、起飞准备、起飞、成熟、大众高消费5个发展阶段，从农业社会过渡到工业社会。[②] 这其实也是一条技术进步推动下的经济自我增强模式的实现路径。由罗伯特·默顿·索洛（Robert Merton Solow）开创的新古典经济增长理论，在技术不变的前提下，考察了资本在经济发展中的作用。[③] 从20世纪80年代开始，美国进入后工业化社会，保罗·罗默（Paul M. Romer）敏锐地观察到美国经济发展动力的变化。他在修正新古典经济增长理论的基础上，提出技术能在自我收益递增和向外扩散中推动经济发展。[④] 内生经济增长理论论证了以创新为中心的自我增强模式的可行性，从而改变了各国对经济自组织发展方式的认知。对此，摩西·阿布拉莫维茨（Moses Abramovitz）进一步指出，“如果存在一种吸收先进技术的‘社会能

---

① 方福前:《围绕“凯恩斯革命”的最新争论》，载于《教学与研究》，2006年第12期。

② Walt Whitman Rostow, “The Stages of Economic Growth”, *Economic History Review*, Vol. 12, No. 1 (August 1959), pp. 1 – 16.

③ Robert M. Solow, “A Contribution to the Theory of Economic Growth”, *Quarterly Journal of Economics*, Vol. 70, No. 1, 1956, pp. 65 – 94.

④ Paul M. Romer, “Increasing Returns and Long – Run Growth”, *Journal of Political Economy*, Vol. 94, No. 5 (October 1986), pp. 1002 – 1037.

力’，那么差异化的各国生产率水平最终将实现趋同……这种‘社会能力’突出体现在对知识扩散、资源流动和投资率的治理上”①。在此基础上，国家对经济发展的功能就转变为培育、激励和保障创新活动，如保护特定经济部门，支持技术创新，提供基础设施，推动人力资本形成。② 这种转变集中体现在 20 世纪 80 年代兴起的国家创新系统范式。国家创新系统是在国家统合“社会能力”的前提下，政治、科技等各个社会子系统形成互补结构，以促进主动学习和创新。③ 在这里，国家规制了最基本的制度框架，履行着绝大部分结构性制度的决策和执行，并制定各类技术标准。④ 同时，这种以创新为中心的自我增强模式还要嵌入到各国的政治、文化、意识形态之中，受到政治制度、文化环境、意识形态因素的影响。由此，在今天，经济自组织发展的能力，不仅在于国家保障和补充市场价格的自我调节，实现经济系统总体稳定和子系统协同的能力；更在于国家促进创新的自我增强，推动经济系统内生发展的能力。

二、资本形成：赶超发展的能力

赶超发展是所有后发国家谋求摆脱落后地位和跻身更加有利的

① Moses Abramovitz, “Catching Up, Forging Ahead, and Falling Behind”, *The Journal of Economic History*, Vol. 46, No. 2 (June 1986), pp. 385 – 406.

② Peter Evans, *Embedded Autonomy: States and Industrial Transformation*, Princeton: Princeton University Press, 1995, pp. 36 – 69.

③ Chris Freeman, “Continental, National and Sub-national Innovation Systems—Complementarity and Economic Growth”, *Research Policy*, Vol. 31, No. 2 (February 2002), pp. 191 – 211.

④ 封凯栋：《国家创新系统：制度与演化的视角》，载于《国家行政学院学报》，2011 年第 3 期。

国际经济地位的必由之路。[①] 虽然“技术进步是经济增长的决定因素，技术进步的源泉又来自人力资本投资和知识创新”已成为现代经济增长理论的普遍共识，但在发展中国家经济起飞的阶段，技术进步“更多的是内嵌于设备资本的体现型或物化的技术进步”，[②] 它与资本形成密切相关，因此以索洛为代表的早期发展经济学家首先关注的是资本形成问题。

资本形成能力不足是早期发展中国家的共同挑战。拉格纳·纳克斯（Ragnar Nurkse）认为，发展中国家宏观上存在资本形成不足的贫困恶性循环，低收入从供给上导致低储蓄能力，从需求上导致低消费以及低投资引诱，两者都妨碍了资本形成，使得发展中国家的劳动生产率和产出水平难以持续提升，收入水平维持在低水平。如何缓解发展中国家资本形成不足的问题，纳克斯主张从对外贸易和吸收外来投资等外部经济入手，但贡纳尔·缪尔达尔（Gunnar Myrdal）却揭示了其中的风险：由于经济发展过程中各因素之间存在动态影响（所谓“循环累积”）的因果关系，市场力量将进一步强化区域间发展的不平衡。这种强化机制是通过空间上的扩散效应和回波效应而实现。从生产要素的流向来看，同时存在着从发达区域（国家）流向发展中区域（国家）的扩散效应和逆向的回波效应，当回波效应大于扩散效应时，发展中区域（国家）就会因生产要素大量流失而抑制发展。事实上，自 20 世纪 50 年代起，巴西、墨西哥等拉美国家就进入经济起飞阶段，并实现了持续 20 多年的长

---

① 林跃勤：《增长方式转换与后发国家赶超研究——前苏联样本及其启示》，载于《经济学家》，2012 年第 3 期。

② 中国经济增长与宏观稳定课题组：《资本化扩张与赶超型经济的技术进步》，载于《经济研究》，2010 年第 5 期。

期经济增长。但正如劳尔·普雷维什（Roal Prebish）所批评的，不平衡的技术扩散与不平等的贸易条件，使拉美国家的经济发展与国际分工依附于以美国为主的发达国家，① 成为为世界工业中心生产初级产品（包括粮食、原材料等）和资源型产品的外围国家。② 由于长期奉行以自由市场改革为核心的新自由主义经济政策，到20世纪90年代，跨国公司主导了拉美国家的经济发展，而本国企业并没有充分吸收到外商直接投资的外溢技术，技术能力长期锁定在较低水平。不同于发展主义的亚洲国家的出口结构升级，自由市场改革后拉美国家的出口产品仍然是以初级产品和资源型产品为主，20世纪50年代起实施的进口替代战略归于失败。拉美国家不仅在全要素生产率（TFP）、人均GDP、投资率等经济发展关键指标上全面落后于亚洲国家，而且由于市场失灵和国家参与不足，还出现了经济滞胀、贫穷和两极分化、环境恶化、初中级教育质量下滑、基础设施落后等问题，严重制约了拉美国家经济的可持续发展，被称为中等收入的"拉美陷阱"。③ 这表明，无论是自由放任主义，还是脆弱的政府机构，④ 都不利于发展中国家的资本形成。

同样是在20世纪50年代甚至更早时期，除了拉美国家的经济

① Raúl Prebisch, *The Economic Development of Latin America and its Principal Problems*, New York: United Nations Department of Economic Affairs, 1950, pp. 15 – 18.

② Raúl Prebisch, "Commercial Policy in the Underdeveloped Countries", *American Economic Review*, Vol. 49, No. 2 (May 1959), pp. 251 – 273.

③ Eva A Paus, "Productivity Growth in Latin America: The Limits of Neoliberal Reforms", *World Development*, Vol. 32, No. 3 (March 2004), pp. 427 – 445.

④ George T. Abed and Hamid R. Davoodi, "Corruption, Structural Reforms, and Economic Performance in the Transition Economies", In George T. Abed and Sanjeev Gupta (eds.), *Governance, Corruption, & Economic Performance*, Washington DC: International Monetary Fund, 2002, pp. 412 – 435.

起飞外，世界上另一个引人注目的发展中国家大规模工业化进程出现在东欧和东南欧国家。在资本形成不足下，东欧和东南欧国家的工业化路径主要有两条：一是借鉴“苏联模式”，在缺少国际投资下，依靠国内资本积累，实现轻工业、重工业、机械工业的梯度演进；二是融入世界经济和国际分工，吸收国际投资和资本贷款以实现工业化。相比之下，路径二的优点是工业化进程快；缺点是因参与国际分工，在比较优势的原则下，工业化将定格在劳动密集型的轻工业阶段，而重工业产品则由西方发达国家提供。① 作为“国际萧条地区”，东欧和东南欧国家经济对国际投资的吸引力明显不足，更现实的工业化路径是模仿苏联，通过农业剩余来积累工业化所需资本，接受国外的资金和技术援助，并按比例对各个工业部门进行均衡、大规模投资。由于生产函数、需求、储蓄供给的不可分以及部门间外部经济的存在，国家力量在东欧和东南欧工业化中起到了至关重要的作用，特别是在筹集大规模工业化所需的巨额资金方面，以及基础设施建设等市场失灵领域（私人投资无利可图但社会价值突出）获得了高效率。② 这一工业化模式被保罗·罗森斯坦·罗丹（Paul Rosenstein – Rodan）总结为发展中国家工业化的“大推进理论”（the theory of the big-push）。虽然这种“重工业优先发展战略”③ 为东欧和东南欧国家建立了较为全面的工业体系，但这是以

---

① P. N. Rosenstein – Rodan, “Problems of Industrialization of Eastern and South – Eastern Europe”, *The Economic Journal*, Vol. 53, No. 210/211 (June – September 1943), pp. 202 – 211.

② P. N. Rosenstein – Rodan, “Notes on the Theory of the ‘Big Push’”, In Howard S. Ellis and Henry C. Wallich (eds.), *Economic Development for Latin America*, London: Palgrave Macmillan UK, 1961, pp. 57 – 81.

③ 林毅夫、蔡昉、沈明高：《我国经济改革与发展战略抉择》，载于《经济研究》，1989 年第 3 期。

计划代替市场的制度安排、产品和要素的价格扭曲为代价，对这些国家的长期经济发展造成了结构性的影响。

相对拉美国家和东欧、东南欧国家，东亚国家经济发展道路的成功在于，及时地从“重工业优先发展战略”转向“比较优势战略”。[①] 在建立起基础性的重化工业体系后，日本、韩国、中国都部分引入了李斯特主义（Georg Friedrich List），随着本国资本规模的扩张和产业层级的上升，从国家保护弱质产业、到国家控制下的有限开放经济、再到国家规制下的全面开放经济。由此，发展中国家阶段性地选择合适的发展战略，提高资本形成和资本积累能力是赶超发展的关键。

三、全球竞争：开放发展的能力

开放发展是一个国家或地区融入全球经济、参与全球竞争，从而获得经济效率的发展过程。第二次世界大战后，世界银行（WB）、国际货币基金组织（IMF）、世界贸易组织（WTO）三大国际机构的成立和布雷顿森林体系的建立，标志着美国主导的全球化进程的正式开启。20 世纪 80 年代中后期，苏联、中国和东欧社会主义国家从计划经济向市场经济转轨，全球化进程得以进入“快车道”。在全球化时代，国家发展呈现出不平衡和不平等的趋势。随着垄断竞争的制造业为最终产品生产分化出越来越多的中间零部件生产环节，上下游企业间成本和需求的关联推动了制造业的空间集聚。当运输成本降

① 林毅夫、蔡昉、李周：《比较优势与发展战略——对“东亚奇迹”的再解释》，载于《中国社会科学》，1999 年第 5 期。

低时，一个“核心—外围”结构自发形成，外围国家实际收入明显下降；当运输成本继续降低时，外围国家收入增加，核心国家收入下降，从而实现实际收入的趋同。① 然而，资本流动、产业迁移导致劳动受雇佣机会的转移和实际收入不平等，倒逼各个国家发展新的技术、吸引资本的投资，和开发新的岗位、维持社会的就业水平。这种不平等被现有的国际政治经济秩序所进一步强化。发达国家作为一个整体建立了符合其利益的多边秩序，尽量减少全球工业化的剩余空间，使发展中国家无缘攀爬工业化的阶梯，同时大力资助高技术产业，以确保国家繁荣。琳达·维斯将其称之为“国家行动主义”②（State Activism）：在发达国家制定的全球规则下，经济一体化与全球治理规则已经明确地改变了民族国家的政策选择，使其越来越专注于某些产业部门和技术领域。因为在奉行自由放任主义（Laissez-faire）的“世界市场”中，任何一个国家都只是有限的个体，在国际经济分工中变得越来越“专业化”。当然在这一过程中，不符合国际经济分工的区域、行业、劳工就在缺乏“比较优势”的名义下被忽略。而这又需要国家出台适当的社会政策，缩小这种由全球化引致的国内不平等，以弥合两极分化和社会分裂。

在全球化时代，提高经济开放度、放松资本管制本身就使国家管理国民经济的能力充满挑战。③ 在深陷危机的今天，这种挑战在

---

① Paul Krugman and Anthony J. Venables, “Globalization and the Inequality of Nations”, *The Quarterly Journal of Economics*, Vol. 110, No. 4 (November 1995), pp. 857 – 880.

② Linda Weiss, “Global Governance, National Strategies: How Industrialized States Make Room to Move Under the WTO”, *Review of International Political Economy*, Vol. 12, No. 5 (December 2005), pp. 723 – 749.

③ Linda Weiss, “Introduction: Bringing Domestic Institutions Back In”, In Linda Weiss (eds.), *States in the Global Economy: Bringing Domestic Institutions Back in*, Cambridge: Cambridge University Press, 2003, p. 1.

金融市场的稳定性和外国直接投资的持续性方面尤为明显，[1] 各国勉力维持本国货币稳定和经济基本运行，避免被席卷全球的金融危机深度传染。而国家能力较低的国家，在金融危机的国际冲击下变得十分脆弱。这在20世纪90年代末的亚洲金融危机中已经得以验证，东南亚国家的国家权力的弱化，使其无法灵活应对外来冲击，最终为金融危机所击溃。[2] 因此，一个悖论是，以自由主义为底色的全球化带来的却是国家增强效应[3]（State-augmenting Effects）。

此外，在开放条件下，国家处于多层治理体系的中心地位，[4] 它既是衔接全球、区域和地方的一级行动者，又是联接跨国企业、民间组织等的核心机构，因此国家需要获取和整合新类型的国家能力。[5] 伴随全球化的民主化，使得社会力量不断壮大起来。对于许多发展中国家来说，国家再也不是封闭条件下自上而下官僚体系的顶端，而是处于国际社会和国内社会之间的中间环节，这对原有的国家治理格局、国家治理体系以及相应的国家能力的变革提出了新的要求。全球化使国家期望通过各种多边规则加入各类国家间网络，获得网络的能力，享受网络的利益，但是这种融入反过来也极大地冲击国家的政治秩序和对内管控体系，因此开放发展对国家的反馈，可能在于国家结构的“混合化”，既非高度分权的国家结构，

---

① Linda Weiss，“Globalization and State Power”.

② Linda Weiss，“State Power and the Asian Crisis”，*New Political Economy*，Vol. 4，No. 3（November 1999），pp. 317 – 342.

③ Linda Weiss，“The State-augmenting Effects of Globalisation”，*New Political Economy*，Vol. 10，No. 3（September 2005），pp. 345 – 353.

④ Linda Weiss，“Global Governance，National Strategies：How Industrialized States Make Room to Move Under the WTO”.

⑤ Jon Pierre and B. Guy Peters，*Governance*，*Politics and the State*，Basingstoke：Palgrave Macmillan，2000，p. 4 – 8.

也非高度集权的国家结构，而是“混合型”国家。[①]

四、生态治理：可持续发展的能力

可持续发展是指既满足当代人的需求，又不损害后代人满足其需求的发展。自20世纪60年代初《寂静的春天》敲响环境污染的警世钟声，基于高能耗、高消耗、高排放、高污染的工业化的发展道路首先在西方国家受到广泛批评。今天，生态资源的配置与保护、生态危机的防治与恢复催生出了诸多新的公共治理理论与政策实践，同时也孕育着以生态技术创新和生态制度创新为驱动的全球新一轮生态创新浪潮。[②] 虽然以市场机制推动生态治理在20世纪90年代后逐渐成为主流，但事实上国家仍然不能缺位。这不仅是因为生态创新中的国家行动主义，更是源于可持续发展对发展中国家继续沿着发达国家的发展轨迹实现工业化的限制。可持续发展提倡的生态足迹和全球环境容量，意味着在发达国家已经占用绝大多数的全球资源环境消费份额的情况下，发展中国家迈入工业化国家必须挤占和竞争越来越稀缺的环境容量，而在发展中国家快速工业化阶段有可能出现的生态赤字也被视为对生态环境的掠夺，这种建立在生态赤字上的发展被指控为掠夺型发展。由此，对于发展中国家来说，今天的发展不仅要考虑发展所需的资源要素如何经济地配置，还要着眼于资源要素如何生态地配置。而生态地配置，其实质是将

---

① Mark Robinson, “Hybrid States: Globalisation and the Politics of State Capacity”, *Political Studies*, Vol. 56, No. 3 (October 2008), pp. 566 – 583.

② 王彬彬、李晓燕：《生态补偿的制度建构：政府和市场有效融合》，载于《政治学研究》，2015年第5期。

发展的社会成本纳入到私人成本之中，这在自由放任的市场经济中是不易调和的矛盾，需要国家作为行动者参与其中，生态治理的国家能力不可或缺。

随着生态环境从国家生态赤字到国家生态危机再到全球生态危机地不断恶化，气候变化等具有区域外部性、需要在国际层面共同治理的环境问题相继出现。由集体应对这些环境问题而形成的全球治理网络（或全球生态公共品的供给网络）也陷入集体行动的逻辑和困境：作为成员的国家存在“搭便车”或成本转嫁的现象。如何协调国家利益和全球公共利益，在全球治理中明确单个国家的权责定位，争取国家的全球生态利益，根本上是要基于国家自身的生态治理能力。从一国的生态技术创新、生态制度创新、可持续发展绩效出发，国家生态治理能力外延而成国家参与全球生态治理的基础能力。

此外，生态治理也倒逼国家的能力转型和结构转型。休·沃德（Hugh Ward）在比较研究中指出，在威权国家（如东亚发展主义国家），高度集中的权力以及由此带来的国家能力，导致的是恶劣的环境质量：随着国家能力提升，基础设施投资和环境保护的力度将不断加大，然而精英政府的寻租行为，将优先促进破坏环境的基础设施投资，两者的差距越大，环境质量越差。① 因此，伴随全球生态治理发展而来的是生态民主，社会组织以听证、问责等方式越来越多地嵌入到国家生态治理的决策过程之中，形成对国家权力的有效约束。

---

① Hugh Ward, Xun Cao and Bumba Mukherjee, “State Capacity and the Environmental Investment Gap in Authoritarian States”, *Comparative Political Studies*, Vol. 47, No. 3 (March 2014), pp. 309 – 343.

五、社会协调：包容发展的能力

新古典经济增长理论提出，无论各国的初始条件如何，经济都会收敛于一个平稳增长路径，这就意味着缺乏资本的发展中国家能获得更高的投资回报，最终追赶上发达国家。[①] 然而，问题的关键是发展中国家并不具备上述理论所预设的完备的市场条件。如刘易斯二元模型所描述，发展中国家的国民经济总是并存有小规模的现代非农部门和大规模的传统农业部门；与发达国家不同的是，发展中国家的经济起飞是传统农业部门的农业人口大量向现代非农部门的非农就业转移，从而实现两个部门的劳动生产率逐渐趋近并最终实现一体化。西蒙·史密斯·库兹涅茨（Simon Smith Kuznets）也对一体化的趋势表示乐观，他认为由农业部门和工业部门的劳动生产率决定的收入差距，将在经济增长的过程中出现“倒 U 型”的走势，[②] 在经济起飞阶段不断扩大，在经济发展走向成熟的阶段又会不断缩小。因此，按照自由放任主义的逻辑，发展中国家在工业化过程中出现收入分配差距扩大的趋势，在一定阶段内是合理、可以容忍甚至有利于经济发展的。

到了 20 世纪 80 年代，沿着马斯洛需求层级，经济发展的内涵也不断跃升，超越了工业化的生产力范畴，越来越多地容纳以生产关系为基础的社会关系内容。阿玛蒂亚·森为“发展”提供了微观

① Robert M. Solow，“A Contribution to the Theory of Economic Growth”.

② Simon Kuznets，“Economic Growth and Income Inequality”，*American Economic Review*，Vol. 45，No. 1（March 1955），pp. 1 – 28.

基础，提出人的发展是个人追求幸福的能力，包括经济机会、民主、教育、健康和自尊等内容，因此发展的实质是人的自由的扩大。[①] 当然，人的发展必须要嵌入到一定的社会关系中，社会关系决定了发展的宽度，可以促进或阻碍人的发展。因此，以此为基础，形成了包容性发展的另一个重要内涵，即社会物质利益的跨社会群体和类别的公平分配。今天，全球化下的资本流动，已经将各国国内的不平等带向全球的不平等。托马斯·皮凯蒂（Thomas Piketty）在他的著作《21 世纪资本论》中驳斥了库兹涅茨关于"增长、竞争和技术进步在发展的高级阶段将成为减少不平等、促进阶级和谐的平衡力量"这一论断，认为"现代增长理论和知识扩散有可能避免马克思的预言，但没有优化资本和不平等的深层结构——至少不像第二次世界大战后的黄金增长期所显现的那样"。[②] 在皮凯蒂的改良方案中，包括税收调节、金融监管等措施，这些国家能力不仅是治愈发展中国家"不平等"疾病的良方，同样也适用于发达国家。事实上，在今天，低国家能力已被视为改善劳动权和其他社会正义问题的主要障碍之一。丹尼尔·柏林（Daniel Berliner）等对 85 个发展中国家和 34 个"供应链相关"国家的国家能力与劳动权利保护进行面板回归分析，发现国家能力的变化与劳动权利的变化唯一相关，因此在全球供应链中改善工人劳动权利的国家能力与政治意愿的结合是十分重要的。[③] 通过包容性的就业政策，国家阻止

---

① Amartya Sen, *Development as Freedom*.

② Thomas Piketty, *Capital in the Twenty - First Century*, Arthur Goldhammer (trans.), Cambridge: The Belknap Press of Harvard University Press, p. 1.

③ Daniel Berliner, Anne Greenleaf, Milli Lake and Jennifer Noveck, "Building Capacity, Building Rights? State Capacity and Labor Rights in Developing Countries", *World Development*, Vol. 72 (August 2015), pp. 127 – 139.

分利集团进一步蚕食社会财富和劳动收入，缓解收入的不平等。然而，更大的挑战是如何应对基于资产的财富不平等？财富不平等集中发生在各国的住房市场，一个可供借鉴的办法是像新加坡的综合性公共住房和社会保障制度那样，① 构建一个居住的社会保障网。② 在动荡的全球经济下，国家主导的社会保障网为社会稳定提供了最后的保障。

---

① James Lee, "Developmentalism, Social Welfare and State Capacity in East Asia: Integrating Housing and Social Security in Singapore", *Journal of Asian Public Policy*, Vol. 2, No. 2 (July 2009), pp. 157 – 170.

② Karl Pichelmann, "When 'Secular Stagnation' Meets Piketty's Capitalism in the 21st Century Growth and Inequality Trends in Europe Reconsidered", 12*th Euroframe Conference*: *Challenges for Europe* 2050, (12 June 2015), Vienna.

第二章

以生态文明战略提升西部地区可持续发展能力：生态文明建设的视角

可持续发展能力是自我发展能力的重要组成部分之一，对于西部地区而言，增强可持续发展能力尤为重要。西部地区疆域辽阔，大部分地区是我国经济欠发达、需要加强开发的地区。而西部地区又是长江、黄河、澜沧江等大江大河的源头，是维护全国生态环境安全的重要生态屏障，同时具有生态脆弱和生态敏感的特征，被国家列为主体功能区中的限制开发区和禁止开发区。西部地区正确处理环发矛盾，既追求区域整体经济发展，又兼顾生态环境保护和改善，实现可持续发展，事关我国经济社会发展全局。

我国生态文明战略的战略目标是实现可持续发展，实施生态文明战略是提升西部地区可持续发展能力的战略选择。党的十八大报告指出，“建设生态文明，实质上就是要建设以资源环境承载力为基础、以自然规律为准则、以可持续发展为目标的资源节约型、环境友好型社会。”[①] 自国家提出生态文明战略以来，西部地区成为生态文明战略的重点实施地区。

本章提出生态文明战略的制度性内涵与实施机制，结合西部区情，提出以生态文明战略提升可持续发展能力的基本思路与重点，并根据西部12个省（区、市）的生态承载力，构建差异化实施生态文明战略的省区格局，最后分析了贵州省贵阳市和四川省荥经县的实践案例。

第一节　生态文明战略的制度性内涵与实施机制

自“生态文明”提出以来，如何认识生态文明[②]、继而如何建设生态文明[③]，成为学术界广泛关注的重要课题。总体来看，现有生态文明研究融合了“人与自然辩证关系”的哲学框架、“文明演进和文明体系”的政治框架、“可持续发展”的经济框架、“生态建设与环境保护”的环保主义框架，这一方面反映了人们对生态文明的多维认识；另一方面也使得认识上的知识约束往往导致在实施过程中的“路径锁定”。因此，抽象掉各种具体知识和研究角度，从

① 余谋昌：《生态文明：建设中国特色社会主义的道路——对十八大大力推进生态文明建设的战略思考》，载于《桂海论丛》，2013年第1期。

② 相关文献主要集中在：生态文明的内涵特征（邱耕田，1997；李世东、徐程扬，2003；俞可平，2005；潘岳，2006；解振华，2007；贾治邦，2007；周生贤，2008）、形态构建（姬振海，2007）、系统要素（吴舜译、王金南、邹首民等，2006；陈寿朋，2008）。

③ 相关文献主要集中在：生态文明的建设体系（王金南、张惠远，2010）、建设评价体系（中央编译局，2008）以及在总体框架下加快经济增长方式转变、产业结构优化、消费模式转型、循环经济发展等。

生态文明这一制度本身再探讨其本质问题,[1] 探寻生态文明战略的实施机制，就显得尤为必要。

一、生态文明的制度性内涵

关于“生态文明”的内涵，被广泛接受的定义是：生态文明是“对传统工业文明进行深刻反思的成果”[2]，是人类历史发展进程中继原始文明、农业文明和工业文明之后的“一种后工业文明，是人类社会一种新的文明形态，是人类迄今为止最高的文明形态”[3]。它是“物质文明、政治文明和精神文明的前提”[4]，“四种文明共同构成文明建设的体系”[5]。这一定义从文明的变迁趋势和主要形态，强调了生态文明的历史延续性、继承性，突出了其在现代社会架构中的重要地位，并隐含着由此衍生出的新的价值体系、规则体系及行为约束。因此，如果认为制度是文明的重要特征和主要内容，或者更宽泛来说，文明本身就是一种制度,[6] 那么生态文明就是一种为

---

① 王彬彬：《论生态文明的实施机制》，载于《四川大学学报》（哲学社会科学版），2012 年第 3 期。

② 习近平：《大力发展循环经济，加快建设资源节约型、环境友好型社会》，载于《管理世界》，2005 年第 7 期。

③ 俞可平：《科学发展观与生态文明》，载于《马克思主义与现实》，2005 年第 4 期。

④ 潘岳：《社会主义生态文明》，载于《学习时报》，2006 年 9 月 27 日。

⑤ 陈家刚：《生态文明与协商民主》，载于《当代世界与社会主义》，2006 年第 2 期。

⑥ 制度是由非正式约束（道德的约束、禁忌、习惯、传统和行为准则）和正式的法规（宪法、法令、产权）组成的。参见 Douglass C. North，“Economic Performance Through Time”，*The American Economic Review*，Vol. 84，No. 3（June 1994），pp. 359 – 368.

其中，正式的法规被普遍看成是现代文明的重要成果，是具有较强显示度的文明标志；而在人类社会诸种文化传统中所逐渐形成的一些非正式约束，无论是在长期，还是在短期，都会在社会演化中对行为人的选择集合产生重要影响。参见 Douglass C. North，*Institutions*，*Institutional Change and Economic Performance*，Cambridge：Cambridge University Press，1990，pp. 33 – 34.

“人与自然”关系立法的制度体系。[①]

这种制度体系由制度环境、具体制度安排和实施机制构成。[②] 20世纪60年代初，反思工业文明对自然征服掠夺的思潮开始萌动，由此引发了一场旷日持久的绿色和平运动。此后，《人类环境宣言》的签署和《增长的极限》的发表，描绘了未来生态社会的制度框架；世界环境与发展委员会发表的纲领性文件《我们共同的未来》，提出了可持续发展的共同目标；《里约宣言》《21世纪议程》形成了较为清晰的规则体系和承诺机制。在近半个世纪的时间里，国际社会逐渐形成了可持续发展的制度环境，包含着“一系列用来建立生产、交换与分配基础的政治、社会、法律基础规则”[③]，如绿色壁垒、碳关税等将成为调节国际贸易关系的主要利益博弈机制。[④]

在我国改革开放之初，我们首要面临的是发展不足的问题，可持续发展作为一种“外生性制度”[⑤] 通过国际协议、理念普及等形式被导入国内。经过近30年的持续高速增长，我国出现了举世瞩目的“增长奇迹”。然而，“经济增长理论所强调的若干增长条件，如自然资源禀赋、物质和人力资本积累以及技术创新能力，中国与其他国家相比并无独特之处，甚至处于低水平阶段”[⑥]，在人均资源量方面，我国人均45种主要矿产资源为世界平均水平的1/2，人均耕

---

①④ 王彬彬：《论生态文明的实施机制》，载于《四川大学学报》（哲学社会科学版），2012年第3期。

② 柳新元：《制度安排的实施机制与制度安排的绩效》，载于《经济评论》，2002年第4期。

③ 樊纲：《渐进式改革的政治经济学分析》，上海远东出版社1996年版，第16页。

⑤ 柯武刚、史漫飞：《制度经济学：社会秩序与公共政策》，韩朝华译，商务印书馆2000年版，第23页。

⑥ 周黎安：《中国地方官员的晋升锦标赛模式研究》，载于《经济研究》，2007年第7期。

地、草地资源为1/3，人均水资源为1/4，人均森林资源为1/5，人均石油占有量仅为1/10。在传统经济发展方式下的低环境要素价格行为①和过度消费行为，加剧了经济与生态失衡。2006年我国一次能源、淡水、水泥、钢材和常用有色金属的单位GDP消耗是世界平均水平的1.9倍。② 此外，生态退化、环境污染、食品安全等问题也快速积累并呈现集中爆发的态势。③

在权衡经济与生态的两难问题上，一直存在着"发展优先"与"生态约束"两种思路。"发展优先"的有力论据是以发达国家为经验的"环境库茨涅兹曲线（Kuznets Curve）"，即随着发展水平的提高，环境由不断退化转向逐步改善。但是，应该注意到，这一现象的前提就是发达国家的环境改善是在发展中国家的环境恶化过程中实现的，是凭借其经济和技术的优势，在环境领域"损人利己"的结果。如果扩大到全球范围，就不存在"环境从恶化到改善"的过程。④ 而即使像美国这样的发达国家，也仍然存在资源型产业和污染产业，更何况在我国这样一个人口众多、区域经济发展水平差异较大、欠发达地区广泛存在、产业转移"黏性"特征明显的大国经济内，许多资源消耗量大、环境污染严重的产业很难实现全产业链或制造环节向国外一转了之，进而加剧产业空心化、就业不充分等

① 一个突出的佐证就是污染天堂假说（Pollution Haven Hypothesis），即如果各个国家除了环境标准外，其他方面的条件都相同，那么污染企业就会选择在环境标准较低的国家进行生产，这些国家就成为污染的天堂。

② 中国科学院可持续发展战略研究组：《2006中国可持续发展战略报告》，科学出版社2006年版，第51页。

③ 王彬彬：《论生态文明的实施机制》，载于《四川大学学报》（哲学社会科学版），2012年第3期。

④ 钟茂初：《"可持续发展"的意涵、误区与生态文明之关系》，载于《学术月刊》，2008年第7期。

问题。除了个别区域的环境改善，我国很难在全局上实现“环境库茨涅兹曲线”。据此，有学者提出有生态约束的发展，即可持续发展是要在生态承载能力的约束下，在确保自然生态系统的“可持续性”的基础上，实现经济利益最大化和资源配置最优化。[①] 这一思想广泛影响了当前我国的生态环境政策，如环境评价与规制、主体功能区规划与政策等，但是仍然不能从根本上缓解发展与生态的矛盾，特别是在我国正处于“中等收入陷阱”的发展阶段，发展仍是第一要务。上述现实困境，强烈呼唤在生态问题上实现需求诱致型制度变迁，[②] 将可持续发展制度体系内生化，形成既立足我国国情和发展需要、又符合国际秩序变化趋势的制度体系。由此，生态文明便被提升为国家战略，成为我国长期生态制度体系。[③]

本书认为，生态文明制度的重点不应是用生态承载能力去约束经济发展，而是在实现经济较快发展的前提下，在手段和路径上采用生态友好型的技术、方法和模式。这与科学发展观“以人为本，全面协调可持续”的理念和方法是一致的。

二、生态文明战略的实施机制

生态文明是一种内生性制度体系，其实施既是一般性的制度变

① Herman E. Daly, *Beyond Growth: The Economic of Sustainable Development*, Boston: Beacon Press, 1996, pp. 121 - 129.

② 制度变迁“通常由对构成制度框架的规则、规范和实施的复杂结构的边际调整所组成”。参见 Douglass C. North, *Institutions, Institutional Change and Economic Performance*, Cambridge: Cambridge University Press, 1990, pp. 42 - 44。

③ 王彬彬：《论生态文明的实施机制》，载于《四川大学学报》（哲学社会科学版），2012 年第 3 期。

迁过程，又是在多重委托—代理结构下由国家向区域的扩散性制度创新过程。“锦标赛机制”已被用来解释“中国经济增长之谜”，也是生态文明有效实施的可选方式之一。①

（一）生态文明战略的实施特征

生态文明的建设过程就是其实施过程。作为一种制度，生态文明应包括正式的规则、非正式的约束（行为规范、惯例和自我限定的行事准则）以及它们的实施特征（Enforcement Characteristics）。其中实施问题尤为重要，正如诺斯在其著作《制度、制度变迁与经济绩效》中特别强调的那样：“在历史演化中，制度变迁、契约以及经济绩效等一些关键性的问题，都取决于在多大程度上契约能够低成本地得以实施”②。本书认为，生态文明的实施包含着两个层面的内容：一是生态文明的制度变迁过程，是具有一般性的制度实施过程（不考虑制度实施中的委托—代理问题）；二是在现有体制环境内，在多重委托—代理结构下，生态文明由国家向区域的扩散性制度创新过程。③

1. 生态文明建设的制度过程：正式制度非正式化

生态文明建设勾勒了构建生态文明这一制度环境的基本框架。十七大报告指出，“建设生态文明，基本形成节约能源资源和保护生态环境的产业结构、增长方式、消费模式。循环经济形成较大规模，可再生能源比重显著上升。主要污染物排放得到有效控制，生态环境质量明显改善。生态文明观念在全社会牢固树立”。按照新制度经济学理论，生态文明建设包含三个层面：一是在制度环境层

①③　王彬彬：《论生态文明的实施机制》，载于《四川大学学报》（哲学社会科学版），2012年第3期。

②　韦森：《再评诺斯的制度变迁理论》，载于《经济学（季刊）》，2009年第2期。

面上构建并形成生态文明；二是在制度安排层面上，今后较长时期内实施以产业结构升级、增长方式转变、消费模式转型为主要内容的正式制度和树立生态文明观念为主要内容的非正式制度；三是在具体制度安排层面，相继实施并逐步完善相应政策①。通过建立健全正式制度与非正式制度，构建切实可行的实施机制，依据发展趋势和紧迫程度，优先在循环经济发展、可再生能源比重、主要污染物排放、生态环境质量4个方面取得初步实施效果，经过不断努力，逐渐形成生态文明战略的制度环境（见图2－1）。②

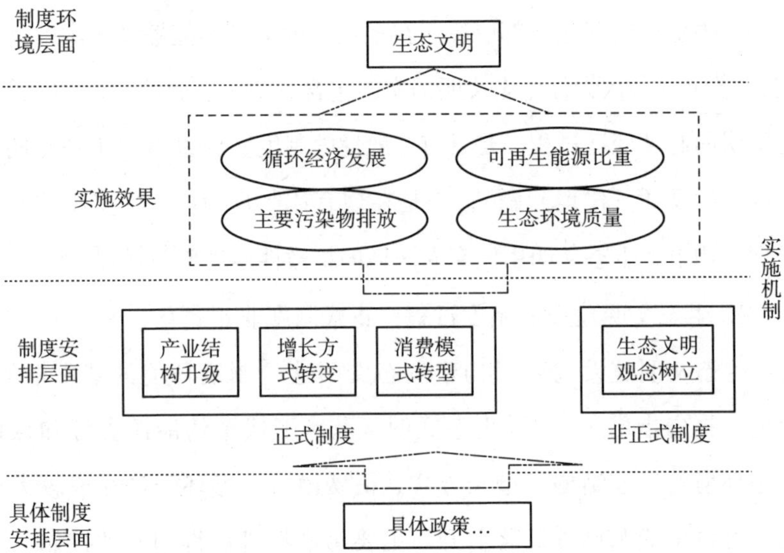

图2－1　生态文明战略的制度层次与实施机制

① 国家环保部新的环境经济政策体系包括：绿色税收、环境收费、绿色资本市场、生态补偿、排污权交易、绿色贸易、绿色保险。国家林业局从生态建设、林业产业发展、生态文化建设三方面着手建设生态文明。

② 王彬彬：《论生态文明的实施机制》，载于《四川大学学报》（哲学社会科学版），2012年第3期。

在推进生态文明建设的过程中，为取得一定的实施效果，正式制度（产业结构升级、增长方式转变、消费模式转型）的实施机制与非正式制度（树立生态文明观念）的作用呈现出不同的组合特征。在罗丽英和滕艳飞①、缪艳娟②的分析框架中，通过边际分析，可以发现（见图2-2）：（1）正式制度的实施机制（e）与实施效果（Q）具有正相关关系，且符合边际效益递减法则，如在曲线1，弱实施（e_w）取得的实施效果（Q_0）要低于强实施（e_s）取得的实施效果（Q_1）；（2）正式制度的实施机制（e）与非正式制度（Ψ）具有替代关系，即强实施（e_s）、低自觉性（Ψ_L）和弱实施（e_w）、高自觉性（Ψ）在同一条无差异曲线上；（3）组合 C(e_s，Ψ_L）与组合 D(e_w，Ψ_H）可以达到同样的实施效果（Q_1）。也就是说，在制度实施时，有“软实施”和“硬实施”两条可供选择的路径：一是以宣传教育为主、强制执行为辅的“软实施”路径，通过强化社会观念、增强自觉意识、营造社会氛围、加强道德监督、形成文化惯例的方式，促进契约的自我实施（Self-enforcement）和相互监督实施；二是以强制执行为主、宣传教育为辅的“硬实施”路径，通过国家（政府）等强力组织，以行政条例、法律条文、惩罚机制等为手段，推动契约的第三方实施（The Third-party Enforcement）。③

---

① 罗丽英、滕艳飞：《论正式制度的实施机制的累积效应》，“第五届经济学年会（制度经济学领域）”论文，厦门，2005年12月。

② 缪艳娟：《企业内控规范实施机制的新制度经济学分析》，载于《会计研究》，2010年第11期。

③ 王彬彬：《论生态文明的实施机制》，载于《四川大学学报》（哲学社会科学版），2012年第3期。

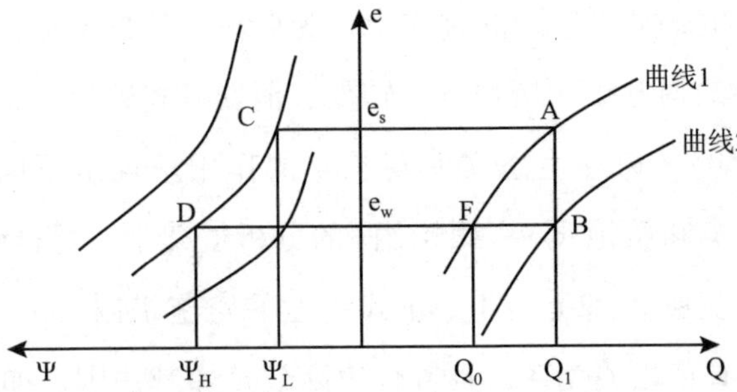

图 2-2　实施机制与实施效果、非正式制度之间的关系①

在实施时，实施机制与非正式制度的有效组合一般是由 C 点向 D 点调整。特别是自上而下的制度安排，相对于被调整的利益主体是一种外生性制度，有一个利益博弈和逐渐接受的过程。以我国计划生育政策为例，在初期国家通过强实施（组合 C）克服社会的抵制情绪来执行政策，并辅以居民收入增长、生活方式转变、公共服务提升等策略，改变人们选择生育方式时的收益函数，使人们逐渐认识到优生的好处，从而形成自觉意识（组合 D）。这一过程的基本条件是“正式制度效果提前‘释放’被当事人捕捉而自觉执行，使得正式制度非正式化，从而减少了执行成本，增加长期收益”②。本书认为，虽然生态文明建设受外部性、多重委托代理等更为复杂的因素影响，但总体上也存在着由强制政策向社会习惯演进的三个阶段：（1）在制度初期，虽然有长期以来践行生态建设与环境保护所培育起的绿色文化价值认同，但是一旦形成制度安排、涉及各方

① 缪艳娟：《企业内控规范实施机制的新制度经济学分析》，载于《会计研究》，2010 年第 11 期。

② 罗丽英、滕艳飞：《论正式制度的实施机制的累积效应》，“第五届经济学年会（制度经济学领域）”论文，厦门，2005 年 12 月。

主体利益结构调整，就可能出现舆论“软约束”和道德风险，因此机制实施强度决定着实施效果；（2）在制度中期，以生态文明具体政策安排为博弈规则导向，通过激励相容机制整合各方主体利益，形成内生化的收益函数，从而构建起国家政策落实和利益主体再创新互动的格局；（3）在制度后期，强实施机制逐渐转弱，国家通过生态文明具体制度安排的制定、完善、解释规范社会行为，引导人们自觉践行生态文明的生产生活方式（见图2－3）。[①]

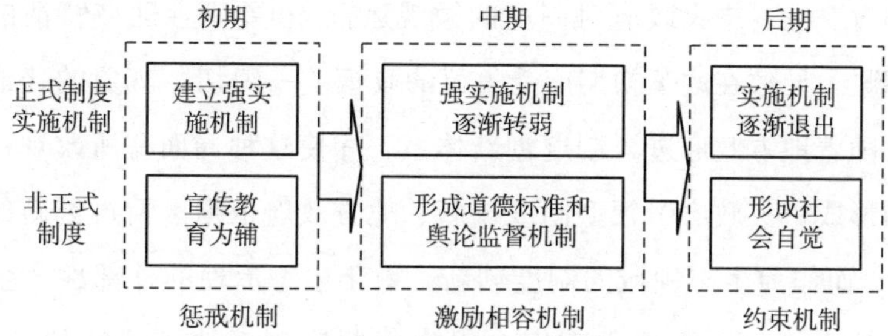

图2－3 生态文明战略的制度过程

2. 生态文明建设的体制过程：国家战略的区域实现

从我国渐进式改革的经验来看，生态文明建设的核心环节是地方政府对中央政府制定政策的再解释和再创新。这一方面是由我国渐进式制度改革的路径所决定。杨瑞龙认为，诺斯的“国家悖论”[②]使得“自上而下”的供给主导型制度变迁方式与其制度选择目标产

① 王彬彬：《论生态文明的实施机制》，载于《四川大学学报》（哲学社会科学版），2012年第3期。

② 即权力中心在组织和实施制度创新时，不仅具有通过降低交易费用实现社会总产出最大化的动机，而且总是力图获取最大化的垄断租金。简言之，就是政府的公共利益与其私人利益之间的冲突。参见杨瑞龙：《我国制度变迁方式转换的三阶段论——兼论地方政府的制度创新行为》，载于《经济研究》，1998年第1期。

生冲突,[①] 而权力中心主导制度变迁的进入壁垒,妨碍了企业家“自下而上”的诱致性制度变迁方式,因此我国制度变迁方式将经过“自上而下”的强制性制度变迁、中间扩散型制度变迁方式、“自下而上”的诱致性制度变迁3个阶段,而现阶段地方政府通过争取改革试点、先创新后追认的方式在改革中扮演“第一行动集团”的角色。[②] 释放地方政府的制度创新活力正是我国改革相对于其他转型国家更为成功的重要经验。另一方面,自然条件、发展水平、社会习俗等方面的区域差异也突出了地方政府在制度再创新方面的重要性。中央政府对制度的微观运行[③]和差别性区域特征的知识不足,导致在改革初期广受争议的政策“一刀切”现象的普遍存在。随着地方政府进入制度创新体系,才使这种局面有所改观,并逐渐形成中央政府引领型制度创新、地方政府依据区情再创新的格局。[④] 而作为生态领域的制度创新,由于生态治理的外部性产生的机会主义倾向,由地方政府自发进行制度创新缺乏持续的动力,需要在整个经济社会领域的全局层面推动制度创新,促进外部性的内生化。因此,生态文明建设必然要走一条国家战略区域实现的道路。[⑤]

---

① 一个突出的佐证就是“预算软约束”现象。

② 杨瑞龙:《我国制度变迁方式转换的三阶段论——兼论地方政府的制度创新行为》,载于《经济研究》,1998年第1期。

③ 杨瑞龙、杨其静:《阶梯式的渐进制度变迁模型——再论地方政府在我国制度变迁中的作用》,载于《经济研究》,2000年第3期。

④ 如当前我国的规划格局,一般先由国家制定总体规划,确定普适性的规划目标、规划重点、规划保障;再有地方政府(由省级、市级到县级)依据上级规划的要求和地方实际情况,相应确定自身的规划目标、规划重点、规划保障,并研究制定年度实施规划。

⑤ 王彬彬:《论生态文明的实施机制》,载于《四川大学学报》(哲学社会科学版),2012年第3期。

目前，区域层级的生态文明建设模式探索正在广泛展开，各地生态文明示范创建活动正在大力推进。截至 2014 年，我国已有 16 个省和 1000 多个市、县开展生态示范创建工作，其中 37 个市（县、区）被授予“国家生态文明建设示范区”称号；国家发展改革委等六部委推出 57 个生态文明建设先行示范区，水利部确定 59 个城市作为第二批全国水生态文明城市建设试点，农业部在 1100 多个“美丽乡村”创建试点村基础上发布了“美丽乡村”十大模式，全国绿化委员会、国家林业局授予 17 个城市“国家森林城市”称号。[①] 目前，大部分副省级城市和地级市把建设生态文明作为“十三五”规划的重要内容，多个市、县、区已编制完成了生态文明建设规划，提出了生态文明建设的目标，明确了生态文明建设的重点领域和主要任务，确定了生态文明建设的重点项目，并初步构建了生态文明建设的保障体系。[②] 总体来看，生态文明的区域实现已初步形成 5 类模式，如表 2－1。[③]

地方政府推动生态文明制度再创新的意愿和能力与本地区生态资源的富集程度和地方政府的发展目标有关。经调研发现，在生态文明建设中也存在着以下问题：（1）缺乏认知。一些地方政府领导、重要部门对生态文明的认识停留在“文件”层面，认为是一个充满哲理、具有政治意义、值得关注的新概念、新理念；个别干部甚

① 蔡永青、王永生、汪冰、郭冬艳：《我国生态文明建设新举措盘点》，载于《当代经济》，2015 年第 11 期。

② 齐健、王丽：《我国数十城市已确立生态文明建设“路线图”》，2011 年 7 月 16 日，http：//www. gov. cn/jrzg/2011－07116/content_1907772. htn.

③ 王彬彬：《论生态文明的实施机制》，载于《四川大学学报》（哲学社会科学版），2012 年第 3 期。

表 2－1　　区域生态文明建设的现有模式

生态文明建设类型	典型区域	主要特征	主要措施
生态转型协调发展型	贵州、海南、湖南	以生态现代化、国际旅游岛建设、“两型社会”建设等为契机，以全面生态化为取向，实现经济社会生态协调发展	创建贵阳生态文明城市；创建赤水国家级生态市；创建毕节农村综合改革试验区（以贵州为例）
生态文化富集拓展型	浙江杭州、福建厦门	依托享誉国内外的自然人文景观，通过生态城市建设，提升城市品牌	树立生态城市建设理念；构建生态城市治理结构；加快经济发展方式转变；自觉进行生态修复；主动开展区域综合整治；推动公众参与群众性的生态文明创建活动（以厦门为例）
生态产业升级发展型	江苏、河北保定	借机传统产业升级，大力发展新能源产业，带动其他生态产业发展，构建产业的生态竞争力	加强资源能源的节约利用；划定12类对全省生态安全具有重要意义的重要生态功能保护区；大力发展循环经济；开展太湖、淮河、南水北调东线江苏段、长江等重点流域环境综合整治；推进碧海行动计划，开展近岸海域环境保护；加强全国生态文明建设试点单位建设（以江苏为例）
生态资源集约开发型	四川青川	立足有机食品、生态旅游等生态型产品的市场需求，扩大优势产品的市场规模，加大生态扶贫，振兴县域经济	加强地震灾区生态文明建设；建设生态产品基地县、生态旅游强县、生态文明示范县
生态脆弱保护发展型	西藏、内蒙古	针对高原、草原等特殊生态环境，应对生态脆弱和生态灾害，调整现有生产生活方式，实现保护型发展	实施八大重点生态建设工程，建设生态安全屏障；探索鄂尔多斯生态建设模式，锡林郭勒盟“围封转移”模式，阿拉善盟“转移发展”模式；鼓励企业、群众积极参加生态建设（以内蒙古为例）

至表示不知道生态文明是什么。（2）目标弱化。一些通过招商引资、承接产业转移使传统经济发展方式仍有快速发展空间的地方政府，更加注重短期内经济利益的增长，认为生态文明建设十分必要，是一项长远性、前瞻性的战略部署，但目前仍然要以做大经济规模为主，大力推进生态文明建设还不现实。（3）目标异化。一些地方政府在建设生态文明时再创新动力不足，将日常事务性工作简单等同于生态文明建设，将其他政策、项目、资金打包成生态文明建设的政策、项目、资金，出现“生态文明建设是个筐，什么都往里装”的现象。①

（二）生态文明战略的有效实施

本书将生态文明的实施特征定义为：中央政府制定生态文明战略并以重要文献、意见等权威形式贯彻实施，地方政府结合基本区情和区域利益进行扩散性制度再创新，经过中央政府、地方政府和微观主体之间的反复博弈，在各级利益内生化的基础上达到生态文明实施效果，并最终实现生态文明的社会共识和社会习惯。但是在实践中，上下级政府之间的多重“委托—代理”结构减弱了生态文明的实施效果，信息不对称、监控成本过高使得上级政府督促下级政府、推进生态文明的有效实施变得十分困难。在绝对监控失效的情况下，采用相对监控（即代理人之间的相对绩效比较）是一种可行的选择，再辅以最佳候选人“赢者通吃”的奖励制度，促使每位代理人为在竞争中胜出而竞相努力，就可以充分强化激励机制，降低监控成本。②

---

①② 王彬彬：《论生态文明的实施机制》，载于《四川大学学报》（哲学社会科学版），2012 年第 3 期。

这种“锦标赛机制”（Rank – Order Toumaments）[①] 已被用来解释官员升迁、地方经济绩效与“中国增长之谜”，[②] 并被认为是“中国改革和发展区别于其他发展中国家的最大特色之一”[③]；但是，它也造成了“以竞争对手为敌”、区域间过度竞争、大量重复建设、牺牲资源环境换取任期内短期经济增长等额外成本。[④] 换言之，正是由于生态领域的绩效考核长期游离于我国官员晋升锦标赛之外，在生态建设上的成效相对经济增长来说显得无足轻重，一些地方政府才会在生态文明建设上“言胜于行”。因此，生态文明有效实施的关键不在于构建新的执行体系、执行渠道和执行机制，而要将生态文明建设纳入现有的官员晋升锦标赛体系之内，以绩效内生化形成实施官员的行为动机和奖励承诺预期，进而在区域层面积极推动生态文明的制度再创新。[⑤]

晋升锦标赛的开展，需要一定的前提条件，如集中的人事权、明确的竞赛指标、可分离比较的竞赛成绩、可达到的绩效目标、不

---

① 这种激励策略最早由 Lazear 和 Rosen 在研究报酬契约与业绩水平之间的关系时提出。参见 Edward P. Lazear and Sherwin Rosen，“Rank – Order Tournaments as Optimum Labor Contracts”，*The Journal of Political Economy*，Vol. 89，No. 5（October 1981），pp. 841 – 864.

② 周黎安、李宏彬、陈烨：《相对绩效考核：关于中国地方官员晋升的一项经验研究》，载于《经济学报》，第 1 期第 1 辑，2005。周黎安：《中国地方官员的晋升锦标赛模式研究》，载于《经济研究》，2007 年第 7 期。徐现祥、王贤彬、舒元：《地方官员与经济增长——来自中国省长、省委书记交流的证据》，载于《经济研究》，2007 年第 9 期。

③ 周黎安、李宏彬、陈烨：《相对绩效考核：关于中国地方官员晋升的一项经验研究》，载于《经济学报》，第 1 期第 1 辑，2005。

④ 周黎安：《中国地方官员的晋升锦标赛模式研究》，载于《经济研究》，2007 年第 7 期。

⑤ 王彬彬：《论生态文明的实施机制》，载于《四川大学学报》（哲学社会科学版），2012 年第 3 期。

存在合谋等。[①] 那么，在现有的人事制度下，生态文明实施绩效内生化的主要着力点就在于以下几个方面：

1. 构建科学的绩效评价体系

自然生态的恢复与生态文明的建设都是一个跨越几十年乃至上百年的长期过程，并且还受到自然界突发性灾害、周期性生态变迁的影响，如生态治理的效果有可能因一次地震、泥石流、洪水、火灾而毁于一旦，也可能被气候变化的效应所抵消。时间、过程、效果上的不可控性使我们在制定绩效评价体系时，虽然认识到生态绩效的重要性，但难以提出可以衡量的生态指标，也难以确定一定时期内可以达成的目标区间值。在多任务下，代理人更关注如 GDP 增长率、财政收入、工业增加值等可测度的任务，而忽略不可测度但同样重要的任务。为破解这一难题，不妨研制短期（年度）生态文明指标，近年来提出的万元 GDP 能耗年均下降率指标就是一个很好的尝试，虽然短期指标不免产生短期行为（如在年底进行突击节能降耗），但年均增量的累积效应和导向作用在中长期还是十分显著的。[②]

2. 增强实施主体的权威性

生态文明的实施主体是基于现有生态管理体制格局的环保系统和林业系统，但是这一突出专业性的制度安排反而弱化了生态文明建设，构成了生态文明的实施“悖论”。在晋升锦标赛机制下，处于强激励状态的是地方行政首长；而当以部门来推动生态文明时，

---

① 周黎安：《中国地方官员的晋升锦标赛模式研究》，载于《经济研究》，2007 年第 7 期。

② 王彬彬：《论生态文明的实施机制》，载于《四川大学学报》（哲学社会科学版），2012 年第 3 期。

虽然部门领导之间也存在晋升锦标赛，但是明显缺乏共同的竞赛指标（生态指标对经济管理部门、社会管理部门缺乏约束力），这就使部门之间可以应付了事，甚至出于竞争关系而“暗中拆台”，生态文明建设要么萎缩为部门内事务，要么通过“走关系”“相互支持”等方式勉强实施。因此，与其由专业部门自我实施或相互实施，不如由第三方实施。诺斯将国家“作为契约的第三方和最终强制根源”，在我国地方行政架构中鉴于行政首长的权威性，可以将其虚拟为契约的第三方，实行一把手问责制，构建由行政首长担任生态文明建设领导小组组长，发改、环保、林业部门牵头，全体部门参与的联席会议制度。①

3. 加强反向监督与增量监督

在生态文明的实施初期，强实施下的惩戒机制对调整报酬预期、强化偏好替代、规范主体行为具有显著效果，从而也会使奖励承诺更为可信。在现实中地区之间的合谋行为（如同时在期末考核前完成节能减排任务的“默契”）不仅减低了锦标赛机制的有效性，而且造成了经济社会的突发性波动（如2010年柴油荒）。为应对合谋行为，有力的优胜者奖励和严厉的末位者惩戒，将激励地方政府偏离合谋，维持良好的努力水平。同时，在总量控制的基础上，加强增量监督，有利于同时激发处于不同起跑线上的竞争者，特别对于提高弱势地区（基础差的地区再努力也未必能赶上基础好的地区）的竞赛兴趣至关重要。②

---

①② 王彬彬：《论生态文明的实施机制》，载于《四川大学学报》（哲学社会科学版），2012年第3期。

4. 以制度创新进入权奖励鼓励创新

在晋升锦标赛中，竞赛成绩往往指的不是日常事务性工作的绩效（这已成为基本条件），而是另辟蹊径的制度创新的绩效。参赛主体热衷于追求因制度创新而脱颖而出的竞赛成绩，而在我国制度创新要被认可，较为理想的途径是“进入试点、推进改革、推广经验”的制度创新进入权奖励。目前推行的生态文明示范区建设仍具有普遍性，制度创新进入权的“垄断租金”还不突出，加强生态文明建设的综合配套改革势在必行。①

第二节　以生态文明战略提升可持续发展能力的思路与格局

大力推进生态文明建设，是党中央、国务院作出的战略性部署。自党的十六大以来，生态文明建设从中国特色的文明发展道路，转化为国家发展战略，并已形成较为完善的政策制度体系。西部地区通过实施生态文明战略来提升可持续发展能力，首先要基于上一节的探讨，建立起生态文明战略的政策制度体系和实施机制；其次要根据西部地区的区域特征、发展阶段、经济基础和条件，确定实施生态文明战略提升可持续发展能力的基本思路和重点；最后，12个省（区、市）根据生态承载力强弱，适当调整发展目标，形成分阶段有序开发秩序，构建起差异化实施生态文明战略、提升可持续发

① 王彬彬：《论生态文明的实施机制》，载于《四川大学学报》（哲学社会科学版），2012年第3期。

展能力的省区格局。

一、实施生态文明战略对提升可持续发展能力的影响

推进生态文明建设，在经济增长的同时缓解资源环境压力，保障和改善民生，是西部地区实现可持续发展的重要环节。

（一）有利于缓解资源环境压力、保障和改善民生

相对于东部和中部地区，西部12个省、自治区和直辖市大多为资源富集区、生态功能区和经济欠发达区，在经过改革开放和西部大开发几十年的高速发展后，西部地区普遍面临着一系列的资源环境问题，如自然资源过度开发和低效开发，生态环境污染严重和功能退化等，资源环境对西部地区经济增长的约束越来越明显，开展生态文明建设的需求十分迫切。

首先，资源过度开发，呈现枯竭趋势。为了追求经济总量增长与经济快速增长，西部地区粗放式地开发原本富裕的自然资源，资源开发利用程度普遍不高，资源过度耗费现象突出。目前西部地区总体上处于由工业化初期向中期的过渡阶段，资源开发和原材料加工的产业占据了主导地位，形成了以水电能源、石油化工、冶金矿山、原材料等为主的资源密集型产业。[①] 在资源开放利用方式尚未从粗放型转化为集约型的前提下，资源密集型产业的大力发展，势必会加速、加重资源的掠夺式开发，使资源由富集变为短缺甚至枯竭。例如在土地资源开发中，耕地广种薄收现象非常普遍，利用率

---

① 陈增贤：《我国西部地区生态文明建设现状及其成因解析——基于马克思主义生态观》，载于《甘肃理论学刊》，2015年第2期。

和产出率较为低下。据中国科学院卫星遥感对我国西部 12 个省、区、市的土地承载力进行的评估，西部已经有 1/5 的土地承载能力处于超负荷状态。[①] 一项对贵州、四川、重庆、陕西等省 25 度以上坡耕地的调查结果显示，粮食亩产平均在 150 公斤左右，低产田的产量甚至只有 15 公斤；城乡社区人均用地多达 200 平方米，远超国家规定标准的上限；牧草地品质差，产草量较低，每公顷草地仅仅能承载一只羊左右。[②] 西部虽然自然资源富集，但已经适应不了快速增长的经济发展和社会需求，[③] 越来越严重的资源环境约束，不仅制约着西部经济的未来发展，还将削弱西部大开发带来的经济社会效益[④]。

其次，环境污染严重，成为“民生之患[⑤]”。西部经济增长主要依靠“高污染、高消耗、高排放”的资源密集型产业，对土壤、水体、大气等环境污染非常严重，影响了人们的生产生活。早在 2005 年国务院发布的《中国的环境保护（1996～2005）》白皮书里，西部地区的环境污染就超过了东部和中部地区，“中国近年因环境污染造成的损失大约能占到 GDP 的 10%，西部地区的经济发展更加依赖环境，这个比例还会更大一些”[⑥]。据国家统计局数据显示，

---

① 王松霈：《西部大开发的绿色经济道路》，经济管理出版社 2007 年版，第 116 页。

② 王洛林、魏后凯：《中国西部大开发政策》，经济管理出版社 2003 年版，第 36 页。

③ 李晓燕、蔡军：《生态文明理念下西部地区自然资源有偿化开发——基于构建资源开发补偿机制的视角》，载于《西南民族大学学报》（人文社科版），2014 年第 3 期。

④ 于林：《加快西部地区生态环境建设的对策研究》，载于《生态经济》（学术版），2008 年第 10 期。

⑤ 2015 年第十二届全国人民代表大会第三次会议上，李克强总理做政府工作报告时提出：“环境污染是民生之患、民心之痛，要铁腕治理”。

⑥ 陈灿平、高玉翔：《西部地区生态环境与生态文明制度建设研究》，载于《西南民族大学学报》（人文社会科学版），2013 年第 12 期。

2000～2010 年西部地区废气排放量平均占全国废气排放总量的 27.1%，呈现出逐渐增加趋势。2010 年西部地区废气排放量比 2000 年增加了 111709 亿立方米，占全国增加量的 29.3%。2010 年西部地区烟尘排放量指数为 131，高于全国平均水平。2010 年西部地区城市空气质量指数为 108，低于中部地区 120 和东部地区 114 的水平。此外，2000～2010 年西部地区废水排放总量平均占全国废水排放总量的 22.2%，呈现出波动性增长趋势。2010 年西部地区废水排放量超过 500000 万吨，比 2000 年增加了 59298 万吨，占全国增加量的 13.7%。[①]

最后，生态系统退化严重，生物多样性面临威胁。由于不合理的开发活动，西部地区生态环境持续恶化。西部地区一直是我国水土流失最严重的地区，2010 年水土流失面积达 104.7 万平方公里，占全国水土流失面积的 80% 以上[②]；西部 40% 以上的土地已经出现严重的水土流失，其中长江中上游地区水土流失面积为 55 万平方公里，占总面积的 35%，[③] 而黄土高原已经成为世界上水土流失最严重的地区，水土流失面积为 45 万平方公里，占总面积的 70% 左右，黄土高原也因此成为黄河泥沙的主要来源地[④]。全国每年新增荒漠化面积的 90% 以上在西部，西部地区沙化耕地和沙化草地的面积呈

① 国务院发展研究中心资源与环境政策研究所、中国西部发展研究院李佐军、张佑林：《我国西部地区环境保护的难点与对策（上）》，载于《中国经济时报》，2012 年 9 月 11 日。

② 张军驰、樊志民：《西部生态环境治理的路径选择——以生态文明为视角》，载于《河南社会科学》，2010 年第 11 期。

③ 李晓燕、蔡军：《生态文明理念下西部地区自然资源有偿化开发——基于构建资源开发补偿机制的视角》，载于《西南民族大学学报》（人文社科版），2014 年第 3 期。

④ 施祖麟、王亚华：《西部大开发中的生态环境可持续发展问题》，载于《中国发展》，2002 第 11 期。

持续增长的趋势，并且面积大、分布广，治理难度大。西北及内蒙古6省区是我国荒漠化最严重地区，荒漠化总面积占全国荒漠化面积的70%以上。[①]

（二）有利于推动产业升级、促进发展方式转变

产业升级转型是西部地区摆脱贫困、实现可持续发展的战略重点与难点，西部各省（区、市）多年来一直在尝试不同形式的转型之路，但并没有取得显著的进展。经过上一轮西部大开发，西部各省区充分发挥自身资源优势，逐步建立起具有特色的基础性工业体系，也形成了一些初具规模的产业集群，如陕西关中高新区、四川绵阳科技城、重庆汽摩集群等。但是，相较于东部和中部地区，西部地区产业发展仍然处于较低水平，发展后劲不足。从产业结构来看，西部地区重工业所占比重较大；从产业发展模式来看，西部大区目前仍然未能摆脱以要素投入和规模扩张为主要特征的粗放型增长模式，水电、钢铁、水泥、煤化工等产业产能过剩；从产业竞争力来看，产业“大而不强”，规模虽然很大，集群效应也有所体现，但产品结构和技术水平普遍偏低，总体上仍然处于产业链低端，[②]中高端市场尤其是高端市场的产品占有率很低。

生态文明战略实施为西部地区产业升级转型提供了重要的契机。生态文明与政治文明、经济文明、社会文明、文化文明相融合，改变了传统的经济社会发展模式，这为西部地区改变“富饶的贫困”提供了新的视角和途径。经济建设与生态文明建设融合，是实现可

① 张军驰、樊志民：《西部生态环境治理的路径选择——以生态文明为视角》，载于《河南社会科学》，2010年第11期。

② 陈劭锋、苏利阳、刘扬、李颖明、潘明麒：《新时期我国生态文明建设的战略构想》，载于《科技促进发展》，2013年第7期。

持续发展的必要条件。目前西部地区正在大力推广循环经济、绿色经济，发展节能环保、新能源等战略性新兴产业，虽然其发展整体上处于起步阶段，但通过生态文明建设，能够很好地推动由地方政府主导、企业自身能力发挥的内生性的产业转型升级。

（三）有利于提升区域竞争力、实现绿色发展

从全国范围来看，西部12个省、自治区和直辖市的综合竞争力在逐渐提升。根据中国社会科学院最新研究报告《中国省域经济综合竞争力发展报告（2014~2015）》蓝皮书显示，2014年全国四大区域经济综合竞争力的评价分值依次为：东部地区48.8分、中部地区37.8分、西部地区33.0分、东北地区36.6分，比差为1:0.77:0.68:0.75。与2013年相比，西部地区与东部的差距有所缩小，缩小了0.6分，表明西部地区竞争力有所上升，但差距仍然较大。[①] 从西部地区内部对比来看，内蒙古、广西、四川、重庆、云南、陕西6个省（区、市）的综合竞争力在西部12个省（区、市）平均水平之上，而新疆、宁夏、青海、甘肃、西藏、贵州6个省区的综合竞争力在西部省区平均水平之下；重庆、四川、广西具有最强的综合竞争力，而青海、西藏综合竞争力最弱，属于竞争力落后地区；四川、广西的竞争实力是经济资本，陕西、重庆、云南的竞争实力是市场优势，而西藏、青海由于经济资本实力和资源实力的落后而缺乏竞争优势。总体来看，西部省区的综合竞争力现状不容乐观，与全国其他区域差距较大，且竞争力落后地区占有大部分比例。[②]

西部地区既是资源富集区和生态功能区，又是生态环境脆弱、

① 李建平、李闽榕、高燕东：《中国省域经济综合竞争力发展报告（2014~2015）》，北京：社会科学文献出版社，2016年，第583~593页。

② 杨永军、江华锋、任建通：《中国西部区域综合竞争力的实证研究初探》，载于《安徽农业科学》，2007年第20期。

经济相对落后的区域，增强包括经济、生态、社会、文化等在内的区域综合竞争力，需要重塑发展理念、突破现有发展模式。基于生态文明的绿色发展是当前中国可持续发展的重要议题，是对农耕文明、工业文明的深刻变革。绿色发展是在传统发展基础上的一种模式创新，是建立在生态环境容量和资源承载力的约束条件下，将环境保护作为实现可持续发展重要支柱的一种新型发展模式。① 绿色发展以生态文明理念为指导，将环境资源作为社会经济发展的内在要素，把实现经济、社会和环境的可持续发展作为目标。稳步、全面、有效地推进生态文明战略，是西部地区走绿色发展之路的有力保障。

（四）有利于形成后发优势、实现跨越式发展

生态文明是以可持续发展为特征、以绿色发展、循环发展、低碳发展和生态服务为标志，集竞生、共生、再生、自生机制于一体的高级文明形态。生态文明建设是以更新人的观念、调节人际关系、诱导人的行为、提高人的素质为抓手，通过观念更新、体制革新、技术创新和能力建设，带动生活品质的升华和文化的彰显，实现社会的和谐进步、经济的高效运行、生态的良性循环和人与自然的持续共生的可持续发展。在传统工业文明下，以高投入、高消耗、高排放、高污染为特征的经济发展方式，使有限的资源环境条件仅能满足和容纳少数地区的工业化。从全国范围来看，西部地区大部分是欠发达地区，唯有走生态文明发展道路，才能突破资源环境约束，跨越越来越高的工业化“门槛”，挤入发

① 王珂、秦成逊：《西部地区实现绿色发展的路径探析》，载于《经济问题探索》，2013 年第 1 期。

达地区行列。

近年来，随着可持续发展成为全球共识，世界各国大力推动经济发展的绿色转型，单位能耗标准、环保标准等绿色指标已成为产品质量认证的重要内容，生态环境条件也已成为地区经济发展新的核心竞争力。在传统工业文明下，经济分工格局早已形成，经济发展路径业已锁定，西部地区本就自我发展能力薄弱，如果科技创新、制度创新和人力资本开发乏力，那么在循环累积效应作用下，更难以在地区经济竞争赶超升位。而建设生态文明，东部、中部、西部地区站在同一起跑线上。西部地区建设生态文明、加快绿色转型，更能发挥因开发不足而形成生态环境优势，在新一轮绿色竞争中占得先机，实现跨越式发展。

二、以生态文明战略提升可持续发展能力的基本思路和重点

由于生态文明战略本身就包含了可持续发展的内涵，因此有效实施生态文明战略就能实现可持续发展，而东中西部不同的是各自的发展思路和重点。西部地区通过实施生态文明战略来提升可持续发展能力，第一是明确西部如何来实施生态文明战略，第二是根据西部地区的区域特征、发展阶段、经济基础和条件，确定实施生态文明战略提升可持续发展能力的基本思路和重点。基于上一节的探讨，西部地区实施生态文明战略，同样具有正式制度非正式化的制度过程和国家战略区域实现的体制过程，同样需要从构建科学的绩效评价体系、增强实施主体的权威性、加强反

向监督与增量监督、以制度创新进入权奖励鼓励创新4个方面保障生态文明的有效实施。此外，西部需要立足区情，从指导理念、发展方式、重点领域、特色产业上形成自己的提升可持续发展的基本思路和重点。

（一）在指导理念上，坚持经济建设与生态文明建设融合发展

无论在任何发展阶段，可持续发展的要义始终是发展，因此提升可持续发展能力的核心在于提升发展能力、成长能力。与一般意义上依靠生产要素投入与合理配置来提升发展能力不同，可持续发展能力的培育和提升必须在经济、社会、资源、环境等各系统持续、协调、高效运转中进行，通过生产力合理布局、产业结构优化、区域协调发展、资源高效利用、生态环境建设等实现经济高效、社会和谐和生态平衡。在全国经济发展格局中，西部地区处于欠发达地区，经济发展水平较低，地区的经济发展是首要任务，同时西部地区也是国家重要的生态功能区，增强生态承载力、维护生态系统安全迫在眉睫，故此，经济发展与环境保护的双赢目标是西部地区可持续发展的首要目标。

目前，西部12个省（区、市）不同程度地面临经济增长乏力与生态环境持续恶化的双重风险①。一方面，西部经济增长偏重“要素驱动”，过度依赖资源型产业扩大生产、财政投资和基础设施建设，忽略了“创新驱动”“效率驱动”，创新能力严重不足、生产效率低下，缺乏新的经济增长点，导致西部地区在当前国内宏观经

① 金芳：《西部地区的生态文明发展模式与策略研究》，载于《中国农村观察》，2008年第2期。

济形势呈趋势性和周期性下滑叠加①的情况下，快速成为经济下滑的重灾区。据有关数据显示，2009 年，在 4 万亿元人民币新增投资的经济刺激下，西部地区经济增长出现持续高速增长，平均增速达 12% 左右；然而，2014 年西部 12 个省（区、市）经济开始大幅下滑，普遍下滑 2 个百分点左右，其中云南省下滑了 4.9 个百分点，仅增长 7.7%，是西部下滑幅度最大的省份。② 另一方面，由于西部地区仍然普遍采用粗放型经济增长模式，环境保护与经济增长的深层次矛盾日益突出。以单位 GDP 工业废水产生量为例，2013 年西部地区废水排放量较高，③ 在全国排名前十位省（区、市）里西部地区就占一半以上。2014 年，在全国 2591 个县域中，生态环境质量为“较差”和“差”的县域占 30.6%，主要分布在内蒙古西部，甘肃中西部、西藏西部和新疆大部。④

在大多数情况下，我们审视“环发矛盾”更多的是认为经济发展与生态环境之间存在相互作用、相互制约的关系，往往忽略了经济发展与生态环境之间还存在相互促进、相互融合的关系。西部地区提升可持续发展能力的重要思路之一就是经济建设与生态文明建设融合发展，形成经济发展与生态环境的良性循环、互动发展模式，⑤ 既能够有效维护生态环境，增强环境承载力，又能够通过发

---

① 中国人民大学国家发展与战略研究院：《以“杠杆率软着陆”实现控风险与稳增长》，载于《中国证券报》，2015 年 10 月 8 日。

② 《2014 年中西部地区经济增速大幅下滑》，《中研网》 http://www.chinairn.com/news/20140530/105335817.shtml，2014 年 5 月 30 日。

③ 黄剑辉、应习文：《在区域差距中挖掘经济潜力》，载于《华夏时报》，2015 年 1 月 8 日。

④ 中华人民共和国环境保护部：《2015 中国环境状况公报》，2016 年 5 月 20 日。

⑤ 金芳：《西部地区的生态文明发展模式与策略研究》，载于《中国农村观察》，2008 年第 2 期。

展绿色产业，培育新的经济增长点，破解西部经济发展后劲不足的难题。

（二）在发展方式上，由传统发展方式转变为绿色发展方式

西部地区实施绿色发展符合国内外发展趋势，顺应社情民意。从国外趋势来看，绿色发展是国际竞争的新高地。21 世纪，随着生态环境资源从过剩变为稀缺，全球既面临生态危机的严峻挑战，又迎来生态创新的历史机遇。绿色发展不仅是各国联合干预生态危机、缓解甚至扭转生态环境持续恶化趋势的需要，更通过能耗指标、环境指标的刚性约束，酝酿出一套替代性的技术标准、生产工艺、贸易规则、金融工具。这将改变各国经济社会的发展成本和比较优势，重塑发展空间和竞争格局。从国内趋势来看，绿色发展是国内发展的新主题。为应对全球性生态转型，党的十八届五中全会将“绿色发展”作为决胜全面小康乃至更长远发展的重要理念。绿色发展通过技术创新和流程优化，倒逼制造业技术革新、产业升级，在经济新常态下形成新的生态竞争力。从社情民意来看，绿色发展也是广大群众对全面小康的新期待。西部地区的人民既享受经济社会发展的成果，也承担生态环境破坏的损害。要建设惠及全体人民的全面小康，光有“金山银山”还不够“全面”，还要有“绿水青山”，正如习近平同志指出的“绿水青山就是金山银山”。①

推进绿色发展提升可持续发展能力，符合西部区情，是西部经

① 李晓燕、王彬彬：《加快绿色发展　建设生态文明新家园》，载于《四川经济日报》，2016 年 7 月 4 日。

济社会可持续发展的内在要求和必然选择①。西部地区现有的发展方式引发了很多资源环境方面的危机，在生态文明理念指导下，西部地区需要以一种新的发展方式来完成工业化初期到工业化中期的过渡。2015 年，中共中央出台了《关于加快推进生态文明建设的意见》，明确提出推动新型工业化、信息化、城镇化、农业现代化的同时，要在各个领域贯彻落实生态文明的理念，大幅度提高国民经济的绿色化程度，对存量经济进行绿色化改造，增量经济进行绿色化构建。② 从西部区情来看，绿色发展是西部地区跨越发展的新基石。西部地区既是经济欠发达的弱势区域，又是承担生态安全的战略要地，12 个省（区、市）均是我国具有战略意义的生态功能区，具有绿色发展的先赋优势。西部地区需要从传统的单纯依靠要素投入和规模扩大的粗放型发展模式，转变为一种基于绿色要素、信息技术、知识集成、“互联网 +”等的新型的绿色发展模式。走绿色发展的道路是西部发展的内在要求，体现了实现西部地区永续发展的责任担当，具有深远影响西部地区经济社会可持续发展的战略意义。

（三）在重点领域上，重视贫困地区扶贫开发和可持续发展

在 2014 年我国首个“扶贫日”，国务院公布了全国 592 个贫困县名单，全部集中在中西部地区，其中中部 217 个，西部 375 个，63% 的国家级贫困县在西部；这些贫困县全部是少数民族地区、革命老区、边境地区，其中老、少、边县的比例分别为 17%、

---

① 危旭芳：《理解绿色发展的五个维度》，载于《学习时报》，2016 年 2 月 22 日。

② 孟庆伟：《生态文明建设纳入“十三五”规划》，载于《中国经营报》2015 年 6 月 8 日，第 4 版。

45%、7.3%，而少数民族地区国家级贫困县的数量占西部地区贫困县的59.7%[①]。毫无疑问，西部地区是我国最主要的贫困地区，这些贫困地区属于国家级重点扶贫的区域，其贫困可想而知，同时这些地方又都是少数民族地区、革命老区、边境地区，其健康和谐稳定的经济社会发展对国家安全和社会稳定至关重要。因此，如何摆脱贫困实现自我发展是当前横亘在西部地区12个省区面前，亟待解决而又极难破解的一道难题。

对于西部地区来说，地理环境和交通设施处于劣势成为西部经济发展的重要"瓶颈"，我国实施非均衡区域发展战略也是东西部差距扩大的原因之一，除此之外，西部地区的贫困问题还与生态环境休戚相关。一方面，贫困使经济发展中可投入的生产要素减少，经济发展对自然资源的依赖性提高，而资源的大量开发会对生态环境造成不利影响，[②] 导致各类自然灾害和生态环境危机不断，原本薄弱的生产环节面临新的阻碍，又将产生新的贫困。长期以来，因自然生态条件的恶化和自然灾害的频繁发生造成的西部贫困状况日益严重，成为西部社会和谐发展的制约性因素[③]。据调查，西部6个省、11个县、20个贫困村、200多户农户中，大部分农户都是受到自然灾害、病虫害和环境退化的影响而致贫的，其比例分别占到76%、79%和57.90%。[④] 另外，水旱灾害对农业生产的破坏平均每提高10个百分点，农村贫困发生率会增加2%~3%，按成灾面积

①② 何爱平、赵仁杰：《丝绸之路经济带背景下西部生态文明建设：困境、利益冲突及应对机制》，载于《人文杂志》，2016年第3期。

③ 金芳：《西部地区的生态文明发展模式与策略研究》，载于《中国农村观察》，2008年第2期。

④ 李小云：《中国农村贫困报告》，载于《中国农业大学学报》，2004年第1期。

比例和受灾面积比例估算，灾害弹性系数分别为 0. 26 和 0. 17[①]。[②] 一旦发生自然灾害农村返贫率也增大，据国家统计局农村社会经济调查总队调查的结果，2003 年的绝对贫困人口中有 71. 2% 是当年返贫人口。在当年返贫农户中，有 55% 的农户当年遭遇自然灾害，有 16. 5% 的农户当年遭受减产，42% 的农户连续两年遭受自然灾害。[③] 另一方面，由于西部贫困地区基本上属于我国划定的限制开发区和禁止开发区，承担了重要的生态功能，其生产活动受到一定的限制，使得原本落后的经济发展水平更加低下，贫困状况加剧。换言之，这部分区域因为保护和维护生态环境而一定程度上牺牲了自身发展的需求。无论上述哪一种情况，西部贫困地区要脱贫，还是必须回到发展上来。

对于西部的贫困地区而言，实现摆脱贫困社会和谐稳定的途径是培育自我发展能力，就目前的发展条件和水平来看，培育自我发展能力中的赶超发展能力、自组织发展能力等为时尚早，实施生态文明战略，培育其可持续发展能力是最为紧迫也是最有效的方法。因此，西部生态文明建设的重要目标之一是贫困地区社会和谐发展和摆脱贫困，把生态文明建设和贫困地区农民的农业生产、脱贫致富活动有机结合起来，在加快经济发展，提高西部群众生活水平的同时，兼顾环保和生态协调，力求避免贫困和生态环境恶化的恶性循环[④]。

---

① 张晓等：《中国水旱灾的经济学分析》，中国经济出版社 2000 年版，第 105 页。

② 金芳：《西部地区的生态文明发展模式与策略研究》，载于《中国农村观察》，2008 年第 2 期。

③ 国家统计局农村社会经济调查总队：《2003 年全国扶贫开发重点县农村绝对贫困人口 1763 万》，载于《调研世界》，2004 年第 6 期。

④ 张红：《西部生态文明与可持续发展》，载于《人民论坛》，2011 年第 5 期。

（四）在特色产业上，发展具有优势且代表新经济形态的低碳农业

低碳农业是我国应对气候变化下农业发展的生态文明之路。农业是国民经济的基础产业，建设农业生态文明就是要把工业文明时代农业生产对大自然的“征服”“挑战”变为生态文明时代农业生产与自然的和谐相处。低碳农业是低碳经济在农业的发展，它要求转变农业生产方式，发展农业生物质能源，既保证农作物高产稳产，又不会对气候变暖增添压力。例如，鼓励将农业和林业的废弃物秸秆利用起来进行能源开发；发展节水型农业，提高灌溉水的利用率；建立猪—沼—茶、猪—沼—田、猪—沼—菜等循环农业。可见，发展低碳农业本身就是建设资源节约型、环境友好型农业产业体系的内容，是农业发展的生态文明之路。[①]

低碳农业是低碳经济在农业发展中的实现形式，不同于生态农业和特色农业，低碳农业是为维护全球生态安全、改善全球气候条件而在农业领域推广节能减排技术、开发生物质能源和可再生能源的农业，是以“低能耗、低排放、低污染”为新特征，具备“农业生产、安全保障、气候调节、生态涵养、农村金融”多元功能的新型农业。[②]

第一，农业生产功能。低碳农业是一种新型农业，它通过转变农业生产方式和调整农业结构等手段，既保证作物高产稳产，又不会对气候变化增添压力。可持续性的农业生产是低碳农业的基本功能。第二，安全保障功能。从目前我国农业发展的现状来看，农业生态环境恶化、粮食安全已达警戒线、农业生产体系不适应农产品

① 李晓燕、王彬彬：《四川发展低碳农业的必然性和途径》，载于《西南民族大学学报》（人文社科版），2010 年第 1 期。

② 李晓燕、王彬彬：《低碳农业：应对气候变化下的农业发展之路》，载于《农村经济》，2010 年第 3 期。

质量安全的需求增长等问题已危及我国农业安全。低碳农业采用的是资源节约、环境友好的农业生产体系，通过推广节能减排技术、发展生物质能源等手段改善农业生态环境，提升农产品国际竞争力，保障农业安全。[①] 第三，气候调节功能。农业生产活动对全球气候变化产生重大影响。一方面，农业以动植物为主要劳动对象，毁林开荒、毁草开垦、发展养殖业和畜牧业等都会破坏森林和草场，造成植物通过光合作用吸收二氧化碳的数量减少，被毁坏林木通过燃烧或腐解而释放到大气中的二氧化碳数量增加；[②] 另一方面，农业以土地为基本生产资料，土地排放的二氧化碳量仅次于化石燃料的燃烧，占人类活动向大气排放二氧化碳总量的1/5。改善全球气候条件是低碳农业最核心的功能。低碳农业提倡发展农业生物燃料代替化石燃料，如生物燃料作物、作物秸秆等，提倡发展循环农业和立体农业，以减轻农业生产对气候变暖的压力。第四，生态涵养功能。低碳农业的生态涵养功能主要体现在治理农业污染，改善农业生态环境、保护自然生态资源等方面。湿地有很强的固碳功能，并且能净化水源、减少污染，而且其本身也是一种生态景观。配合农业生产发展湿地，是低碳农业涵养生态的主要手段。例如，对于农业生产、农村生活所产生的污水，可以在农田附近污水集中的地方种植良性的水生植物，建立小型自然湿地，在村镇污水汇集处，根据地形特征，因地制宜地选择合适的水生植物建立中型生态湿地，既减少面源污染又能保护水资源。第五，农业金融功能。低

① 李晓燕、王彬彬：《四川发展低碳农业的必然性和途径》，载于《西南民族大学学报》（人文社科版），2010年第1期。

② 《低碳经济的推手：农业生产的可持续发展》，载于《绿色视野》，2008年第6期。

碳农业具有其他农业形态所不具备的资金融通功能，即发展低碳农业所减少的碳排放量可以在市场上进行交易，既做到了节能减排保护大气，又能获得不菲的收益。低碳农业有着巨大的碳交易市场潜力。中国农业碳排放量占中国碳排放总量的20%，发展低碳农业减少的碳排放量每年可为农业获得0.45亿美元。①

相比较东部和中部地区，西部地区具有发展低碳农业的巨大潜力。以四川为例，四川碳汇总量4478.5万吨，全国排名第五，仅次于内蒙古、云南、青海和西藏；② 碳源总量则为17666.72万吨，全国排名第11。西部是我国主要的农业生产地区，西部农业开发是西部大开发的重要组成部分。西部地区因地制宜地推广和发展低碳农业，既实现了农业生产方式的转变，又能够大大提升农业的可持续发展能力。③

第三节　以生态文明战略提升可持续发展能力的实践探索

西部地区基本都是生态大省，普遍启动了生态省建设，逐步将生态文明建设纳入经济社会发展总体布局的重要组成部分，有力促进了经济结构调整和转型，明显改善了城乡人民生产生活环境。

贵州省贵阳市是欠发达、欠开发的“双欠”省会城市，少数民

① 李晓燕、王彬彬：《低碳农业：应对气候变化下的农业发展之路》，载于《农村经济》，2010年第3期。

② 李晓燕、王彬彬：《四川发展低碳农业的必然性和途径》，载于《西南民族大学学报》（人文社科版），2010年第1期。

③ 李晓燕：《低碳农业发展研究——以四川为例》，经济科学出版社2010年版，第91页。

族聚集，生态环境脆弱，而四川省荥经县是典型的盆周山区，生态资源丰富，经济发展水平低下，这两个地区都通过实施生态文明战略，突破了自身发展“瓶颈”，使经济效益、生态效益得到提高，区域可持续发展能力得以增强。“贵阳实践”“荥经实践”的成功经验对西部乃至全国其他地区有一定的借鉴意义。

一、“制度创新优先、社会协调协商、绿色赶超发展”的贵阳实践

贵阳位于贵州省中部，属于典型的欠发达、欠开发区域，在省会城市中人均 GDP 处于末位，同时又是一个生态脆弱的区域，喀斯特地貌占全市土地面积的 85%，是我国喀斯特石漠化最严重的城市。如何充分利用生态优势，突破欠发达地区发展“瓶颈”是贵阳市长期以来思考的一道难题。从 2000 年起，贵阳先于全国其他城市开始探索循环经济发展，2007 年把生态文明战略作为贵阳市的总体发展战略，经过 10 多年的发展，贵阳已经走出一条西部欠发达城市经济发展与生态改善“双赢”的可持续发展之路。时至今日，贵阳已经成为全国生态文明建设最具代表性的城市，受到各界广泛关注。

（一）贵阳实施生态文明建设取得的成效

作为一个西部的“双欠”省会城市，贵阳无论是经济社会发展还是城市知名度都远远落后于国内其他省会城市，可是近年来，贵阳坚持生态立市，率先在市域全面、深入地推进生态文明建设，不但实现了经济发展与环境改善“双赢”，而且创建了新的国内知名

的城市品牌，在国外也小有名气，其后发优势成效显著。

1. 经济发展与生态改善“双赢”

2015 年，贵阳市实现 GDP2891.16 亿元，增速达 12.5%，在全国省会城市中排名第一。在经济发展的同时，全市生态环境质量大幅度提升。2007～2014 年，贵阳森林覆盖率从 34.7% 提升到 45%，年均增长 1.5 个百分点。2015 年，贵阳市环境空气质量优良天数为 340 天，优良率为 93.2%，在全国省会城市中排第 5 名①。

政府足够重视、经济稳中有进、环境舒适宜人、政策配套完整非常有利于贵阳发展开放型经济，且取得了初步成效。“十一五”期间进出口总额从 11.19 亿美元增至 37.69 亿美元，年均增长 27.5%；实际直接利用外资从 0.7 亿美元增至 2.79 亿美元，年均增长 31.8%。累计引进内资项目 8208 个，实际到位资金 2027.2 亿元。一批世界 500 强及国内 500 强企业相继落户贵阳。②

2. 城市可持续竞争力大幅提升

贵阳在推进生态文明建设的同时着力重新定位贵阳的城市品牌，随着经济社会、城市建设等各个领域成果凸显，一大批高级别、高知名度的城市品牌被授予贵阳，其城市知名度、城市竞争力、城市可持续竞争力得到显著增强，这在整个西部地区都很少见。

贵阳在循环经济领域获得了标志性的城市品牌。2002 年，贵阳市被国家环境保护总局确认为全国建设循环经济生态城市首个试点。2004 年年初，又被联合国环境规划署确认为全球唯一的循环经

---

① 王鲁铨：《贵阳市发布 2015 年环境状况公报》，载于《贵州日报》，2016 年 6 月 3 日。

② 段雯娟：《中国品牌节落户“中国避暑之都”贵州》，载于《地球》，2014 年第 5 期。

济试点城市。2005 年，贵阳市成为入选国家 6 部委第一批国家循环经济试点单位中唯一的省会城市。①

贵阳把生态文明建设融入到全市经济社会建设的各个领域，成为全国生态文明第一品牌城市。2004 年，贵阳市被国家林业局授予中国首个“国家森林城市”称号。2005 年起，贵阳连续 5 年获得由中国城市竞争力研究会 GN 国际合作委员会、亚太环境保护协会等机构联合评选的“中国十大避暑旅游城市”第一名。2011 年，国家生态工业示范园区落户贵阳。2009 年，贵阳被环境保护部列为全国生态文明建设试点城市；2012 年，贵阳成为首个全国生态文明示范城市；2010 年贵阳市被确定为国家首批低碳试点城市。

可见，贵阳的经济发展和生态改善获得“双赢”，其效果直接体现在城市品牌创建、城市知名度提高等各个方面，城市竞争力得到增强。2010 年中国社会科学院发布《全球城市竞争力报告(2009～2010)》显示，在全球 500 个城市中，贵阳市综合竞争力提升了 42 位，提升速度排列第 4 位。② 2015 年中国社会科学院发布《城市竞争力蓝皮书（2014)》，在 2014 年中国 289 个城市可持续竞争力排行中，贵阳排名第 58 位；在 294 个城市综合经济竞争力排行中，贵阳排名第 88 位。贵阳发展后劲不容小觑，和北京、南京等城市一起被列为中国未来最具发展潜力的 10 个城市。

（二）“贵阳实践”的三大特征

贵阳是近年来西部地区乃至全国，实施生态文明战略提升可持续发展能力最成功的城市，“贵阳实践”呈现出强大的“后发赶超”

① 宗和：《贵阳生态文明城的谋与势》，载于《决策》，2013 年第 2 期。
② 段雯娟：《中国品牌节落户“中国避暑之都”贵州》，载于《地球》，2014 年第 5 期。

实力，这对欠发达地区、欠开发地区实现自我发展是有力的借鉴。“贵阳实践”的特征体现在制度创新优先、社会协调协商、绿色赶超发展3个方面。

1. 制度创新优先

贵阳从建设生态经济市发展到建设生态文明示范市，始终坚持生态战略不动摇，解放思想，大胆革新，在平台建设、制度创新、法律法规等多个领域先行先试，走出具有贵阳特色的生态文明之路。

一是出台全国首部循环经济地方性法规。2004年，贵阳施行《贵阳建设循环经济生态城市条例》，这是我国第一部循环经济方面的地方性法规，① 明确指出城市发展循环经济的总体原则。二是成立全国首家环保法庭。2007年，贵阳市中级人民法院环境保护审判庭和清镇市人民法院环境保护法庭同时挂牌成立，这是全国首家环保法庭。② 贵阳也因此成为全国首个运用法律武器保护饮用水源和森林资源，为建设全国生态文明示范城市提供司法保障的城市。三是颁布全国首部促进生态文明建设的地方性法规。2010年，《贵阳市促进生态文明建设条例》正式实施，这是全国第一部促进生态文明建设的地方性法规，③ 实行区域限批制度、“门前三包”责任制度、生态环境保护指标完成情况一票否决等规定首次被明确。2014年，《贵州省生态文明建设促进条例》正式实施，这是我国首部省级生态文明建设地方性法规，明确了贵州省生态红线区域、生态环境补偿机制等，还创新提出对生态脆弱县取消GDP考核，增加“绿

---

①② 宗和：《贵阳生态文明城的谋与势》，载于《决策》，2013年第2期。

③ 卿红：《论生态文明建设法治化》，载于《行政与法》，2010年第12期。

色产业”比重等新指标。[①] 四是组建全国首个生态文明委。2012年，贵阳市生态文明建设委员会挂牌成立，使生态文明建设有了更有力的统筹领导机构和更科学的顶层制度设计。

2. 社会协调协商

在实施生态文明战略的过程中，贵阳始终强调、重视、推动理论与实践的结合，形成政府、企业、专家、学者、民众等多方参与、共同探索贵阳生态文明建设[②]、可持续发展之路，集思广益，博采众家，真正践行了科学发展，这在普遍追求GDP指标的地方经济发展中难能可贵，其成效也很显著。

最有代表性的是生态文明贵阳会议，后被国家批准为生态文明贵阳国际论坛，这是中国唯一以生态文明为主题的国家级、国际性高端峰会，每年举办一次。随着贵阳生态文明建设的推进，一大批围绕贵阳可持续发展的理论研究成果陆续出现，这既有助于贵阳深化生态文明和绿色发展，也给其他城市可持续发展提供了良好的经验借鉴和理论支撑。如《迈向生态文明新时代：贵阳行进录》《贵阳建设全国生态文明示范城市报告》《2014 贵阳建设生态文明城市年鉴》《贵阳生态文明城市建设教程》等。

3. 绿色赶超发展

欠发达、欠开发地区首先要解决的是发展问题，在发展中保护、在保护中发展，才能实现真正的可持续发展。贵阳把“绿色”理念贯穿于发展的方方面面，创新了一些新的绿色概念，如“围绕自然

---

① 《贵阳市生态文明建设成就居全国前列》，载于《中国经济导报》http：//www.ceh.com.cn/cjpd/2014/07/446706.shtml，2014 年 7 月 11 日。

② 生态文明贵阳国际论坛 2013 年年会：《建设生态文明：绿色变革与转型——绿色产业、绿色城镇、绿色消费引领可持续发展》，载于《领导决策信息》，2013 年第 7 期。

资源资产负债表编制理论与实践、生态文明发展评价体系构建、新能源统计”提出“绿色核算”；把贵安新区打造成国内“绿色数据中心”的集聚地和先行区，引领全国数据中心从传统到绿色、从单用到复用、从分散到集中的转型[①]。贵阳以绿色引领发展，着力在经济、社会、生态领域加快发展方式转变。

一是加快经济的绿色发展。按照绿色经济、低碳经济、循环经济的发展要求，以能源结构调整为切入点，大力培育非常规能源产业，优化发展太阳能、水能、沼气等清洁能源产业，加快电力体制改革，切实降低经济发展、特别是高载能产业发展的能源成本；以资源型产业、重化工产业为重点，加强传统制造业的技术改造，降低自然资源投入，缩短制造工艺流程，减少污染泄漏环节，推动废弃物循环利用；从要素驱动、投资驱动逐渐向创新驱动升级，整合基础性科技资源、高等院校、科研院所，大力集聚节能环保的先进制造业和科技服务业；瞄准绿色消费需求，在城市周边，适度发展有机农场，将生态农业与生态休闲、生态旅游有机集合；紧跟气候经济发展新动态，积极发展碳金融及其他衍生金融产品；实施“互联网+”战略，推动商业模式革新，不断优化产业链、供应链，减少不必要的能源消耗和污染排放。[②]

二是加快社会的绿色发展。在全社会逐步树立尊重自然、顺应自然、保护自然的生态文明理念，减少奢侈浪费、过度消费等不良现象；强化个人与企业的环境责任，约束涉及生态环境的个人行为

① 李薛霏：《〈贵州贵安新区绿色数据中心发展报告〉发布》，载于《贵州日报》，2015年6月26日。

② 李晓燕、王彬彬：《加快绿色发展建设生态文明新国家》，载于《四川经济日报》2016年7月4日。

与企业经营行为。

三是实现生态的有序发展。开展大规模绿化全市行动，增加森林植被，提升水土涵养能力、气候调节能力、碳汇能力，推动生态产品的生产和生态价值的实现；根据地质灾害频发的特点，完善地质灾害的监测与预警体系，加强地质灾害的自然恢复和工程修复。①

二、“区域竞生、产城共生、资源再生、生态自生”的荥经实践

荥经县地处四川盆地西部边缘、雅安地区中部，位于四川盆地与青藏高原的过渡地带，境内群山环抱，山地面积占全县总面积98.6%，河谷平坝面积仅占全县总面积1.4%，是典型的盆周山区县。

（一）山区提升可持续发展能力的现实挑战

作为典型的盆周山区县，荥经具有一般特征：丰厚的生态资本与贫弱的产业资本并存、资源型工业与传统农业并存、小城市与大山村并存，群山环抱、交通偏远的自然区位条件使得荥经“亲近”自然而相对“远离”现代文明。如何因地制宜地建设生态文明，以更加文明的方式开发生态资源，将生态资本转化为现代文明发展成果，提升可持续发展能力，是全县普遍关注的重大课题。实践证明，继续采取粗放式的资源利用方式和经济发展方式，以破坏生态

① 李晓燕、王彬彬：《加快绿色发展建设生态文明新国家》，载于《四川经济日报》2016年7月4日。

环境来发展现代文明，或以牺牲环境容量、接纳污染产业转移来换取现代文明，代价过高且不可持续。而如果为保持生态环境而限制发展水平乃至与现代文明发展脱节，也不符合荥经人民的根本利益。建设生态文明，立足生态环境优势，以最小的要素投入获取最大的经济效益，并兼顾社会效益、生态效益，让人们充分享受发展成果、生活质量和生态环境，既符合绿色发展的理念，又符合荥经特殊的县情。

（二）荥经建设生态文明提升可持续发展能力的总体部署

建设生态文明，提升县域可持续发展能力，荥经落实在“建设现代生态宜居旅游城市”这一今后五年乃至更长时期内的发展定位上。

1. 构建生态产业体系

荥经按照“两化互动、三产共融、产城一体”的要求，狠抓结构调整，做大绿色产业。一是大力发展绿色、有机、安全的现代农业，扎实推进天麻、猕猴桃、茶叶等特色农产品基地建设，打造西南片区最大的仿野生天麻生产基地；大力推广“生态养殖＋绿色种植”循环模式，加快建设无公害农产品基地；扩大林下立体种养规模，建设高效林产业基地。二是大力发展资源节约、生态环保、创新驱动的新型工业，加快推进煤炭、冶金、建材等产业升级，建成川西重点特种合金产业基地、重要电子材料生产加工基地、新型建材产业基地；加快承接产业转移，培育机械制造、新能源、新材料等战略性支柱产业，努力实现高碳产业低碳发展、传统产业高端发展、资源产业循环发展、成链成园集群发展。三是大力发展以生态休闲度假旅游为主的现代旅游业，全力推进龙苍沟国家森林公园开发建设，打造“西部首席·国际原生态森林休闲度假旅游目的地”，带动乡村旅游、历史文化旅游、红色旅游的延伸发展，带动高端旅游地产、星级酒店、度假设施的项目开发，带动餐饮住宿、文化娱乐、物流服务的配套发展，建成特色生态休闲度假胜地和都市人的“第二居家”。

2. 构建生态环境体系

荥经坚持以创建国家级生态县为统领，巩固天保工程、退耕还林、野生动植物保护工程成果，加大沿河、沿路、沿山绿化力度，形成绿满城乡的生态景观。加大地质灾害防治，完善生态预警监测体系、山洪预警设施和抗旱体系建设。抓好节能减排，强化大气、水、噪声、固体废物污染治理，提高污水、垃圾生态处理率。加强土地管理，严格用途管制，提高单位面积投入产出强度，促进土地资源的集约高效利用。

3. 构建生态人居体系

荥经将生态文明理念贯彻到城乡建设，构建起以生态基础设施为骨架、生态城市为引领、生态乡村为网络的生态人居体系。一是建设“四纵一横一绕”的交通体系，基本构筑起以铁路和高速公路为骨架、国省干线为支撑、县乡村道为补充的交通枢纽网络；发展清洁能源，全面实施新一轮电网升级改造，完成220千伏输变电工程；强化饮水保障，实现农村居民安全饮水全覆盖，完成县城第二饮水源建设。二是按照功能分区推进城市现代化建设，发展低碳节能建筑，加强城市路网和供电、供水、供气、雨污处理等管网设施建设，打造县城周边及县城水域景观带，适度提高城区绿地面积，配套完善文化体育等现代设施，充分彰显荥经“碧水蓝天、城在山中、水在城中、人在画中”的独特生态魅力。三是大力开展生态细胞创建工程，加快建设一批生态宜居示范乡（镇）、生态宜居示范村、社区，深入推进城乡环境综合治理，创造更加优美的城乡生活环境。

4. 构建生态文化体系

荥经融合特色鲜明的自然风光与底蕴深厚的历史文化、红色文化，构建起融山川秀美、人文荟萃、现代气派于一体的生态文化体系。一是借助权威媒体，打好“鸽子花”及大熊猫等生态牌，倾力打造“世界鸽子花之都”；二是挖掘自然山水、生态休闲、养生悟道等文化元素，弘扬重农厚土、敬山拜水、茶马古道等“道法自然、天人合一”的生态文明思想；三是扎实推进文化服务体系建设和城市文化产业发展，进一步营造尊重知识、崇尚创新的城市文化氛围；四是大力倡导绿色生活方式和健康文明、节约资源的消费观念，推进生态文明建设。

（三）“荥经实践”的四大特征

荥经建设生态文明提升可持续发展能力，最大的特点就是“融合”：一是通过资源再生、生态自生，创新生产方式、顺应自然规律将保护自然与开发自然有机融合；二是通过区域竞生、产城共生，按照经济分工、空间功能分区将生态发展与文明提升有机融合。

1. 区域竞生，构建市场驱动机制

建设生态文明，不是建设“世外桃源”，而是在保护自然生态的基础上发展现代文明，在追求现代文明的同时享有自然生态，避免“生态不经济”和“经济不生态”的现象。作为盆周山区县，荥经坚持不做“生态孤岛”，紧抓高速交通大改善契机，立足生态优势，实施大开放战略，积极融入成渝经济区、攀西经济区建设，着力打造面向成渝经济区以特种合金、建材、煤炭储运为主的工贸物流节点，打造成渝经济圈的特色农产品营销基地，构筑成渝都市的后花园，分享竞争优势，分享有利形势，分享发展机会，分享资源资本，分享转移产业，分享消费活力，拓展生态产业的市场范围，拓展生态文化的辐射范围，拓展生态资源的整合范围。荥经的区域竞生，不仅立足于承接经济中心的产业合作和产业链分工，更立足于与经济中心互动的“经济—生态”功能分工，将比较优势转化为竞争优势，努力建成成渝经济区内重要的绿色产业集聚区。

依托招商参与区域竞争。荥经坚持把招商引资作为发展绿色产业、加快经济转型的重要抓手，立足“招大、引强、选优”，以产业链招商、以商招商等有效形式和手段，主攻生态农业、生态工业、休闲度假旅游、城镇开发建设等特色项目，着力引进一批科技环保型、投资强度高、产出效益好、带动能力强的好项目、大项目、大集团。

依托园区加强区域合作。荥经把工业集中区作为融入成渝经济区、承接产业梯度转移的重要平台，整合资源，提升规划水平，加强配套建设，增强承载能力。以电子新型材料、建筑新型材料、特种合金材料为主导产业，努力将集中区建成新型工业化的示范区、县财政增长极、城市的重要组团和“两化互动”发展的强势板块。

2. 产城共生，构建空间优化机制

建设生态文明，首要是调整空间结构，促进生产空间集约高效、生活空间宜居适度、生态空间山清水秀，给自然留下更多修复空间，给农业留下更多良田，给子孙后代留下天蓝、地绿、水净的美好家园。作为盆周山区县，荥经的地形地貌以山地为主，生产生活空间重叠，发展空间极为有限，从而使得产业园区发展与城镇农村建设在土地使用、基础设施建设、环境容量等方面竞争激烈，容易形成因征地、污染等引起的社会不和谐因素。为破解空间约束，荥经贯彻生态文明理念，以规划为引领，依据生态位原理，大力推动产城沿产业链、生态链融合，努力实现产城一体化，促进园区与城区在空间布局上邻接、在基础设施上共建、在土地使用上共享、在产业发展上配套，形成分工合理、要素共享、井然有序的生产、生活、生态空间。

大力推进城镇化。2011 年荥经实现地区生产总值 43.35 亿元，人均 GDP 达 28149 元，已进入由结构调整和产业升级推动的经济高速增长阶段。然而，城镇化这一扩大内需的最大潜力所在尚未得到充分发展，“小城市带大山村”的城乡格局仍未得到根本破解，城镇化率过低（农业人口占总人口的 65% 以上）、城镇面积过小（县城建成区面积仅 4.5 平方公里）严重制约荥经经济社会发展与空间优化。为此，荥经积极稳妥推进城镇化，加快建立覆盖城乡的公共服务和就业保障体系，稳步实施户籍制度改革，全面提升农村人口素质，实现农村人口向城镇人口的有序过渡。

建设县、镇、村三级产城共生体。荥经坚持以工业为主导、现代农业和现代服务业协调共进，以城镇与产业联动发展推进城镇化，打造一批独具产业特色、体现互动成果的产业新城镇。以六合、烈太工业集中区和物流园区的建设为重点，促进产城相融，协调发展；以龙苍沟景区开发为龙头，建设龙苍沟精品旅游集镇，推动兰家山等县城周边景区建设与城市建设配套；以现代农业基地为带动，成片推进新农村建设，积极探索新农村综合体建设，使之成为加速城镇化的新动力。①

3. 资源再生，构建产业升级机制

可持续发展的关键是要节约集约利用资源，推动资源利用方式根本转变，推进绿色发展、循环发展、低碳发展。实践表明，山区县的经济起步普遍始于资源驱动，加快山区县资源利用方式转变更加具有迫切性。作为盆周山区县，荥经富有 17 种矿产资源，其中铁、铅锌矿、煤、红色花岗石列全市第一，石材资源开发更是盛极一时。但是，乱采乱挖、采富弃贫等粗放型资源利用方式，使资源开发不可持续，造成“捡了芝麻丢了西瓜”“黄金卖出白菜价”等不合理现象，并冲击县域经济发展，出现“大兴大衰”的经济振荡局面。为破解“资源诅咒”，荥经贯彻生态文明理念，推动矿产资源再生利用，加大再生资源开发力度，切实加快资源利用方式从粗放型向集约型转变。

推动矿产资源再生利用。荥经引进高新科技和先进生产工艺，利用众多本地石材生产企业废弃的花岗石废弃物为原料，发展微晶玻璃产品，加快尾矿资源开发，在新型建材产业等领域取得重大进展。现已发展一名微晶、开全石材、建寅公司等规模建材企业 13 家，微晶玻璃、人造石材等工艺达到国内领先水平，载能电冶工业年产量已占到全省的 17%，压电水晶材料的产能已占到全

① 刘世杰：《“东方阿尔卑斯”脚下崛起现代生态宜居城市》，载于《雅安日报》2011 年 11 月 1 日。

国的1/3。

加大再生资源开发力度。荥经气候清爽宜人、夜雨丰沛，年均气温15.3℃，空气中大气飘尘、二氧化硫、氮氧化物等指标均优于国家二级标准，城区大气达一级标准，有“天然氧吧”之美称。在气候变化、大气污染严重的背景下，荥经着力打好气候牌，围绕气候资源，发展生态休闲旅游，培育森林碳汇，建设宜居旅游城市。

4. 生态自生，构建生态发展机制

实现可持续发展，首先必须树立尊重自然、顺应自然、保护自然的生态文明理念，坚持节约优先、保护优先、自然恢复为主的方针。荥经自然生态得天独厚，拥有距离成都最近的国家级原始森林龙苍沟国家森林公园、世界最大的野生珙桐林、中国最大的观景平台牛背山；河流强烈切割，径流量丰富，平均比降较大；动植物资源多样、横跨热带寒带，其中不乏国家级珍稀物种，被誉为“世界鸽子花之都”“熊猫家园”。荥经十分珍惜天蓝、山青、水绿的原生态环境，积极与国内外环保组织合作，开展大相岭生物多样性和淡水资源保护、泥巴山走廊带植被恢复等项目，促进生态系统的自我修复与自我发展。

第三章

以开放经济战略提升西部地区赶超发展能力："一带一路"倡议的视角

对于发展中国家和地区而言，阶段性地选择合适的发展战略，提高资本形成和资本积累能力是赶超发展的关键。区域的资本形成和积累能力就是区域经济增长能力。开放是区域发展的重要动力来源，更是内陆地区突破区位劣势实现自我发展的必由之路。西部地区实施开放经济战略，能够从要素流动、产业分工、结构优化、制度创新 4 个方面形成内生和外生动力，克服自身发展"瓶颈"，将后发优势转化为赶超发展能力，促进区域经济持续快速增长。

本章提出了开放经济战略对赶超发展能力的作用机理，阐述了新形势下我国对外开放的战略构想即"一带一路"倡议的重大战略意义，并对西部地区对外开放程度进行了定量分析，在此基础上提出了西部以开放经济战略提升赶超发展能力的基本思路和省区格局，最后以四川为例分析了其扩大对外开放、进一步提升赶超发展能力的探索。

第一节　开放经济战略的内涵和新构想

对于发展中国家和地区而言，实施开放经济战略能够形成内生和外生动力，克服自身发展“瓶颈”，促进区域经济持续快速增长。开放经济战略主要从要素流动、分工程度、结构优化、制度创新4个方面对赶超发展能力发挥作用，有利于发展中国家和地区将后发优势转化为赶超发展能力。在新时期，我国不断深化对外开放国策，并立足国情、发展阶段、国际政治经济形势，提出“一带一路”倡议。

一、开放经济战略的内涵

经济全球化和一体化是世界经济发展的必然趋势和一般规律，任何国家在封闭半封闭状态下是不可能纳入全球经济体系中，其结果是本国经济发展水平低下甚至停滞不前。“各国经济，相通则共进，相闭则各退”①。尤其对于发展中国家而言，必须实施和扩大对外开放，将本国经济活动积极主动融入到经济全球化过程中，参与全球资源配置和要素流动，不断提升国际竞争力，才能发挥后发优势实现赶超发展。

十一届三中全会以后，对外开放作为我国一项长期基本国策被

---

① 习近平：《共同维护和发展开放型世界经济》，《人民日报》，2013年9月7日，第2版。

确定下来，这是我国从封闭半封闭向全面开放的历史性转折，是我国改革开放近40年所取得巨大成就的起点，也是我国现今跻身世界三大经济体的战略依托之一。2007年，党的十七大报告指出“坚持对外开放的基本国策，把‘引进来’和‘走出去’更好地结合起来，扩大开放领域，优化开放结构，提高开放质量，完善内外联动，互利共赢、安全高效的开放型经济体系，形成经济全球化条件下参与国际经济合作和竞争的新优势。”[①] 2012年，党的十八大报告提出“适应经济全球化新形势，必须实行更加积极主动的开放战略，完善互利共赢、多元平衡、安全高效的开放型经济体系”[②]，预示着我国实施更加积极主动和互利共赢开放战略。2015年，十八届五中全会首次提出“创新、协调、绿色、开放、共享”五大发展理念，把开放发展作为引领我国未来五年乃至更长时期发展的“五大发展理念”之一，明确中国将在更大范围、更宽领域、更深层次上提高开放型经济水平。[③]

开放经济战略是指在独立自主、自力更生的基础上，遵循平等互利、互守信用的原则[④]，同世界各国发展互利共赢的经济贸易往来和合作，使生产要素、商品、服务能较自由地在国际市场上流动，实现资源最优配置和效益最大化，从而促进本国经济发展。开

① 胡锦涛：《高举中国特色社会主义伟大旗帜　为夺取全面建设小康社会新胜利而奋斗——在中国共产党第十七次全国代表大会上的报告》，人民出版社2007年版，第43页。

② 胡锦涛：《坚定不移沿着中国特色社会主义道路前进　为全面建成小康社会而奋斗——在中国共产党第十八次全国代表大会上的报告》，人民出版社2012年版，第35页。

③ 任理轩：《坚持开放发展——“五大发展理念”解读之四》，《人民日报》，2015年12月23日。

④ 汪晓文、康玲芬、韩雪梅等著：《西部地区自我发展能力研究——基于问题地区和对外开放的视角》，中国社会科学出版社2014年版，第155页。

放经济战略的核心是解决发展内外联动问题，目标是提高对外开放质量、发展更高层次的开放型经济，[①] 内容是商品贸易、服务贸易、利用外资、"走出去"以及对外经济合作，方向是主动开放、双向开放、公平开放、全面开放、共赢开放。

二、开放经济战略对赶超发展能力的作用机理

对于发展中国家和地区而言，实施开放经济战略能够形成内生和外生动力，促进区域经济持续快速增长。相对于发达国家，发展中国家的经济态势为赶超型，将本国经济主动融入到国际经济体系中，一方面，利用和吸收国外资金、技术和管理经验等形成外部动力，本国经济的起飞和赶超通过借助这种外部动力而提前和加速[②]；另一方面，必须把这种外部动力持续转化为内部动力形成一种"自我发展能力"，并不断提升这种自我发展能力，才能摆脱依附性发展，并借助后发优势实现赶超发展。

基于对外开放的相关理论（"发展极"理论、梯度理论、输出基础理论）、区域自我发展能力的相关理论（竞争优势理论、区域创新理论）、区域经济合作理论（绝对成本优势理论、比较成本优势理论、要素禀赋理论、共同市场理论、地域分工理论），本书认为，开放经济战略对赶超发展能力的作用从要素流动、分工程度、结构优化、制度创新 4 个方面产生，其作用机理如图 3－1：

① 任理轩：《坚持开放发展——"五大发展理念"解读之四》，《人民日报》，2015 年 12 月 23 日。

② 侯高岚：《后发优势理论分析与经济赶超战略研究》，中国社会科学院博士学位论文，2003 年。

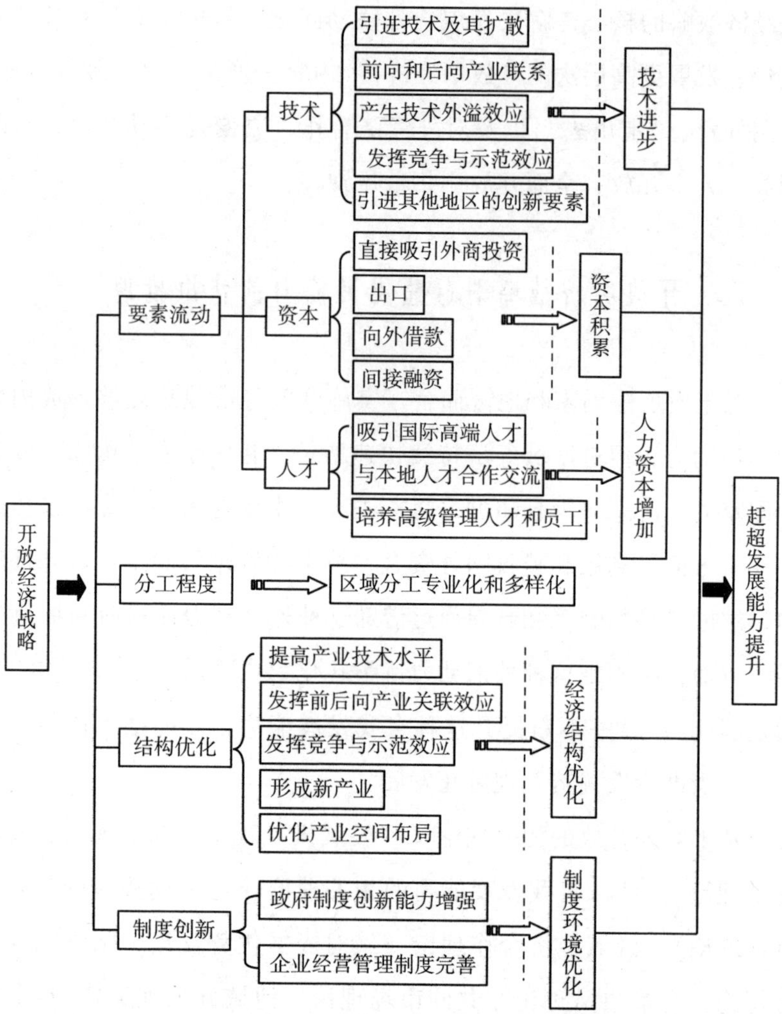

图 3－1　开放经济战略对赶超发展能力的作用机理

1. 要素流动

生产要素是经济发展的基础，开放经济战略将国内市场和国际市场联结在一起，使技术、资本、劳动力等生产要素在更大的范围内自由流动追逐效益，实现最优配置，从而使本地区技术进步、资本积累、人力资本增加，为赶超发展创造条件。

在技术层面，开放经济战略能够提高技术水平，形成提升赶超发展能力的技术支撑。科技是第一生产力，对于发展中国家而言，科技进步是实现赶超发展的重要力量。第一，在开放型经济条件下，我国可以通过直接引进的方式获取一些先进技术，也可以通过外商直接投资建厂带来相关技术和先进设备来进行模仿创新，然后通过市场竞争使生产技术进一步扩散，提高区域整体技术水平。第二，跨国公司的配套企业一般是本地企业，在生产过程中，跨国公司和配套企业之间产生前向、后向、侧向的产业联系，如配套企业为跨国公司提供零部件和原材料等，跨国公司对其质量、技术、性能提出很高的标准，倒逼相关企业相关部门改进技术、优化流程。第三，外资企业设立研发机构、雇佣本地劳动力、拓展本地市场渠道等行为，都会加速知识、技术、经验在本地的溢出效应。通常，外商独资企业有较好的技术转移效应，但溢出效应较差，而合资、合作形式的投资可以获得较好的溢出效应，但母公司转移技术的意愿很低。① 第四，外资企业有先进的产品、工艺和管理模式，具有很强的市场竞争力，这对本地企业既产生示范效应，又使本地企业产生危机感和竞争意识，无论从哪一方面看，都将带动本地企业采取新技术新工艺新的管理模式，加快技术进步。第五，先进技术、高端人才等创新要素，是形成国际市场竞争力的关键因素。外商直接投资（FDI）密集的区域，对创新要素产生强大的吸引，能够在较短时间集聚大量创新要素，迅速提升

① 钱方明：《开放与区域经济发展——兼对江浙模式的应用分析》，人民出版社2006年版，第68页。

区域赶超能力。

在资本层面，开放经济战略能够促使一个地区资本来源多样化、存量增大化，形成提升赶超发展能力的资本支持。哈罗德·多马等认为，资本积累是经济增长的决定因素，一个地区的发展能力与资本的多少有很强的正相关。[①] 首先，外商直接投资通过创办新企业，在扩大资本规模的同时形成新的生产能力，提高区域的总体产出水平。[②] 其次，出口是带动经济增长的“三驾马车”之一，出口创汇，将本国的产品和服务销往国外获取利润，能直接增加本国资本量。此外，直接向国外借款、间接融资等，也能加快资本形成，提高当地的发展能力。资本形成具有区域差异性，经济发达地区资本丰裕，其资本形成能力相对较强，FDI 对资本形成的影响相对较弱；而经济落后地区，资本稀缺，FDI 对资本形成的影响更明显[③]。

在人才层面，开放经济战略聚集国内外优秀人才，形成提升赶超发展能力的智力支持。跨国公司在人才市场具有很强的竞争力，吸引一大批国外高技能的技术人员和高素质的管理者，这为本国经济建设提供了优质人力资源。同时，跨国公司需要研发新技术，一般选择本地高校、研究机构进行合作交流和技术开发，既有利于科研院所了解更多的国际新兴技术动态，又有利于提高本地科研人员的能力。此外，跨国公司经常将本地高级管理人才送往公司总部或全球性培训中心进行培训，让这些高级技术及管理人员了解和掌握

---

① 汪晓文、康玲芬、韩雪梅等：《西部地区自我发展能力研究——基于问题地区和对外开放的视角》，中国社会科学出版社 2014 年版，第 234 页。

② 钱方明：《开放与区域经济发展——兼对江浙模式的应用分析》，第 66 页。

③ 钱方明：《开放与区域经济发展——兼对江浙模式的应用分析》，第 67 页。

全球战略、经营理念、技术要求、管理特点、营销方式等，提高员工的业务能力和整体素质。

2. 分工程度

产业分工程度与地区发展能力有密切关系，产业分工越细，表示该地区形成产业链长链，产业关联度高，满足市场需求程度高。实施开放经济战略能够推进发展中国家和地区产业分工的专业化和多样化，从而增强该国的赶超发展能力。

国际分工是国际贸易的基础，产业的国际化分工代表的是国际市场需求和全球产业发展趋势，国际分工能够优化资源配置，提高劳动生产率，增加世界范围内的商品和服务数量，促进国际贸易迅速增长。相对于国内产业分工来说，国际分工发展更快、分工更精细，发展中国家参与国际贸易，在市场机制的调节下遵从国际产业分工的安排，将产业的研发设计、物资采购、生产加工、品牌营销、售后服务等经济活动在全球范围内展开，这对本国经济产生重大影响。一方面，发展中国家和地区无疑扩大了本地产品的市场和生产规模，国内企业可以根据国际市场更多元的消费需求，专门生产具有比较优势的产品，分工越来越细化明确，劳动生产率也会越来越高。另一方面，国际产业分工的深度和广度不仅决定对外贸易的发展规模和速度，而且还决定对外贸易的结构和内容，国际贸易商品结构的变化使得区域内衍生出一些新的产业、产品。

3. 结构优化

结构决定功能，经济结构反映了一个国家或地区资源配置的状况。实施开放经济战略，可以通过提高产业技术水平、发挥前后向产业关联效应、发挥竞争与示范效应、形成新产业、优化产业空间布局等方面来提升经济结构，实现资源优化配置。资源配置得优则该地区发展能力就强，反之则弱。

第一，实施开放经济战略能改善区域产业技术水平。跨国公司直接把产品和相关技术引入东道国子公司，或者以签订许可证协议、管理合同和合作生产合同等形式，提高和改善生产条件和环境，一方面促进了出口导向工业的发展，虽然从全球产业链角度来看本地产业还属于低端产业，但毕竟已进入世界分工体系，产业转型升级是必然要经历的过程；另一方面，FDI 与本地传统产业相结合，以最新的产品质量标准来倒逼本地企业生产技术提高，以符合全球消费者利益来倒逼本地企业提供产品相关服务，这无疑提升了本地工业技术层次。

第二，实施开放经济战略能发挥前后向产业关联效应。无论是 FDI 还是对外贸易，本地区的生产企业都从区域产业网络进入到国际化产业网络，其产品和服务如庞大机械系统中的一个螺丝钉，紧密地融入到系统中，与其他部分相互联系、相互作用。从国际产业网络中的产业链长链来看，本地产业与其他相关产业发生前向、后向、侧向产业关联，其关联效应将提升本地产业结构的层次。

第三，实施开放经济战略能发挥竞争与示范效应。开放型经济发展越好的地区，FDI 密度越大，FDI 投资的产品和服务对质量标准、工艺流程、品牌营销、职业管理等方面的要求都很高，也因此具有很强的市场竞争力，这对于本地企业而言既有示范效应又形成了竞争格局，其结果将推动产业发展水平向高级化发展。另外，外资企业的外籍员工在本地的数量增加，其消费需求进入本地供给方考虑范围，在一定程度上加快了区域需求结构变化。

第四，实施开放经济战略能在短期内形成具有国际竞争力的新产业。对于一个区域来说，外资进入能够帮助传统产业和新兴产业较快地提升国际竞争力，扩大国际市场。尤其是通过吸引资本密集和技术密集型企业，有可能在较短时间内形成一个新产业，提升区域产业层次。例如，长江三角洲在生物医药、微电子等行业中接受国际产业转移，正逐步成为全球先进制造业基地。[①] 因此，实施开放经济战略是传统产业规模扩张和新兴产业培育发展的必然要求。

第五，实施开放经济战略能优化产业空间布局。生产要素具有逐利性和流动性，在市场机制的作用下，FDI 会选择具有区位优势、投资环境好、报酬率高、具有开放型经济形态的地区。跨国公司往往需要大量的配套企业，为了减少运输成本和交易成本，一般在本地企业选择，由此形成集聚效应，实现规模报酬递增。外资形成的产业集群能对周边地区的生产要素产生强烈的吸引作用，在较短时间内形成新的产业带，改变区域产业空间布局[②]。

4. 制度创新

制度创新能力是发展中国家和地区赶超发展能力的重要组成部分之一。制度创新能力越强的地区，越能适应经济形势变化的要求，越能吸引更多的要素投入当地经济的发展中，并且要素的

①② 钱方明：《开放与区域经济发展——兼对江浙模式的应用分析》，第70页。

组合效率也会越高，则经济的发展就越快，发展的能力自然就强。①

制度创新按主体来分，可以分为政府制度创新、企业经营管理机制创新。开放经济战略对这两种能力都会产生一定的影响。从宏观层面看，为了更好地吸引外资和开展对外贸易，地方政府需要按照国际通行的制度、规则来营造良好的投资环境，这是增加制度供给的内在动力，迫使地方政府不断创新、完善对外开放政策。从微观层面看，作为微观经济主体，企业直接参与国际市场竞争，为了生存和发展，企业必须学习国外先进的企业组织形式、用工制度、管理制度、激励制度等，提高经营管理效率。无论哪一种制度创新，都有利于区域更好地发展开放型经济，提高区域的赶超发展能力。

三、新形势下我国对外开放的战略构想："一带一路"倡议

2013 年，国家主席习近平出访中亚和东南亚国家期间，先后提出共建"丝绸之路经济带"和"21 世纪海上丝绸之路"的重大倡议，② 即"一带一路"（the Belt and Road）③ 战略，这是我国未来 30

---

① 汪晓文、康玲芬、韩雪梅等著：《西部地区自我发展能力研究——基于问题地区和对外开放的视角》，第 236 页。

② 杨国华：《论〈跨太平洋伙伴关系协议〉（TPP）与我国多边和区域一体化战略》，载于《当代法学》，2016 年第 1 期。

③ 在对外公文中，我国政府统一将"丝绸之路经济带和 21 世纪海上丝绸之路"的英文全称译为"the Silk Road Economic Belt and the 21st – Century Maritime Silk Road"，"一带一路"简称译为"the Belt and Road"，英文缩写用"B&R"。

年甚至更长时间的国际战略，是新形势下对外开放战略的深化和突破。

（一）"一带一路"倡议是中国"和平崛起"的全球战略，是顶层战略

当前，全球经济正从全球一体化走向区域化、集团化，全球贸易秩序、金融秩序正处于重构中的激烈博弈阶段。其标志性事件之一，就是2012年8月俄罗斯正式成为世贸组织第156个成员方。这预示着冷战期间旨在孤立、遏制苏联、东欧等社会主义国家的国际贸易规则体系——关贸总协定（WTO的前身），随着俄罗斯的加入而实际上基本"名存实亡"。

2012年9月12日中共中央政治局常委、国务院副总理李克强在2012中国（宁夏）国际投资贸易洽谈会暨第三届中阿经贸论坛上提出，"向西开放是中国全方位对外开放的重大举措"。之后，"向西开放"的实质内容——"一带一路"倡议日渐清晰并加速推进。与之同时，美国也大力推进"跨太平洋战略经济伙伴关系协定"（TPP）和"跨大西洋贸易与投资伙伴协议"（TTIP），与中国提出的"一带一路"倡议事实上形成"连横"与"合纵"的竞争态势，以争夺WTO以后世界贸易格局制定权和经济金融的主导权。

中国的"一带一路"倡议，尤其是丝绸之路经济带战略，最早被认为是用来应对和抵消美国"新丝绸之路"计划的政治经济影响。2011年7月，美国提出"新丝绸之路"计划，企图将政治经济影响力从驻军的阿富汗延伸到中亚国家，建设一个连接南亚、中亚和西亚的交通运输与经济发展网络，从而封堵中国的西向出口。随着国际政治经济形势的发展，“一带一路”倡议日益显示出威力。它不仅仅是中国国家层面的战略，而且是中国“和平崛起”的全球战略，是顶层战略。国外重量级智库普遍认为，“一带一路”倡议是中国版“马歇尔计划”。而“马歇尔计划”正是第二次世界大战后美国援助欧洲重建，使欧洲在经济上依附于美国，从而获得世界经济和政治的主导权。

目前，“一带一路”倡议的几大支柱已然成型：一是高铁、物联网、智能物流网、云计算等关键技术储备和国内建设已有基础，可有效降低综合物流成本；二是具有基础设施投资和经济开发职能的亚洲基础设施投资银行将于2016年1月正式运行；三是具有战略性主权投资基金职能的丝路基金已成立运营；四是以东盟发起的“区域全面经济伙伴关系”（RCEP）为代表的区域性自由贸易协定有可能成为“一带一路”倡议下新的国际贸易规则，中国通过“一带一路”倡议连接起各个主要区域性贸易同盟，从而起到主导作用；五是双边货币互换、离岸人民币清算系统建设等人民币国际化措施在稳步推进。一个可取代现有国际经济（世界银行）、贸易（世贸组织）、金融（国际货币基金组织）的架构雏形已初步形成。

当前中国的发展整体服务于“一带一路”倡议，“一带一路”倡议也是中国对内化解产能过剩、实现资本输出和人民币国际化、保持新常态下经济可持续增长，对外突破美国的TPP围困、拓展国际市场、推动国际经济金融秩序革新的破局之法。

（二）"一带一路"倡议是奠定中国21世纪上半叶国家竞争优势的重大战略

"一带一路"是我国奠定21世纪上半叶国家竞争优势的重大战略。其价值在于：从区域开发层面，开放和贸易已取代开发和资源，成为深入推进西部大开发的主题和动力；从中国经济层面，是工业资本（制造业过剩产能）和金融资本（人民币国际化）协同输出的主要途径，是新常态下中国经济新的增长点；从国际政治层面，是我国突破美国TPP围困，整合中亚、东南亚乃至东亚经济，直连欧盟市场、中东市场、印度次大陆市场，由区域一体化参与新的全球竞争的主要抓手。这意味着地区乃至全球经济格局将随之改变，内陆在全球经济中的地位上升，将开创新世纪我国内陆和沿海共同发展的新局面。

"一带一路"倡议的出台，表明历经20世纪90年代至2008年这10多年的国内区域经济大发展，中国整体上已成为全球最大的制造业国家、最大的贸易国。当前国内区域经济的发展已位居次席，更重要的是以国家实力整体参与全球竞争，为中国经济和产业发展争取更大的生存空间和更高端的市场份额。这一战略需求反馈到政策层面，意味着现有的产业政策、投资政策、财税政策甚至干部考评机制等都将发生重大变化。以国家战略为引领，嵌入区域发展战略，着力发展内陆开放型经济，是沿线省区争取更多政策资源和市场投资、推进经济社会发展所必须面临的战略调整。

第二节　西部以开放经济战略提升赶超发展能力的思路与格局

改革开放30多年来，中国西部基本上实现了由封闭半封闭经济向开放型经济的转变，由局部开放向全方位开放的转变，然而，西部区域开放的不平衡问题依然突出，从进出口总额、利用外资等方面来比较，西部整体对外开放程度低于全国平均水平，开放型经济发展滞后。[①] 国家于2013年提出“一带一路”倡议，这是我国在新时期应对全球经济政治形势变化而提出的重大战略构想，在国际上被普遍认可接受，对欧亚地区乃至全球的经济、外交都有深远影响。西部地区要主动积极地融入“一带一路”倡议，抓住“一带一路”倡议对西部开放型经济发展带来的巨大机遇，扩大对外开放，发挥后发优势，从而提升赶超发展能力，实现西部地区的跨越式发展。

一、西部地区的对外开放程度

衡量一个国家或地区的对外开放程度，不能用单一的指标，从对外开放的内容来看，理论上的衡量指标可分为3个方面：一是贸易的对外开放程度，包括商品的对外贸易和服务的对外贸易，[②] 其

① 刘传岩：《西部地区开放型经济发展研究》，中共中央党校博士论文，2013年。

② 李红梅、周英：《中国西部地区对外开放战略研究》，中央民族大学出版社2007年版，第75页。

指标有对外贸易比率、人均贸易额、生产开放度、贸易结构水平、经济效益水平、服务贸易比率等；二是投资的对外开放程度，包括对外直接投资和接受外来直接投资，其指标有对外投资比率、利用外资比率等；三是金融的对外开放程度，包括对外资产和对外负债，其指标有对外金融比率等。但是在实际工作中，衡量对外开放程度的指标选择往往要受到统计数据的限制。这是因为国际经济活动的复杂性使得很多指标数据彼此融合难以分割，而且很多数据在国内统计体系中也没有统计口径。考虑到统计数据的科学性和可获取性，本书选择对外贸易和引进外商直接投资两个角度来分析西部地区对外开放程度。

（一）西部地区的对外贸易和对外贸易开放程度

对外贸易是开放型经济发展的基础，也是开放程度最直接的体现。它既可以通过商品和服务输出体现本地区的比较优势，又可以通过引进先进技术、管理经验等培育本地的后发优势。

1. 西部地区对外贸易的现状

西部大开发 15 年以来，西部地区逐步扩大对外开放，对外贸易的数量和质量得到较大提升。本书以 2000 年西部大开发开始至 2014 年共 15 年为时间范围，统计 12 个省（区、市）货物进出口总额[①]来分析对外贸易的现状（见表 3 - 1）。

根据表 3 - 1，将西部 12 省（区、市）的货物进出口总额按年度分别加总，得到 2000 ~ 2014 年整个西部地区的货物进出口总额，如表 3 - 2、图 3 - 2。

① 在《中国统计年鉴》中，各地区货物进出口总额统计口径有两个，一是按经营单位所在地分类，一是按境内目的地和货源地分类，本书使用前一种分类的货物进出口总额。

表 3-1　　2000～2014 年西部 12 省（区、市）的货物进出口总额　　单位：万美元

年份	内蒙古	广西	重庆	四川	贵州	云南	西藏	陕西	甘肃	青海	宁夏	新疆
2000	262205	203379	178590	254520	65998	181276	13031	214008	56953	15973	44292	226404
2001	203470	179699	183391	309916	64645	198879	9291	206200	77888	20490	53277	177149
2002	244105	243030	179400	446919	69147	222635	13037	222517	87740	19672	44291	269186
2003	282865	318599	259489	563862	98431	266767	16010	278386	132758	33914	65323	477199
2004	372333	427760	385735	687144	151372	375109	19989	364279	177298	57551	90820	563579
2005	487625	518150	429284	790196	140357	474344	20547	457687	263027	41331	96657	794049
2006	596082	666756	546968	1102082	161771	622484	32838	536029	382493	65172	143713	910327
2007	773589	925900	743794	1437812	227030	879357	39346	688734	552367	61207	158152	1371583
2008	891848	1323617	952139	2211365	336621	959692	76583	832883	609543	68882	187940	2221736
2009	677407	1425473	771252	2416865	230421	804760	40210	840539	386555	58679	120248	1394783
2010	872974	1773891	1242707	3269386	314680	1343012	83607	1210168	740295	78896	195999	1713011
2011	1193090	2335597	2920764	4772417	488758	1602877	135837	1464727	872858	92382	228575	2281967
2012	1225898	2948446	5320358	5914360	663156	2101373	342414	1479903	890075	115747	221671	2517006
2013	1199457	3282750	6869216	6457466	829010	2530356	331941	2012806	1023611	140274	321769	2756139
2014	1455632	4054885	9543158	7020297	1077133	2960742	225495	2736449	864062	171789	543521	2767232

资料来源：国家统计局发布的《中国统计年鉴》（2000～2014 年）。

表 3－2　2000～2014 年西部地区的货物进出口总额　单位：万美元

2000 年	2001 年	2002 年	2003 年	2004 年	2005 年	2006 年	2007 年
1716629	1684295	2061679	2793603	3672969	4513254	5766715	7858871
2008 年	2009 年	2010 年	2011 年	2012 年	2013 年	2014 年	
10672849	9167192	12838626	18389849	23740407	27754795	33420395	

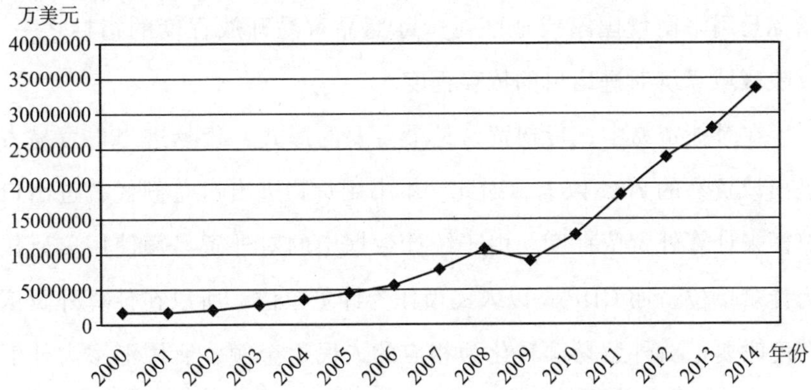

图 3－2　2000～2014 年西部地区的货物进出口总额变化趋势

从表 3－2、图 3－2 中不难看出，西部大开发 15 年期间，西部地区货物进出口总额从 2000 年的 1716629 万美元增长到了 2014 年的 33420395，增长至近 20 倍，西部地区对外贸易呈稳步增长的态势。

但是从绝对规模的横向比较来看，西部 12 个省（区、市）对外贸易发展非常不均衡。以货物进出口总额 100 亿美元～500 亿美元为划分标准，通过表 3－1 的数据分析：四川省、重庆市为第一梯队，贸易规模最大，近两年超过 500 亿美元，接近 1000 亿美元；广西、新疆、云南、陕西、内蒙古为第二梯队，货物进出口总额在 100 亿美元～500 亿美元；而贵州、甘肃、宁夏、青海、西藏为第三梯队，贸易规模相对较小，基本上都在 100 亿美元以下，宁夏、青海、西藏甚至在 50 亿美元以下，对外贸易规模相当小。

2. 西部地区对外贸易开放程度分析

本书用外贸依存度来分析西部地区的对外贸易开放程度。对外贸易依存度又称为对外贸易系数、对外贸易比率，是指一个国家或地区进出口总额占该国国民生产总值或国内生产总值的比重。[①] 该指标是用来衡量国家或地区对国际商品贸易开放程度的指标之一，反映区域经济对进出口的依存程度。

在对外贸易中，货物贸易是最主要的形式，货物进出口贸易占进出口贸易的 70% 以上，因此，本书用货物进出口总额代替进出口总额来计算外贸依存度。由于统计数据中的对外贸易额使用美元作为计量单位，而 GDP 是以人民币作为计量单位，所以在计算外贸依存度时要把对外贸易额转化为相应的人民币金额，所用汇率为外汇管理局每年公布的货币汇率年平均值（见表 3－3、图 3－3）。[②]

表 3－3　　2000～2014 年西部地区的外贸依存度

年份	GDP（亿元）	货物进出口总额（亿美元）	货币汇率（年平均价）	外贸依存度（%）
2000	17615.39	171.66	8.28	8.07
2001	19286.23	168.43	8.28	7.23
2002	21335.83	206.17	8.28	8.00
2003	24385.50	279.36	8.28	9.49

① 高丽峰、李文芳、侯新华：《入世后辽宁省外贸依存度变动研究》，载于《沈阳工业大学学报》（社会科学版），2012 年第 1 期。

② 李红梅、周英：《中国西部地区对外开放战略研究》，中央民族大学出版社 2007 年版，第 80 页。

续表

年份	GDP（亿元）	货物进出口总额（亿美元）	货币汇率（年平均价）	外贸依存度（%）
2004	29402.30	367.30	8.28	10.34
2005	34983.71	451.33	8.19	10.57
2006	41390.64	576.67	7.97	11.10
2007	50436.65	785.89	7.60	11.84
2008	61950.83	1067.28	6.95	11.97
2009	68627.69	916.72	6.83	9.12
2010	83473.00	1283.86	6.77	10.41
2011	100235.00	1838.98	6.46	11.85
2012	113904.80	2374.04	6.31	13.15
2013	126213.80	2775.48	6.20	13.63
2014	138073.50	3342.04	6.14	14.86

资料来源：2000～2012 年 GDP、2000～2014 年货币汇率来源于国家统计局发布的《中国统计年鉴》；2013 年、2014 年 GDP 来源于《西部蓝皮书：中国西部发展报告(2015)》①。

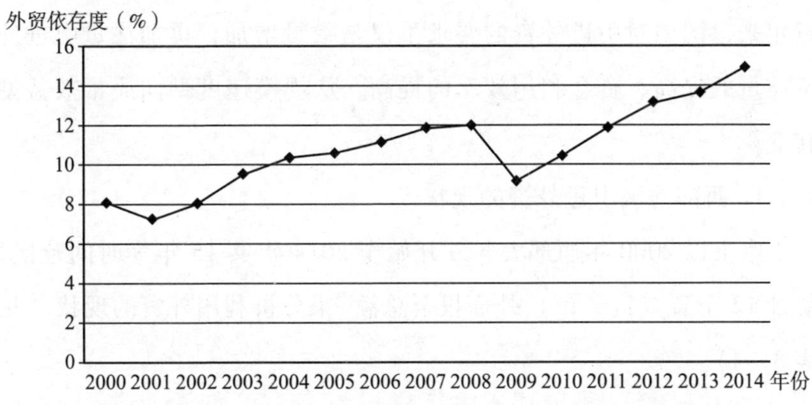

图 3－3　2000～2014 年西部地区的外贸依存度变化趋势

① 姚慧琴、徐璋勇、安树伟、赵勋：《西部蓝皮书：中国西部发展报告（2015）》，社会科学文献出版社 2015 年版。

从表 3－3 和图 3－3 来看，我国西部地区对外贸易依存度呈逐年增长趋势，这是因为西部地区坚持实施开放经济战略和国家向西开放的政策。但是要看到，西部地区的外贸依存度整体偏低，对外贸易发展仍然落后于全国其他地区。按国际标准，经济较开放、国际化较高的国家或者地区外贸依存度都在 30% 以上①，我国近年来贸易依存度平均保持在 50% 左右，东部沿海的上海、北京、广东等地外贸依存度都至少在 80% 以上。虽然外贸依存度过高（大于 60%）会给经济稳定发展带来一定隐患，但是一般水平的外贸依存度代表了对外贸易发展的合理规模和开放型经济发展的好坏，而西部地区的外贸依存度远远低于国际标准，也低于我国平均水平，这说明西部地区对外贸易开放程度较低。

（二）西部地区的引进外资和引进外资开放程度

在对外开放中，对外贸易和利用外资是最核心的两部分内容。近年来，国内对引进外资的要求不仅是数量增加，更加注重引进外资质量的提高、资金利用效率的提高，从规模速度型向质量效益型转变。

1. 西部地区引进外资的现状

本书以 2000 年西部大开发开始至 2014 年共 15 年为时间范围，统计 12 个省（区、市）外商投资总额②来分析利用外资的现状（见表 3－4）。

---

① 张梦洁：《31 省份上半年进出口调座次：广东总量第一　青海增速领跑》，载于《21 世纪经济报道》，2015 年 8 月 5 日。

② 本书组选择《中国统计年鉴》中“各地区外商投资企业年底注册登记情况”下面的“投资总额”，作为统计数据分析。

表 3-4　　2000~2014 年西部 12 省（区、市）的外商投资总额

单位：亿美元

年份	内蒙古	广西	重庆	四川	贵州	云南	西藏	陕西	甘肃	青海	宁夏	新疆
2000	25	103	66	101	15	48	3	8	26	6	9	11
2001	22	102	70	109	16	54	3	96	25	6	11	11
2002	24	104	69	120	19	61	3	106	22	7	23	11
2003	38	104	65	136	21	73	4	116	22	8	39	13
2004	108	127	72	140	22	79	3	125	31	10	41	14
2005	126	147	80	166	23	84	4	137	32	7	45	19
2006	148	180	93	199	26	107	4	149	28	20	44	26
2007	171	219	198	269	28	118	5	165	31	24	22	31
2008	222	258	238	421	32	141	5	137	38	33	24	46
2009	240	272	278	461	36	159	6	162	49	28	25	48
2010	232	280	349	544	41	179	5	180	63	23	40	52
2011	255	299	452	574	57	206	7	199	64	31	44	56
2012	258	311	537	640	77	226	11	311	70	28	31	67
2013	229	319	588	725	119	241	13	366	65	30	35	65
2014	264	374	675	828	155	253	13	447	68	31	52	76

资料来源：国家统计局发布的《中国统计年鉴》(2000~2014 年)。

根据表 3-4，将西部 12 省（区、市）的外商投资总额按年度分别加总，得到2000~2014 年整个西部地区的外商投资总额，如表 3-5、图 3-4。

表 3-5　　2000~2014 年西部地区的外商投资总额　　单位：亿美元

2000 年	2001 年	2002 年	2003 年	2004 年	2005 年	2006 年	2007 年
421	525	569	639	772	870	1024	1281
2008 年	2009 年	2010 年	2011 年	2012 年	2013 年	2014 年	
1595	1764	1988	2244	2567	2795	3236	

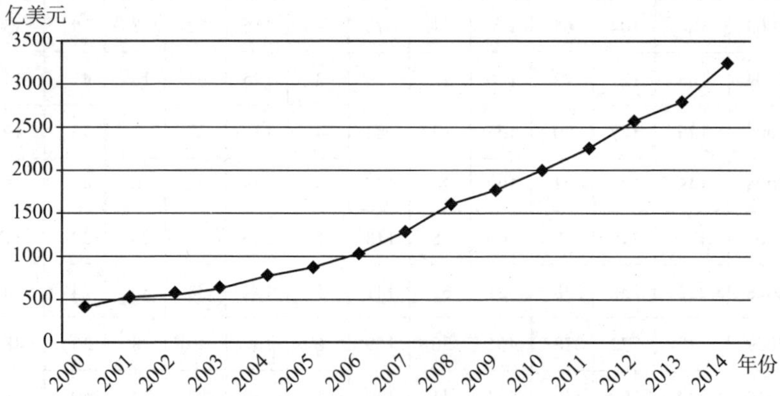

图 3-4　2000~2014 年西部地区的外商投资总额变化趋势

从总体趋势上看，西部地区的外商投资总额和货物进出口总额保持一致，呈现稳步增长的态势。2000 年外商投资总额为 421 亿美元，2014 年为 3236 亿美元，15 年内翻了近 8 倍。除了宁夏以外，各个省（区、市）的外商投资总额都在增加，重庆和四川的增加幅度最大，这说明各个省区越来越重视利用外资带动本地区经济增长，对外贸易和引进外资的能力在不断加强。外商投资增加，表明国外投资者看好西部地区的开发前景和利润空间，西部地区整体的区域竞争能力提高，有利于西部进一步推进开放型经济。

从横向比较来看，西部地区利用外资的水平和东部相比非常低，西部地区 12 个省区之间的差距也很大。2014 年，西部地区的外商投资总额为 3236 亿美元，全国外商投资总额为 37977 亿美元，西部地区占全国的比重仅为 8.5%，西部拥有全国近 1/3 数量的省（区、市），外商投资总额却还不到全国的 1/10；西部地区的外商投资总额与东部的上海市 5305 亿美元、江苏省的 7181 亿美元、广东省的 5621 亿美元差距很大，由此可见西部地区在吸引外商投资方面还有很大的空间。西部地区 12 个省区之间差距悬殊，2014 年西部吸引外商投资最多的三个省区分别是四川省 828 亿美元、重庆市 675 亿美元、陕西省 447 亿美元，而最少的三个省区分别是西藏 13 亿美元、青海 31 亿美元、宁夏 52 亿美元，同属于西部地区，省区之间的引资规模相差高达 60 多倍。

2. 西部地区引进外资开放程度分析

在衡量引进外资开放程度上，常用的指标是外商直接投资依存度。外商直接投资依存度（FDI 依存度），是指一年内本地区外商直接投资总额占地区内生产总值（GDP）的比重，这是衡量各地区对国际投资开放程度的一个指标，① 反映区域经济对外商直接投资的依存度②。

本书根据 2000 ~ 2014 年西部地区外商投资总额（见表 3 - 5）、西部地区 GDP（见表 3 - 3）、每年的货币汇率（见表 3 - 3）等来计算西部的 FDI 依存度，同时也计算了全国在这 15 年期间的 FDI 依存

① 张平：《外商直接投资对中国区域经济的影响研究》，兰州大学博士论文，2010 年。
② 李红梅、周英：《中国西部地区对外开放战略研究》，中央民族大学出版社 2007 年版，第 88 页。

度，以此作为比较（见表3－6、图3－5）。

表3－6　　2000～2014年西部地区的FDI依存度

年份	西地区部GDP（亿元）	西部外商投资总额（亿美元）	货币汇率（年平均价）	西部FDI依存度（%）	全国FDI依存度（%）
2000	17615.39	421	8.28	19.79	76.38
2001	19286.23	525	8.28	22.54	75.52
2002	21335.83	569	8.28	22.08	77.58
2003	24385.50	639	8.28	21.70	78.90
2004	29402.30	772	8.28	21.74	79.32
2005	34983.71	870	8.19	20.37	65.49
2006	41390.64	1024	7.97	19.72	64.54
2007	50436.65	1281	7.60	19.30	64.23
2008	61950.83	1595	6.95	17.89	53.72
2009	68627.69	1764	6.83	17.56	50.15
2010	83473.00	1988	6.77	16.12	45.66
2011	100235.00	2244	6.46	14.46	40.89
2012	113904.80	2567	6.31	14.22	39.65
2013	126213.80	2795	6.20	13.73	38.34
2014	138073.50	3236	6.14	14.39	36.66

资料来源：2000～2012年GDP、2000～2014年货币汇率来源于国家统计局发布的《中国统计年鉴》；2013年、2014年GDP来源于《西部蓝皮书：中国西部发展报告（2015）》①。

① 姚慧琴、徐璋勇、安树伟、赵勋：《西部蓝皮书：中国西部发展报告（2015）》，社会科学文献出版社2015年版。

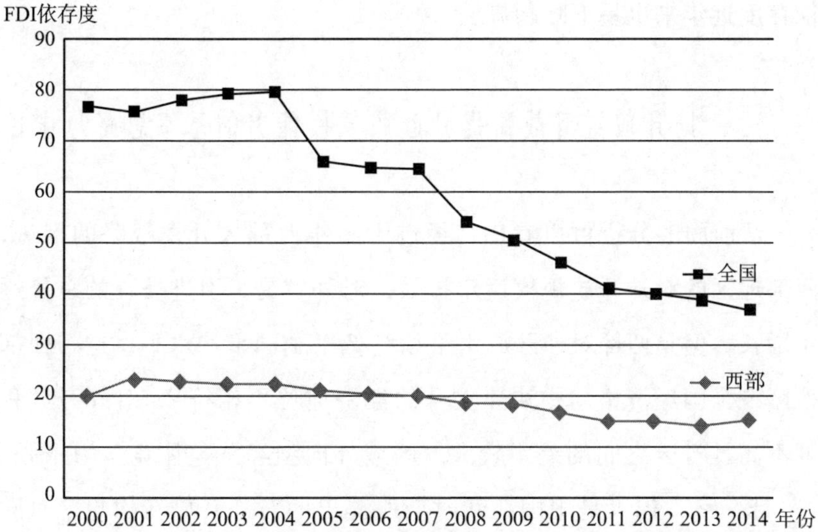

图 3-5　2000～2014 年全国和西部地区的 FDI 依存度变化趋势

从表 3-6 和图 3-5 中可以看出，西部 FDI 依存度长期以来远远低于全国一般水平，这说明西部地区在引进外资方面的开放程度还很低，吸引外资和利用外资的力度不够。从变化趋势来看，图 3-5 显示出西部地区和全国的 FDI 依存度都有明显的下降趋势，所不同的是西部的下降趋势很平缓，而全国的下降趋势幅度很大。近年来我国 FDI 依存度下降的成因很多，包括世界经济处于深度调整期，产业结构、要素流动等都发生变化，外商投资很多居于观望态势；中国经济正在转型期，中国从资金短缺国变为资金富余国，中国企业正努力从价值链的低端向高端转移，而国内大部分外资企业从事价值链低端产业；统一内外资企业所得税税率已经出台，外资企业担心投资回报率下降；人民币升值等。作为国家国民经济的组成部分，西部地区的经济发展与宏观经济运行保持一致，因此西部 FDI

依存度近年来也呈下降趋势。

二、以开放经济战略提升赶超发展能力的基本思路与途径

从前面的分析可以看出，经过十多年西部大开发战略的推进，西部地区的对外开放规模逐年扩大，对外贸易、引进外资的总量逐年增长，但是西部对外开放水平始终低于全国平均水平，这与西部地区在全国经济格局中快速上升的经济地位不相符[①]，对外开放程度不高且省区之间的差距较大，区域外向型经济整体竞争力不强。“一带一路”倡议是中国在新时期所提出的对外开放新构想，对欧亚地区乃至全球的经济发展格局有着深远影响，西部地区在“一带一路”倡议背景下，需要寻求对外开放的新思路和途径，使西部成为内陆开放型经济高地，从而提升整个地区的赶超发展能力。

西部地区以开放经济战略提升赶超发展能力的基本思路和途径是：夯实对外开放的基础，重点从产业升级、政策完善两方面入手，全面提高开放型经济发展水平；抓住国家新一轮对外开放战略机遇，积极主动地融入“一带一路”倡议；把区位劣势这一发展的内在桎梏转变为对外开放的地缘优势，同时推动西部地区的内陆开放与沿边开放；提高西部地区外向型经济发展的整体竞争力，突出各省区区域特色，有力统筹全面开放与重点开放。

（一）全面提高开放型经济发展水平

开放经济战略是西部地区实现赶超发展的战略依托，开放型经

① 吴振明：《深入实施西部大开发战略背景下的西部地区对外开放新思路》，载于《经济问题探索》，2012 年第 11 期。

济发展水平是提升赶超发展能力的基础。因此，西部地区实施开放经济战略提升赶超发展能力，首先需要夯实基础，即全面提高开放型经济发展水平。

1. 促进外向型优势产业优化升级

西部地区要及时把握国际产业分工和市场需求的变化趋势，结合自身在地理区位、资源禀赋、生产要素、经济基础等方面的特色和优势，打造与周边国家和地区对接互补的优势产业和产业集群，并不断促进产业优化升级，通过上下游产业链和关联产业，强化与周边国家和地区的对外经济合作。

加强在机械、电子、通讯设备、重型装备、农牧产品、橡胶、建材、冶金、化工等传统优势产业，以及新能源、新材料、高端装备制造、精细化工、现代信息等战略新兴产业方面的深度合作，研发推广深加工技术，延伸配套加工产业链，与东南亚、南亚、中亚、欧洲等周边地区建立跨国产业链条分工体系以及国际产业合作开发区。创建自主品牌，实施品牌战略，按照国际通行标准和绿色壁垒来倒逼提高产品质量和服务水平，增加产品附加值。借助"互联网＋"开展海外营销网络和增值服务创新，建立现代服务体系和产业体系，提高国际化合作水平。① 在产业布局方面，西部12个省（区、市）按照特色传统产业、用高新技术改造提升出口产业、战略新兴产业、现代服务业的类别来推进产业发展和布局，避免同质化竞争、恶性竞争，突出地区差异和特色，实现产业互补式、关联式发展。科学合理地配置资源要素，与周边国家和地区合作共建产

① 崔欣欣：《把握"一带一路"建设机遇　打造我国西部地区对外开放新引擎》，载于《对外经贸》，2016年第4期。

业带、产业园区，促进外向型产业合理集聚和集约发展，形成规模效应，实现核心产业、经济规模、产业延伸、配套体系和对外贸易的整体推进①。

2. 完善有利于对外开放的政策体系

一个国家和地区能否顺利开展对外贸易、吸引外商投资，相关配套的政策体系和机制体制是关键。西部地区和东部地区在对外开放领域存在的巨大差异，除了地理位置、产业偏好等原因以外，机制体制是不可忽视的重要原因。根据《2015 中国地方政府效率研究报告》显示，我国省级政府效率与区域经济社会发展水平具有很高的正相关性，从高到低呈现自东向西的阶梯型分布趋势，政府效率高的大多是东部、东北等经济大省，而政府效率低的大多是中西部省份。② 在 2015 年的行政效率排名中，最高的前五位分别是辽宁、上海、北京、广东和浙江，西部地区的 9 个省（区、市）排位最末，分别为四川、陕西、重庆、宁夏、贵州、广西、云南、甘肃和西藏。由此可见，全国范围内西部地区的行政效率很低，连领跑西部经济的四川、重庆两地都是如此，这成为西部地区扩大对外开放的最大阻碍之一。

西部地区要加快机制体制创新，完善开放经济战略实施的管理和服务体制，提高政府公共管理能力和行政效率，在合理合法合规的前提下，制定并探索有利于扩大对外开放的创新性的财政、税收、金融、贸易、投资等政策，加大政策支持力度，消除政策障碍

---

① 王睿、陈德敏：《西部地区向西开放总体战略构想研究》，载于《中国软科学》，2013 年第 4 期。

② 张玉颖、张雨琪、万深艳：《〈2015 中国地方政府效率报告〉公布重点城市排行榜》，载于《管理观察》，2015 年第 12 期。

和壁垒。建立西部跨区域合作协调机制和各省市财政合作机制，加强各省区之间的协调与联动，形成"西部组团式"对外发展格局，提升西部整体竞争力。实行差别性金融政策，深化人民币跨境使用政策，扩大与周边国家金融合作与交流，将沿边各省打造成为面向周边国家的区域性跨境人民币服务中心，促进跨境贸易与投资人民币结算和内陆离岸金融结算工作的深度推进。[①] 建立西部开放型经济发展网络信息平台，实时发布周边国家和地区相关法律法规和习俗、产业发展现状和趋势、已有合作项目及其进展、市场需求和消费习惯等各个方面的讯息，降低企业"走出去"的风险和成本，树立本国企业的良好国际形象。制定相关配套政策和优惠政策，鼓励和促进企业积极拓展外向型经济业务。

（二）积极主动融入"一带一路"倡议

"一带一路"倡议是我国现在和未来很长时间内的最核心的对外开放战略，被周边国家和地区广泛接受和认可，打开了欧亚地区乃至全世界经济发展、政治外交的新局面。我国西部地区在"一带一路"倡议中处于战略核心位置，它是丝绸之路的发源地，与亚太和欧洲的国际市场相对接，有独特的地缘优势。在新的历史时期，能否积极主动地融入"一带一路"倡议，抓住机遇扩大对外开放，是西部地区能否实现赶超发展的关键。

西部融入"一带一路"倡议获得对外开放的新动力。西部的西藏、甘肃、青海、宁夏、新疆与俄罗斯、蒙古、中亚五国、印度、巴基斯坦、尼泊尔等国家接壤，广西、重庆、四川、贵州、云南与

① 王睿、陈德敏：《西部地区向西开放总体战略构想研究》，载于《中国软科学》，2013 年第 4 期。

东盟国家相邻,[①] 从古至今都有边境贸易往来。可以说“一带一路”倡议一半的战略重心在西部，西部 12 个省（区、市）是其主要参与者也是最大受益者。“一带一路”沿线国家与中国西部地区既有历史上的贸易通道，又存在自然资源和经济发展方面的差异性和互补性，这些国家目前普遍处于经济发展上升期，与西部地区有巨大的产能合作潜力。西部地区要与这些国家建立完善公路、铁路、能源管道和网络通信等全方位互通网络，促进货物双向流动和生产要素优化配置，构建合作共赢、共同发展的新型伙伴关系，形成西部开放型经济发展的新动力。

西部融入“一带一路”倡议成为对外开放的政策高地。在国家的“一带一路”倡议中西部由经济发展的“沿边”地区变为前沿地区，国家会给予各方面的政策支持和倾斜，如投资跨国跨境基础设施建设、增加开放口岸、增开国际客货运航线航班、增设综合保税区等海关特殊监管区、适当放宽进出口企业经营资质和配额限制等[②]，从而使西部成为对外开放政策高地，有助于加强西部地区与沿线国家的通关便利及政策对接。

（三）同时推进内陆开放与沿边开放

“内陆”和“沿边”原本是西部地区的地理劣势，并因此成为长期以来制约发展的内在桎梏。在“一带一路”倡议框架下，这种内在桎梏将转变为西部地区的地缘优势，使得西部在全国新的对外开放版图中占据优势。2014 年党的十八届三中全会提出“扩大内陆沿边开放”，2015 年发布的《中共中央国务院关于构建开放型经济

①② 崔欣欣：《把握“一带一路”建设机遇　打造我国西部地区对外开放新引擎》，载于《对外经贸》，2016 年第 4 期。

新体制的若干意见》中对推进开放型经济发展、形成全方位开放新格局做出了总体部署，把西部这一内陆沿边地区的对外开放提到了国家层面。相对于我国东部沿海地区，西部内陆地区由于缺乏实施对外开放的区位优势，交通等基础设施投入不足，生产要素无法在国内国际市场上自由流动，对外开放一直处于滞后状态。新时期国家实施"一带一路"倡议，就是要打破西部地区这种因地理、交通、历史所形成的内在桎梏，以"一带一路"作为贯穿内陆地区的发展动脉，调动与"一带一路"沿线国家相毗邻的沿边省区的经济开放活力，变内在桎梏为地缘优势，同时推动西部地区的内陆开放与沿边开放。

全面推动西部内陆开放型经济发展。着力加强重庆、成都、西安、南宁、昆明、贵阳等西部中心城市的增长极作用，打造连接西部中心城市和"一带一路"沿线国家的综合交通运输网络。依托中心城市广泛开展对外经贸合作，拓展国际市场，扩大外贸规模。重视中国西部国际博览会、中国—东盟博览会、中国—亚欧博览会、中国—阿拉伯国家博览会等高端平台建设，充分发挥其对内对外和区域合作平台的载体功能与带动辐射作用①。

全面提升西部沿边开发开放水平。充分发挥西部地区地缘优势，依托国际大通道，积极开展与周边国家高层次、宽领域、多形式的经济技术合作，拓展优势资源转换战略的实施空间，② 全面提升沿边地区的开发开放水平。③ 根据产业发展需求，在沿边地区选择性

①② 国家发展与改革委员会：《西部大开发"十二五"规划》，载于《经济日报》，2012年2月21日。

③ 汪晓文、康玲芬、韩雪梅等著：《西部地区自我发展能力研究——基于问题地区和对外开放的视角》。

地建设边境口岸、内陆新区、保税港区、经济技术开发区等对外贸易的重要基地[①]，为扩大边境贸易合作创造良好的空间环境。尤其要突出口岸经济在沿边地区的发展优势，完善现已建成的开放口岸，如新疆的霍尔果斯口岸、喀什口岸、阿拉山口岸，云南的瑞丽口岸、河口口岸、磨憨口岸，广西的东兴口岸、凭祥口岸、崇左口岸等[②]，充分发挥对外口岸在边境城市建设、通道建设、产业发展、贸易往来、边疆稳定等方面的支撑作用。

（四）有力统筹全面开放与重点开放

通过前面对西部地区对外贸易、引进外资两个方面的开放程度、发展水平的分析，可以看出西部地区对外开放水平低于全国平均水平，与东部存在很大的差距，全面推进西部地区开放经济战略是西部实现赶超发展的必然选择；同时，西部 12 个省（区、市）之间对外开放也存在较大差距，考虑到不同地区不同产业在整个西部外向型经济系统中所处的位置不同、承担的功能不同、发展的趋势也不同，西部各省区需要根据自身发展的基础和优势，确定重点开放的内容。可见，西部地区推进开放经济战略，一方面要积极谋求全面开放，另一方面要坚持重点开放。

全面开放强调开放领域、开放范围的全面性，全面融入国际经济大循环，以建立开放型市场、开放型经济和开放型社会为目标，特别是在经济建设方面，促进商品、服务和生产要素较为自由地跨越边境流动，按照市场规律实现资源优化配置，实现生产与消费国

① 王睿、陈德敏：《西部地区向西开放总体战略构想研究》，载于《中国软科学》，2013 年第 4 期。

② 杜琼：《西部沿边地区创新对外开放模式研究》，载于《中国集体经济》2013 年第 7 期。

际化、贸易与投资自由化、经济体制的市场化和国际化。[①] 重点开放强调重点发展“一带一路”通道上的沿边城市和节点城市，沿边城市是对外贸易的枢纽，重要节点城市则是物流中转站，[②] 这两类城市是西部地区扩大对外开放的空间主体。围绕沿边城市和节点城市打造产业带和产业集群，充分发挥点、线的示范、引领、辐射、带动功能，形成点、轴、面的开放格局。重点开放还包括重点支持开放口岸、经济开发区等基地建设，重点发展具有出口潜力的传统特色产业、高新技术改造升级的产业、战略性新兴产业、现代服务业等，重点创建一批具有国际竞争力的自主品牌。

三、“一带一路”背景下西部实施开放经济战略的省区格局

根据在西部地区所处的地理方位进行划分，西部12省（区、市）可以分为西北地区，包括新疆、陕西、甘肃、青海、宁夏、内蒙古6个省区；西南地区，包括重庆、四川、广西、云南、贵州、西藏6个省（区、直辖市）。根据是否与周边国家接壤进行划分，西部12省（区、市）可以分为内陆省份，包括重庆、四川、陕西、贵州、青海、宁夏6个省、直辖市；沿边省份，包括新疆、广西、云南、西藏、甘肃、内蒙古6个省区。

在“一带一路”倡议框架下，本书选择第二种分类法来区

① 门洪华：《对中国对外开放战略的若干思考》，载于《开放导报》，2008年6月8日。

② 杨婷婷：《“丝绸之路经济带”构想下西部地区开放问题研究——基于东部率先开放的经验》，载于《延边党校学报》，2015年第1期。

分西部12个省（区、直辖市），确定西部12个省份在“一带一路”倡议中的开放格局，即“内陆开放高地—沿边开放桥头堡”格局。

（一）将重庆、四川、陕西、贵州、青海、宁夏建设成最具活力的内陆开放高地

从地理位置来看，重庆、四川、陕西、贵州、青海、宁夏6个省（区、直辖市）没有直接与“一带一路”沿线国家接壤，属于典型的内陆省份。从经济发展水平来看，内陆6个省份大部分是西部地区的经济中心，经济发展水平较高，表3－7中的2014年GDP排名显示，四川、陕西、重庆分别为第1位、3位、5位，可见属于领跑西部经济的强省。从对外开放程度来看，内陆6个省（区、直辖市）虽然不具备地理沿边的地缘优势，但由于属于经济中心，区域经济发展的量级较高，因此对外开放程度普遍比沿边6个省（区、直辖市）高。表3－7中的货物进出口总额排名显示，重庆、四川、陕西分别为第1位、2位、5位，外商投资总额排名显示，四川、重庆、陕西分别为第1位、2位、3位，可见内陆省（区、直辖市）在西部对外开放格局中具有明显的优势。

西部内陆省（区、直辖市）大多是经济强省，也是西部地区外向型经济较发达的区域，其省会城市如重庆、成都、西安等均为西部地区的区域中心城市，具有带动、辐射周边城市进而形成城市群的功能，符合克里斯塔勒“中心地理论”中所提出的区域“中心地”（经济腹地）的特征。虽然6个内陆省（区、直辖市）不沿边、不靠海，在地理位置上处于对外开放的劣势，但是其在区域经济发展处于中心地位置，具备较高的发展量级，因此无论在经济总量

表 3－7　　2014 年西部地区各省（区、市）相关经济指标排名

地区	GDP（亿元）	排名	货物进出口总额①（万美元）	排名	外商投资总额②（亿美元）	排名
内蒙古	17770.19	2	1455632	7	264	5
广西	15672.89	4	4054885	3	374	4
重庆	14262.60	5	9543158	1	675	2
四川	28536.66	1	7020297	2	828	1
贵州	9266.39	8	1077133	8	155	7
云南	12814.59	6	2960742	4	253	6
西藏	920.83	12	225495	11	13	12
陕西	17689.94	3	2736449	5	447	3
甘肃	6836.82	9	532948	9	68	9
青海	2303.32	11	112790	12	31	11
宁夏	2752.10	10	430285	10	52	10
新疆	9273.46	7	2348076	6	76	8

资料来源：国家统计局发布的《2014 年统计年鉴》。

还是对外开放程度上都居于西部领先地位。同时，“一带一路”倡议空间布局重心有一半在西部地区，一大批国家级、省级交通基础设施项目正在或者即将建设，在即将形成的对接“一带一路”的西部综合交通运输网络中，6 个内陆省（区、直辖市）自然成为交通运输网络中的一部分，有力地弥补了其不沿边不靠海的地

① 在《中国统计年鉴》中，各地区货物进出口总额统计口径有两个，一是按经营单位所在地分类，一是按境内目的地和货源地分类，本书使用前一种分类的货物进出口总额。

② 本书选择《中国统计年鉴》中“各地区外商投资企业年底注册登记情况”下面的“投资总额”，作为统计数据分析。

理劣势。

基于以上分析，本书认为西部地区省（区、市）开放格局的一部分是：发挥中心地经济发展优势，加强综合交通运输网络建设，扩大对外开放，将重庆、四川、陕西、贵州、青海、宁夏建设成“一带一路”倡议中最具活力的内陆开放高地。

（二）将广西、云南、新疆、甘肃、内蒙古、西藏建设成最具潜力的沿边开放桥头堡

地理位置沿边是一个国家或地区发展开放型经济的比较优势之一。沿边开放能降低资源要素双向流动的成本、交通等基础设施建设的成本，而且由于沿边相邻，双方了解彼此的消费偏好、风俗习惯等，更容易在经济往来中实现互补共赢。

西部沿边的6个省区分别是广西、云南、新疆、甘肃、内蒙古、西藏。表3-7中的数据显示，沿边6个省区的经济发展水平在西部地区整体偏后，最好的3个省区为广西、云南、新疆，2014年GDP在西部的排名分别为第4位、6位、7位。由于沿边的地理优势，开放程度中等偏后，其中货物进出口总额排名靠前的3个省份为广西、云南、新疆，排名分别为第3位、4位、6位；外商投资总额排名靠前的3个省份为广西、内蒙古、云南，排名分别为第4位、5位、6位。

基于前面的分析，本书认为西部地区省区开放格局的另一部分是：发挥沿边的区位优势，选择性地建设和完善边境口岸、内陆新区、保税港区、高新技术开发区等对外贸易的空间载体，提高开放型经济发展水平，将广西、云南、新疆、甘肃、内蒙古、西藏建设成“一带一路”倡议中最具潜力的沿边开放桥头堡。

第三节 以开放经济战略提升赶超发展能力的实践——以四川为例

四川虽然有地处内陆的地理劣势，不利于实施开放经济战略，但作为西部地区的经济强省，四川具有较高的经济发展水平和较强的资源要素配置能力，因此相比较西部其他省份，四川省开放型经济发展好，对外开放程度高。改革开放以来，四川把对内对外开放与区域经济增长紧密联系起来，坚持实施开放经济战略，经过近40年的发展，四川开放型经济体系得以确立，随着对外开放水平不断提高，四川区域经济呈现又好又快发展。2014年，四川货物进出口总额在西部省区排名第2，仅次于重庆，外商投资总额在西部省区排名第1位，GDP在西部省区排名第1位。可见，四川的对外开放与经济增长呈现出良好的正相关性，彼此互为助力，相互促进。开放型经济发展促进了四川区域竞争力的提高，推进了产业结构调整和升级，加速了四川发挥后发优势，实现跨越式的赶超发展。

近年来，四川结合国际国内经济发展趋势，积极开展扩大对外开放、进一步提升赶超发展能力的探索，最有代表性的有两方面：一是提出了多点多极支撑战略来破解省会城市成都"一枝独秀"的区域发展不平衡的难题，并以城市国际化这一开放型经济发展的重要途径来推动多点多极支撑战略，这是四川在对外开放和区域经济发展相结合的领域所做出的最好的探索实践；二是在国家提出"一带一路”倡议后，四川挖掘自身优势，积极主动地融入“一带一路”建设，在对外开放新形势、新格局中抓住战略机遇，扩大对外开放进一步提升赶超发展能力，这是四川融入国家战略框架借力实现自我发展的最有力的实践探索。

一、加快城市国际化发展，推动多点多极支撑战略

多点多极支撑战略是四川省委为破解区域发展不平衡的难题所作出的重大战略部署。四川省实现多点多极发展，亟需确定未来城市定位与新型城市化品质，亟需解决次核城市自身经济势能不高、带动能力不强的问题，亟需突破内陆城市开放必然滞后的惯性认识。推动城市国际化，既是把握城市群中心城市由区域化到国际化的成长规律、提前谋划四川省四大城市群建设的需要，也是顺应国内区域经济竞争新趋势的必然要求。

（一）城市国际化是多点多极战略的重要支撑

今后几年是四川省科学发展、加快发展，实现追赶跨越、全域协调、全面小康的关键时期。四川省委十届三次全会审时度势，提出以多点多极支撑为总揽，以“两化”互动、城乡统筹为路径，以创新驱动为动力的发展战略，形成“首位提升、次级突破、基础夯实”的梯度发展格局。

1. 多点多极战略是一种新型城市化战略

实施多点多极支撑战略，抓住了四川省现阶段发展的突出矛盾和薄弱环节，符合经济发展的客观规律和总体趋势。多点多极战略不仅是一种新型工业化战略，更是一种新型城市化战略。

2. 多点多极发展要求推进城市国际化

四川省实施多点多极发展战略，实现"首位提升、次级突破、基础夯实"的梯度发展格局，城市国际化是可供选择的战略突破口之一。

推进城市国际化，一是具有显著的经济增长效应。2005 年宁波市投入资金 1286 亿元打造生态型国际港口城市，到 2010 年累计拉动社会投资 5000 多亿元。若以此比例计算，城市国际化将直接带来 1∶4 的乘数效应。

二是具有显著的资源配置效应。有利于转变"一城独大"的资源配置方式，让四川省二级城市依据比较优势，参与国际产业分工、市场竞争、城市等级位序竞争，自发形成以点带面、由点到极、多极共兴的生动局面；推动四川省二级城市以国际视野，充分利用国内外两个市场两种资源，提升经济能级，增强辐射带动能力，实现次级突破。

三是具有显著的阶段驱动效应。2012 年四川省人均地区生产总值 29579 元，工业化率 52.8%，正由工业化中期阶段向中后期阶段迈进。依据国际经验，这一阶段的经济发展更加依赖创新驱动、服务配套和扩大内需。这些因素与城市化的内涵与品质密不可分。因此，只有完善高端要素配置与财富聚集的城市综合功能，培育贯通国际前沿与本地高端的城市消费市场，提升现代服务业与现代制造业融合的城市配套能力，构建以技术创新联盟为主导的城市创新体系，才能保障四川省经济提位升级、阶段跨越。

3. 区域经济竞争倒逼加快城市国际化

目前，我国各省（区、市）多点多极发展越来越呈现出多层次国际化格局。一是首位竞优。广州、南京、武汉、杭州、西安、成都、南宁等各省首位城市为竞争国内外金融中心、商贸中心、科技中心和总部经济资源而大力建设国际城市。二是二线突破。佛山、湛江、无锡、泰州、盐城、牡丹江等省内二三梯队城市为加快产业升级、主导区域产业链而大力推进城市国际化。三是多点开放。喀什、伊犁、二连浩特、满洲里、东兴、临沧等西部沿边开放城市也已成为向西开放的前沿。

纵观国际1050俱乐部成员（人均地区生产总值1万美元、人口5000万以上的中等发达经济体）、2050俱乐部成员（人均地区生产总值2万美元、人口5000万以上的发达经济体），经济体内都涌现出若干个多点多极发展的国际化都市群。按照这一规律，到2017年四川省总体实现中等发达，必然是在全球经济舞台上进行合作竞争。

可见，无论是放眼国内区域经济竞争，还是挤入国际中等发达俱乐部，城市国际化都是大势所趋。

4. 四川省城市国际化呈现初步发展态势

首位城市一马当先。2012年成都市出台国际化城市建设行动纲领，当年地区生产总值达8140亿元，跃居全国副省级城市第三位；实现进出口总额474亿美元，增长了25.1%，其中出口总额304亿美元，增长32.4%，增幅为全国副省级城市榜首；外商投资实际到位85.9亿美元，增长幅度达31%，增速远超其他城市。IT、新材料、新能源、汽车、航空等国际化高端产业集群已初具规模。“中国西部国际博览会”“2013成都《财富》全球论坛”等国际化城市营销成效显著。

二级城市分头突围。四川省二级城市结合当地产业、资源、文化等独特优势，深入挖掘国际化潜力，打造国际化高端产业集群，积极融入全球产业链，广泛开展国际合作和交流，取得了一定的国际品牌效应，具备了城市国际化发展的初步条件。如德阳打造"世界新能源重装产业中心"和"古蜀文化旅游名城"，攀枝花建设世界级"钒钛之都"，广安打造红色旅游胜地，自贡深入开发"千年盐都、恐龙之乡、南国灯城"城市品牌，西昌建设"一座春天栖息的城市"。

5. 四川省城市国际化具备不可多得的机遇

目前，四川省推进城市国际化具备不可多得的战略机遇：

一是四川省改革开放30年来的巨大积累，近年来一大批基础设施建设、引才工程建设、创新平台建设取得的显著成效，以及旅游资源禀赋及产业开发形成的良好城市品牌，为加快城市国际化奠定了坚实基础。

二是新一轮西部大开发大开放提出"向西开放"战略，为四川省"十二五"期间建设全国重要的高新技术产业、先进制造业和现代服务业基地，科技教育、商贸物流、金融中心和综合交通枢纽[①]拓展了国际空间，使四川省主要城市由内陆城市向面向国际建设现代产业基地的开放城市转变。

三是国际金融危机触发国际经济结构深度调整，使大量人才、技术、资本等高端要素向新兴国家、新兴地区扩散，大量产业向新兴国家、新兴地区转移，有利于推动这些国家和地区的国际化

---

① 国家发展与改革委员会：《西部大开发"十二五"规划》，载于《经济日报》，2012年2月21日。

进程。

（二）四川省城市国际化发展面临的主要问题

1. 推进城市国际化的基础薄弱

受交通区位、开发水平、高端要素、发展环境等制约，四川省城市国际化水平总体不高。按照1996年联合国第二次人类住区大会（HABITATI）提出的国际城市评价指标及等级标准测算，在经济发展方面，2012年成都接近中等国际化水平，攀枝花处于初中级国际化阶段，德阳处于初级国际化阶段，其他市州处于初级国际化“门槛”；在基础设施和对外交流的12项指标中，仅成都达到初级阶段的3项指标。

交通基础设施有待完善。与多点多极发展的要求相比，首位城市成都尚未形成通江达海的快速路网，国际直飞航线数量不多。四大城市群内部高速公路网络建设、轨道交通网络建设、次级航空枢纽建设滞后。生产性交通基础设施建设需要优先突破。

产业园区载体建设有待提升。随着东资西移，四川省各地产业园区快速发展，但也存在一些问题。四川省代表综合经济力的国家级工业园区偏少，在西部地区居于中游，仅领先于贵州、西藏、甘肃、青海、宁夏等省（区）。同时，园区企业入驻“门槛”低、园区土地集约利用率低、园区配套服务水平低，出现园区企业无序扎堆、土地“圈而不建，建而不用”等现象，园区发展的后劲不足。

现代服务业发展滞后。企业综合物流成本高、效率低，大多数第三方物流服务供应商专业化、规模化、社会化程度低，缺乏竞争力；物流基础设施空间布局不合理，物流服务网络体系尚未形成，不能满足城市群经济一体化和物流一体化的总体发展需要；电子商务应用范围小、水平低，网络营销、电子商务功能发展不足。

2. 推进城市国际化的准备不足

四川省不少市（州）的城市发展存在"被国际化"现象，在应对上仓促、无序、缺乏系统性。

对城市国际化快速推进的认识不足。一些市（州）缺乏对城市国际化的总体把握，把城市国际化简单等同于外事活动、招商引资、对外贸易。一些市（州）缺乏对城市国际化的提前谋划，安于传统发展方式，认为城市国际化离当前的发展阶段还遥远。一些市（州）缺乏区域竞争倒逼城市国际化的紧迫感，没有充分意识到城市国际化已是区域经济竞争的"新高地"。

城市国际化管理的能力不足。各市（州）普遍缺乏国际化的城市管理理念、管理手段、管理经验，法治城市建设滞后，人性化的服务意识淡薄。城市标识系统、公共卫生系统等一些基础性国际化城市设施仍在建设阶段。在城市化发展中，更为侧重城市规模的快速扩张、城市硬件的快速完善、城市人口的快速集中，出现环境污染、食品安全、交通拥堵等城市病，影响城市国际化的整体形象和发展环境。

3. 推进城市国际化的优势发挥不足

国际化人才缺乏。截至2010年年底，四川省专业技术人才总数居全国第九、西部第一，但人才优势并没有充分发挥出来。高端产业的行业领军人才较少，尤其是高端创意人才、高新技术人才、高级管理人才和复合型人才储备明显不足；人才专业结构不合理，专业外语人才、具有外语沟通能力的专业人才、熟悉国际规则的管理人才严重缺乏；人才大量流失，特别是IT、光伏等优势产业人才外流严重。

特色文化挖掘不深。熊猫、三星堆、古蜀道、峨眉山、乐山大佛、九寨沟、青城山等享誉世界的特色文化品牌挖掘不足。四川省城市国际化的文化基础有待进一步开发。

（三）推进四川省城市国际化发展的政策措施

1. 将城市国际化布局纳入四大城市群规划

四大城市群规划是落实多点多极支撑战略的重要抓手，是重塑四川省经济地理、构建未来城市形态、形成长久竞争力的关键决策，必须统筹现实基础、竞争趋势和国际视野，坚持高起点、高水平、可持续的规划和建设原则。建议将城市国际化布局纳入四川省四大城市群规划，在完善城市群内部等级次序和分工结构的基础上，逐步推动城市群中心城市向国际化城市发展。

2. 明确城市国际化的秩序和格局

按照多点多极支撑战略下四大城市群发展时序，构建四川省城市国际化的总体格局。

首位提升。以成都为主体，推动成都平原城市群一体化发展，到2050年建成具有国际影响力的综合型大都市区和国内重要的增长极，将成都打造成为国际知名都市。

分类指导。对绵阳、德阳、眉山、自贡、泸州、广安、攀枝花、西昌等有基础、有条件的二级城市，结合城市独特的自然资源、人文资源优势，鼓励其深入挖掘国际化潜力，优先推进城市国际化发展，努力实现次极崛起。

重点推进。按照四川向东、向南开放战略，壮大川南城市群，特别是加快发展沿江（长江）沿边（重庆）城市带，构建四川省最具活力的"边界经济带"。

特色彰显。将城市独特的优势文化资源、自然资源等培育为旅游文化产业，创建具有高辨识度的城市品牌，突出特色，如雅安建成"世界大熊猫文化发源地"、自贡做强"千年盐都"、德阳打造"古蜀文化旅游名城"等，为加大城市国际营销、提升城市国际知名度和影响力创造条件。

3. 加强交通、园区等基础工程建设

优化城市国际化发展的"硬"环境，进一步突破长期制约四川省城市发展的交通、园区等"瓶颈"。

建设满足城市国际化功能需要的现代化交通枢纽体系。优化提升成都区域性、国际化交通枢纽功能，加快成都第二机场建设和开通更多国际航班，完善城际铁路、中长途铁路、城市轨道交通、公路长途、城市公交等综合运输体系，推进地铁等市域交通逐步向德阳等周边城市延伸。大力培育川南、川东北、攀西三大城市群次级交通枢纽，着力解决运输方式单一、运力紧张、运输成本偏高等问题，在有条件、有需求的市（州）建设机场和港口。进一步完善三大城市群内部路网体系，加强泸州、宜宾、广安、攀枝花等出川航道、通道建设，支持大件路、物流港等生产性交通基础设施建设，形成"群内组团发展、群际轨道连接、群外通江达海"的交通格局。

增强开发区、保税区等产业园区的支撑能力。利用好成都全国统筹城乡综合配套改革试验区、攀西战略资源创新开发试验区、广安川渝合作示范区等的政策资源和创新机制，在增长极培育、城市国际化上率先突破。支持泸州港、宜宾港保税物流中心建设，支持德阳建设综合保税区，支持有条件的次级城市经济开发区升级为国家级经济技术开发区，打造高端产业平台。

4. 加快发展现代服务业

现代服务业本质上是对物质流、信息流、资金流、知识流、人才流等流量经济的创造与管理，是完善城市功能的重要依托，是城市国际化的必备条件。

一是大力发展以物流、金融、电子商务、科技创新为主的现代服务业，特别是要建设一批物流产业化基地和智能物流网络，大力引进有竞争力的第三方物流服务供应商，增强生产配送、货物吞吐能力，使越来越多的四川省优势产品“走出去”。

二是建立政府调控与社会协调互联、政府行政管理与社会自治管理互补、政府管理力量与社会管理力量互动的社会管理机制，不断提高政府的城市公共管理服务能力。

三是建立具有国际化水平的公共信息数据交换平台，以多种语言进行城市形象塑造和宣传、发布信息，构筑无国界语言服务体系。

5. 加强人才引进、智力转化力度

重点支持次级城市人才优先发展试验区建设。依托绵阳科技城、广安川渝合作示范区等项目，引导激励更多科技创新型人才、城市管理型人才、国际商务型人才向次级城市集聚，大力培育具有国际视野，能熟练运用外语，熟悉国际贸易、国际法律、国际金融、国际财务的复合型人才。

重视激发本土人才的潜力，培养本土人才的综合素质，加强国际意识、国际交往能力、国际竞争能力的培养锻炼，并为人才的成长提供政策支持。

6. 以城市外交拓展国际空间

在全球化的发展进程中，城市外交日益成为国家总体外交的重要组成部分，城市外交通过开展经贸、科教、文化等务实合作，为城市的发展服务。经验表明，在北京奥运会、上海世博会、成都财富全球论坛等重大涉外活动上，城市外交发挥了会议组织、民间交流、经贸往来、形象展示、文化传播等积极作用，有助于在友好互信的基础上建立深入长久的城市间经贸关系。

一是要将城市外交能力作为城市文化软实力建设的重要方面，高度重视其在理念推广、价值沟通上的基础性作用，避免在对外经贸往来中由价值观差异引起的“只谈利益、不讲感情”的误解，提高招商引资、对外投资等经济活动的成效。

二是加强城市外交的综合协调，成立处理城市涉外联系的领导小组和办公室，统筹各部门在招商引资、对外投资、项目合作、文化传播、人才技术交流、外事管理等各方面涉外政策，传播鲜明统一的城市形象。

三是进一步将城市外交融入经济工作主线，服务多点多极支撑战略，促进地方经济发展，有针对性地选择领先发展的国外城市或优势互补的国外城市开展城市外交，统筹推进民间交流、官方互访、友城建设、项目合作。

四是充分利用好国际友好城市平台，成都已获准加入世界城市和地方政府联合组织（UCLG），下一步要推动四川省更多的城市进入各种国际化城市“俱乐部”，分享国际平台资源，提升城市的国际地位和国际形象。

7. 提升城市人文制度环境

加大法治城市建设。创新城市管理方式，提升市民素质，形成规范有序的城市秩序。加大城市国际化的战略、政策、法规研究，清理城市国际化中陈旧过时、相互冲突的法规条文。在城市规划建设中更多地加入国际化元素。

加强全方位的城市外交平台建设。由省人大外侨委、省外办牵头指导，会同四川省商务厅、四川省工商联、四川省友协等部门，主动、协同对外开展政府间、企业间、民间外交，构建“官方互动、民间交流、项目对接”的城市外交网络，建立对外交流的项目信息平台，支持各市（州）开展健康有序的涉外活动。

完善四川省城市开放型经济发展绩效考核体系。除外贸、实际利用外资外，将加工贸易、服务贸易、境外投资、对外承包工程等指标，整体纳入各级政府和相关部门工作的考核内容。

二、发挥比较优势，积极主动融入“一带一路”建设

今天中国的发展整体服务于“一带一路”倡议，“一带一路”倡议也是中国对内化解产能过剩、实现资本输出和人民币国际化、保持新常态下经济可持续增长，对外突破美国的 TPP 围困、拓展国际市场、推动国际经济金融秩序革新的破局之法。在此背景下，西部大开发战略虽然名义上还存在，但事实上已被整体“打包”进“一带一路”倡议，或在“一带一路”的战略框架下加以解决，即“以开放促开发促发展”。因此，四川的经济社会发展应服从服务于国家“一带一路”倡议，以此为指针，制定“十三五”期间四川经

济社会发展总体规划和各类专项规划，制定到2017年四川融入丝绸之路经济带建设的年度行动计划，抢占功能定位与发展先机；加深对"一带一路"倡议的认识和研究，从全球视野下审视四川的发展，从中国的全球战略中寻找应对四川经济下行压力的对策和办法，搞好适应"一带一路"沿线国家和四川省内投资与需求消费的"供给侧改革"。

（一）加快川南、攀西的通道管道建设，破除"一带一路"的战略断层

随着"十三五"期间中国整体进入工业化中后期和城镇化中期阶段，"一带一路"、长江经济带、京津冀协同发展三大规划总体上"定格"中国未来生产力、城市群、资源区、生态带等的空间布局，"锁定"未来各省（区、市）的发展定位和发展空间。

四川涉及"一带一路"与长江经济带两大战略，这两大战略在四川的汇聚点就是成都城市群、川南城市群、攀西城市群。近年来，以蓉欧高铁为支撑，四川大力发展北向的商品物流通道；由于多种原因，南向的油气资源管道建设滞后，如中缅油气管道四川支线要到2016年年底才能建成。这不仅造成"一带一路"倡议在四川段，尤其是在川南和攀西的战略断层，使"一带一路"倡议的辐射效应被隔断；也使以金属材料、化工、机械制造等高度依赖油气资源的产业为主导产业的川南经济区和攀西经济区面临能源成本上的竞争劣势，不利于当地传统优势产业的升级发展。甚至一些企业的新增产能已布局到能源更为丰沛、环境成本更低的新疆、青海等西北省（区）。因此，必须加快川南、攀西的通道管道建设，加强川南、攀西与周边省（市）之间的互联互通，把金沙江流域合作发展作为长江经济带四川段的战略重点，制定专项规划和政策。

（二）发挥四川的科技资源的梯度优势，共建科技合作与产业化平台

科技合作是丝绸之路经济带建设的重要内容。四川是西部的科技大省，是全国8大全面创新改革试验区之一。与欧洲相比，四川在部分工程技术上具有比较优势，而欧洲在基础研究、先进制造技术、清洁生产技术、智能技术等方面具有优势，可以依托绵阳风洞群等四川特有的基础研究设施开展合作研究和产业化应用研究，引进欧洲工业园、智能工厂，建设面向欧洲的创客空间和创业园区，吸引欧洲人来川创业。与中亚相比，四川在重化工业技术领域具有优势，可以加强与中亚国家的技术合作，向中亚国家输出技术。

加快推进四川与丝绸之路经济带沿线国家重要省份的对等科技合作，签订合作协议，建设合作平台，特别是科技信息资源共享网络平台、服务体系网络平台、人才交流网络平台和保障机制网络平台，为国际科技合作提供服务和保障。

（三）成立投资基金和风险补偿基金，推动川企“走出去”

商品输出、资本输出和技术输出是丝绸之路经济带建设中相辅相成的三个重要环节。而资本输出不仅要输出企业资本，而且要输出政府资本。建议对应国家丝路基金和亚洲基础设施投资银行，成立四川省面向“一带一路”建设的投资基金和风险补偿基金。

丝路基金是通过以股权为主的多种市场化方式，投资于基础设施、资源开发、产业合作、金融合作等领域，促进共同发展、共同繁荣，实现合理的财务收益和中长期可持续发展。[①] 而参考丝路基金设立的投资基金，重点投资于丝绸之路经济带沿线的商贸物流节点的土地、物流基础设施、四川省紧缺的矿产资源以及配套性产业，设立四川的飞地工业园，为四川经济在丝绸之路经济带沿线的资源配置和靠前布局服务。

风险补偿基金主要是对四川企业承接亚洲基础设施投资银行的发包项目进行风险补偿，支持四川企业发挥工程技术优势，参与国际基础设施建设。亚洲基础设施投资银行发包的基础设施建设项目，主要来自于两部分的投资。一部分是亚投行以贷款形式投入的资本，另一部分是企业前期投入的资本。由于工程所需资金量大、回收周期长、工程建设存在政治经济等不确定性，需要对参与企业进行一定的风险补偿。

（四）加大"一带一路"倡议研究，特别是国际政治经济研究和国别研究

"一带一路"倡议是我国长期推行的全球战略，在远期规划中"一带一路"倡议还包括非洲、北美洲、南美洲的互联互通。它带来的全国经济社会结构调整，撬动的地缘政治经济异动，将是今后四川省经济社会发展必须要面对的新常态。

目前，西安、重庆等城市对"一带一路"倡议的研究走在西部前列，如西北大学经济学院举全学院之力研究"一带一路"，西安交通大学整合全校力量研究"一带一路"。相比之下，四川的高校、科研机构、政策研究部门对"一带一路"的研究仍存在力量分散、学科分割、视野不宽等问题。近年来，教育部、四川省教育厅分别

① 牛娟娟：《丝路基金起步运行》，载于《金融时报》2015 年 2 月 17 日。

在高校设立区域和国别研究中心，科研机构也成立了国别研究中心，但研究人员兼职多、专业化不足，研究机构之间缺乏交流，难以形成学术联盟和政策联动。四川省应当建设“一带一路”研究的学术机构、智库或学术联合体，直接服务于省发展改革委、商务厅、科技厅等部门的相关政策研究，系统、深入研究“一带一路”倡议。

第四章

以创新驱动发展战略提升自组织发展能力：创新创意的视角

在创新全球化的背景下，经济自组织发展的能力，更多体现为国家促进创新的自我增强、推动经济系统内生发展的能力。经济的自组织发展采用以创新为中心的自我增强模式，其实也是一条技术进步推动下的经济自我增强模式的实现路径。西部地区曾经是我国三线建设布局区域，大规模国防军工、航天航空等科技工业分布在西部各个省（区、市），这是东部和中部所不具备的条件，可见西部具有实施创新驱动发展战略的雄厚实力。国家高度重视西部地区创新发展，每年都会资助一批“西部地区创新能力建设项目”，用于支持科技研发和成果转化。

本章结合国际创新发展趋势和国内创新领域的新经济形态，确定了现阶段创新驱动发展战略的实施重点，并从创新经费、创新主体、创新效率3个方面分析了西部地区创新能力，在此基础上，提出了西部以创新驱动发展战略提升自组织发展能力的思路和重点，最后分析了战略资源型城市和中心城区创新发展的实践。

第一节 国家创新驱动发展战略现阶段的实施重点

创新驱动发展战略是国家高度重视的决定中华民族伟大复兴能否实现的核心战略之一。2016 年中共中央、国务院发布的《国家创新驱动发展战略纲要》已经从战略背景、战略目标、战略部署、战略任务、战略保障、组织实施等方面做出了具体部署。本书认为，由于创新驱动发展战略具有时代性、现实性的特点，应该根据不同的国际国内发展形势、发展阶段和现实需求等来选择相应的战略重点，现阶段创新驱动发展战略的战略重点主要有 3 个，分别是推动生态创新、发展科技服务业、推进创新发展空间协同。

一、创新驱动发展战略的内涵和实施重点的选择

创新驱动发展战略在 2012 年 7 月召开的全国科技创新大会上被第一次明确提出，于 2012 年 11 月写入党的十八大报告。党的十八大报告提出，“科技创新是提高社会生产力和综合国力的战略支撑，必须摆在国家发展全局的核心位置”[①]，第一次把创新驱动发展战略作为国家核心战略确定下来。2014 年 6 月，习近平总书记在两院院士大会上讲话指出，“实施创新驱动发展战略，最根本的是要增强

① 胡锦涛：《坚定不移沿着中国特色社会主义道路前进 为全面建成小康社会而奋斗——在中国共产党第十八次全国代表大会上的报告》。

自主创新能力，最紧迫的是要破除体制机制障碍，最大限度解放和激发科技作为第一生产力所蕴藏的巨大潜能"。[①] 2015 年 3 月，中共中央、国务院发布《关于深化体制机制改革加快实施创新驱动发展战略的若干意见》，提出"必须深化体制机制改革，加快实施创新驱动发展战略"[②]，再次强调体制机制改革对实施创新驱动发展战略的重要性。2015 年 10 月，"十三五"规划建议提出"深入实施创新驱动发展战略"[③]，对创新主体、科技体制、政府职能等各方面做出了规划安排。2016 年 5 月，中共中央、国务院印发了《国家创新驱动发展战略纲要》，从战略背景、战略目标、战略部署、战略任务、战略保障、组织实施 6 个方面对创新驱动发展战略做出具体指示，这是目前为止国家出台的有关创新驱动发展战略最详细的文件，成为全国各地实施创新驱动发展战略的指导性纲领

创新驱动发展战略是实现"两个一百年"目标、实现中华民族伟大复兴"中国梦"的重大战略依托，其战略内涵是：把创新作为引领发展的第一动力，立足自主创新，实现科技创新与制度创新、管理创新、商业模式创新、业态创新和文化创新相结合，[④] 推动发展方式向依靠持续的知识积累、技术进步和劳动力素质提升转变，促进经济向形态更高级、分工更精细、结构更合理的阶段演进[⑤]。

---

① 霍小光、吴晶晶：《坚定不移创新创新再创新 加快创新型国家建设步伐》，载于《人民日报》，2014 年 6 月 10 日，第 1 版。

② 《中共中央国务院关于深化体制机制改革 加快实施创新驱动发展战略的若干意见》，载于《人民日报》，2015 年 3 月 24 日，第 1 版。

③ 《中共中央关于制定国民经济和社会发展第十三个五年规划的建议》，第 5 页。

④ 孟庆：《创新驱动发展必须坚持需求导向》，载于《中国经济时报》，2016 年 5 月 23 日。

⑤ 《中共中央国务院印发〈国家创新驱动发展战略纲要〉》，载于《人民日报》，2016 年 5 月 20 日，第 1 版。

创新驱动发展战略的基本特点，表现在 3 个方面：第一，具有时代性。因为不同的时期国家会面临不同的战略环境，继而产生不同的战略需求，继而确定相应的战略重点，因此创新驱动发展战略不能够一成不变，而是根据时代的变化适时进行动态调整。第二，具有现实性。创新驱动发展战略是自上而下要求各级政府贯彻落实的国家战略，其实施的目的是为了解决经济、社会、生态发展中的现实问题，强调创新成果产业化与生产力发展紧密结合，不仅仅是追求科学或技术的突破。[①] 第三，具有系统性。创新驱动发展战略注重科技、制度、管理、商业模式、业态和文化等的全面创新，追求经济、社会和自然协调发展。

由于创新驱动发展战略具有时代性和现实性的特点，因此该战略应该根据不同的国际国内发展形势、发展阶段和现实需求等来选择相应的战略重点，本书认为当前创新驱动发展战略的战略重点主要有 3 个，分别是推动生态创新、发展科技服务业、推进创新发展空间协同。以下将对这 3 个战略重点进行具体分析。

二、以推动生态创新为实施重点

从世界经济体系中创新发展、绿色发展的趋势来看，这两类发展形势显示出合流的态势。并且，创新发展与绿色发展的结合衍生出新的交叉领域和经济形态，主流之一是以科技创新实现绿色发展，如生态创新（Eco-innovation）；之二是以生态学重构创新链和创新组织，如创新生态（Innovation Ecology）。本书

① 常修泽：《创新立国战略》，学习出版社 2013 年版，第 63 页。

选择前者，即从生态创新视角探讨创新发展与绿色发展的有效结合。

（一）生态创新：创新发展与绿色发展的合流

早在1912年，熊彼特就用“创新”来解释经济发展，20世纪60年代兴起的新古典经济增长理论，及之后的内生增长理论进一步突出了创新在长期经济增长中的作用，20世纪70年代后西方绿色运动推动“绿色”纳入到经济社会发展之中，但是直到20世纪90年代早期，大规模的创新发展与绿色发展才发端于主要发达国家。以美国的《小企业创新发展法》、英国的创新白皮书、日本的《科学技术基本法》为标志，创新发展成为主要发达国家的国家战略，并催生了20世纪90年代末的知识经济。同时，“可持续发展”战略和理念提出后，循环经济、生态经济、气候经济等新经济形态不断涌现，绿色发展成为全球经济社会发展的另一大趋势。

到了21世纪，创新发展与绿色发展出现合流的态势。据经济合作与发展组织（OECD，2010）报告，2000～2007年全球科技创新中，9.5%的化学工程，14.2%的化学，17.4%的材料科学，10.5%的物理学，4.9%的能源，7.5%的环境科学，5.7%的地球行星科学，3.7%的农业生态科学，6.6%的生物化学、基因和分子生物学，4.8%的免疫学和微生物学，10.6%的工程学，与绿色技术相关。创新发展与绿色发展的结合衍生出新的交叉领域和经济形态，主流之一是以科技创新实现绿色发展，如生态创新（Eco-innovation）；之二是以生态学重构创新链和创新组织，如创新生态（Innovation Ecology）。如图4－1。

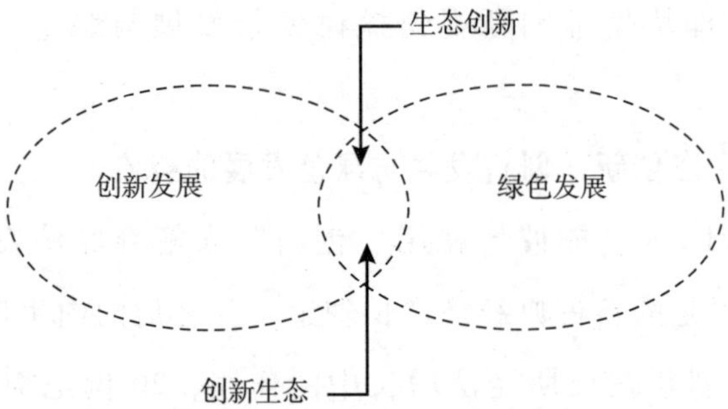

图 4 - 1　创新发展与绿色发展的有机结合

本书主要是从生态创新视角探讨创新发展与绿色发展的有效结合。生态创新又称为环境创新或绿色创新（Schiederig et al.），相关研究可追溯到著名的波特假说（Michael Porter），即“严格的环境规制将刺激创新”。由此，抵消环境规制给公司和消费者带来的额外成本，成为创新的重要内容，从而客观上通过创新将环境成本内部化，达到了可持续发展的目的。环境保护与经济发展不再是相互冲突的目标，环境的外部性与创新的外部性是基础关联的（Foxon et al.）。自 2005 年千年生态系统评估（MEA）提出“生态系统服务”后，环境经济学逐渐让位于生态经济学，生态创新在 2010 年后超越环境创新，成为这一研究系列的主流。

如何界定生态创新，学术界主要分为创新效果（Fussler，James；Hemmelskamp；Kemp，Pearson；Oltra，Saint Jean；Carrillo - Hermosilla et al.）和创新动机（Charter，Clark；European Commission）两类。总的来看，它是经济创新和环境创新之间的交集（Huppes et al.），是面向可持续发展的创新过程（Rennings），通过全新的或重大改进的产品和服务、生产流程、组织变化或市场方案，减少对自然资源（材料、能源、水和土地等）的使用，降低有害物质在产品生命周期中的释放（Eco - Innovation Observatory）。

在技术推动、需求拉动、环境规制的多重作用下（杨燕、邵云飞），生态创新不仅不会影响经济绩效，而且还能通过削减成本和提高商誉，来赢得竞争优势和绩效增长，即使在全球金融危机下也有良好表现（Cainelli，Mazzanti，Zoboli）。为此，2007 年欧盟通过环境技术行动计划（ETAP），2011 年年底欧盟又进一步出台生态创新行动计划（EcoAP）。生态创新受到西方学术界、企业界和政界的广泛肯定，被认为是通往“绿色经济”的发展模式。截至 2016 年 2 月，发表于 SSCI 来源期刊论文已近 400 篇，来自 OECD、世界银行、欧盟委员会等机构的报告 20 余份；而国内的生态创新研究始于 2010 年，还处于概念引进和初步评价的起步阶段，核心学术期刊上规范的研究成果仅 10 余篇。总体来说，这仍是一个年轻的领域（Klewitz，Hansen），尤其缺乏调查数据支撑的经验研究和有深度的案例分析（Maçaneiro，da Cunha，Balbinot）。随着全球创新发展、绿色发展的深入推进，生态创新的研究在国内外都具有广泛的前景。

（二）生态创新的研究动态

过去 10 年，一些研究在生态创新的 6 个方面取得了进展（Díaz García，González Moreno，Sáez Martínez）：①绩效研究，主要是聚焦生态创新的成果和结果，如财务业绩、竞争力、市场价值等；②动力研究，主要是从不同层面寻找生态创新的形成，尤其是采用、开发或实施这类创新的动机；③过程研究，主要是专注于这类创新的发展过程，如在试点生态创新的模式、研发管理、生态创新营销过程等；④背景研究，主要是显示特定国家或地区、转型经济体等的特殊问题，并进行跨国、跨区域比较；⑤类型研究，主要是区分服务、产品设计、工艺、城市生态创新等不同类型的创新，或突出某一类型生态创新的特征；⑥政策研究，主要是注重政策评估、转型管理和生态创新的扩散策略。

根据研究需要，本书主要梳理以下 3 个方面的研究动态：

（1）生态创新的动力。现有的研究形成了宏观、中观、微观的多层次框架。①在宏观层面，规制推动生态创新（Doran，Ryan；Horbach，Rammer，Rennings），并助其扩散（Wagner，Llerena）。当企业面临特殊形式的规制而表现各异时，规制治理和直接规制两种“软”形式可以更有效地诱导生态创新（Williamson，Lynch－Wood），而每种政策工具的影响程度取决于严格性水平和奖励水平（Brouillet，Ultra）。从企业来看，中小企业的生态创新更需要从不同类型的中介机构（公立和私立）获得不同级别的支持（Klewitz et al.）。从区域来看，一些在创新、能源、经济发展领域实施分权治理的区域，成为生态创新的增长极，并将生态创新扩散到其他“转型区域”（Cooke）。②在中观层面，地方政府的主动有为是引发低吸收能力的中小企业生态创新的重要推动因素（Klewitz，Zeyen，Hansen）。此外，企业生态创新还受到融资可得性（Johnson，Lybecker）、市场需求（Horbach et al.）、压力集团（Yalabik，Fairchild）、行业特征（Peiró－Signes，Segarra－Oña，Miret－Pastor，Verma）等因素的影响。③在微观层面，决定企业生态创新的因素有（Pereira，Vence）：规模、“年龄”等企业结构特征（Segarra－Oña，Peiró－Signes，Albors－Garrigós，Miret－Pastor），成本节约、市场拓展等战略和商业逻辑（Paraschiv，Nemoianu，Langa，Szabó），研发、路径依赖、合格的员工和管理、网络合作和参与等技术能力（Horbach；Kesidou，Demirel）。

（2）生态创新的特征。①生态创新的实现机制特征。环境问题不是市场失灵，而是市场的不完善的一个组成部分（Andersen）。通过克服市场绿化中的动态交易成本（包括巨量信息、强系统特征等），生态创新有助于从市场机制角度缓解环境退化。这一市场机制表现在，生态创新能够吸引市场上的绿色租金（Andersen）：通过为绿色声誉、产品支付的溢价，实现更高的资源利用效率，降低排放成本，生态创新可以改善企业的“绿色竞争力”（Kemp，Andersen），但这种改善作用对于不同“环境敏感性”的企业或部门存在较大差异（Malaman）。通常情况下，可以用生态效率（Eco-Efficiency）来衡量生态创新，而生态效率是产品和服务价值除以环境冲击（WBCSD）。这意味着，生态创新带来的是一种整体的技术经济范式转变（Perez），即所谓的“脱钩”。②生态创新的阶段特征。生态创新周期可以分为反应阶段、生态市场起始阶段、生态市场起飞阶段、生态市场巩固阶段、生态创新市场标准阶段 5 个阶段，呈现出“S”型曲线（Foxon，Andersen）。在第一阶段，采用资源浪费、环境污染的技术，国家创新系统缺乏生态市场能力；第二阶段，资源高效利用路径出现，国家创新系统与早期生态创新存在高度摩擦；第三阶段，众多商业领域涌现生态创新，国家创新系统建立绿色知识基础，加快网络扩张，与生态创新的摩擦减小；第四阶段，生态创新竞争日趋激烈，国家创新系统全面转向生态创新；第五阶段，采用资源效率的技术经济范式，国家创新系统拥有高效的生态市场，生态创新极易发生。

（3）生态创新的测量。①在投入测量方面，包括研究与发展经费支出，研发人员，创新支出（包括无形资产的投资支出，如设计、软件和营销成本）（Kleinknecht et al.；Johnstone；Arimura et al.）。②在中间产出测量方面，包括专利数量，科学出版物的数量和类型等（Dodgson，Hinze；Johnstone，Hascic）。③在直接产出测量方面，包括创新的数量，个体创新的描述，新产品的销售数量等（Kleinknecht；Coombs et al.）。④在间接影响测量方面，包括来自总体数据的资源效率变化，生产率分解等（Lefebvre et al.；Rennings，Zwick；Johnstone；MEI）。

三、以发展科技服务业为实施重点

近年来，科技服务业成为中央高度重视的又一项新产业。2014年，国务院发布《关于加快科技服务业发展的若干意见》,[①] 要求到2020年，基本形成覆盖科技创新全链条的科技服务体系，服务科技创新能力大幅增强，科技服务市场化水平和国际竞争力明显提升，培育一批拥有知名品牌的科技服务机构和龙头企业，科技服务业产业规模达到8万亿元，成为促进科技经济结合的关键环节和经济提质增效升级的重要引擎。[②] 从国际产业发展来看，科技服务业在任何一个国家都算新兴产业，在我国也尚处在发展的起步阶段，概念界定不清晰、产业定位不明确、统计口径不规范等难题亟

① 《国务院印发〈关于加快科技服务业发展的若干意见〉》，载于《人民日报》，2014年10月29日。

② 《国务院关于加快科技服务业发展的若干意见》，载于《中华人民共和国国务院公报》，2014年第31期。

待破解。

21 世纪的科技服务业已经从“为工业服务的各类科技创新产业”转变为“为科技创新服务的更为专业化、细分化的产业”。在工业化后期社会和后工业化社会，创新驱动代替投资驱动，科技创新成为新的“知识和技术制造业”，为科技创新及其产业化、应用化、普及化服务的产业体系就是科技服务业。它的内涵和产业边界不同于我国在工业化阶段对科技服务业的认识。《国务院关于加快科技服务业发展的若干意见》（以下简称《意见》）正是从创新驱动的新视角，重新定义和打造“全链条”“体系化”“新业态”“产业集群”的科技服务业。因此，加强对科技服务业的科学认识，明确科技服务业的产业边界，是规划、发展、统计科技服务业的起点。

本书梳理了相关文件，认为对科技服务业的概念有三重界定：

一是科技服务业的行业界定。是指科技服务业主要由哪些行业组成。按照我国现有的统计调查制度和国民经济管理制度，科技服务业这一跨领域、跨行业的新兴产业，必须与国民经济行业分类的国家标准对接。2015 年 4 月 27 日，国家统计局发布《国家科技服务业统计分类（2015）》（以下简称《分类》），以《国民经济行业分类》（GB/T 4754－2011）为基础，将《意见》中重点发展的研究开发、技术转移、检验检测认证、创业孵化、知识产权、科技咨询、科技金融、科学技术普及 8 项专业科技服务和 1 项综合科技服务，转化为科学研究与试验发展服务、专业化技术服务、科技推广及相关服务、科技信息服务、科技金融服务、科技普及和宣传教育服务、综合科技服务 7 类。《分类》的不足，一是缺乏对科技服务业的立体分层（核心行业、外围行业、延伸行业），更多是将《意见》的9类服务业直接映射到《国民经济行业分类》（GB/T 4754－2011）。行业分层不清晰使科技服务业全链条的打造缺乏切入点和主抓手。二是将《意见》中的技术转移、创业孵化打包进入专业化技术服务类别，没有充分体现《意见》的精华。技术转移（德国经验）、创业孵化（美国经验）正是《意见》立足全球科技创新趋势，吸收各国以市场化手段发展科技服务业经验的成果。

二是科技服务业的产业界定。是指科技服务业要依托、落实在哪些具体产业。与国家发展改革委《产业结构调整指导目录（2011年本）》对科技服务业的界定不一样，《意见》提出的9类服务业是按行业划分，没有落实到具体产业。对于北京、上海、深圳这些全国性乃至国际性的创新枢纽城市，服务业已占地区经济的主导地位，可以打造完整的科技创新链条以及衍生服务业。而创新资源作为一种战略性资源，也有向创新枢纽城市进一步集中的趋势。对于西部地区而言，例如四川，在四川仍处于工业化中期向后期迈进的阶段，基础设施投资建设和制造业投资建设仍然有一定空间，要优先围绕新一代信息技术产业、高端装备制造业、新能源产业、生物产业、新材料产业、节能环保产业等战略性新兴产业，发展为现代制造服务的科技服务业。在创新全球化的今天，要融入全球创新链，成为全球创新链的重要节点，必须按照特色优势，重点发展具有特色优势的科技服务业。

三是科技服务业的业态界定。是指科技服务业采用何种商业模式，如何营运。科技创新链的发展具有“鲶鱼效应”，抓住核心创新主体建设，就能促进知识产权、科技咨询等外围服务主体的聚集。重点是按市场化的方向盘活现有的科技资源，鼓励企业集团在川设立研发设计企业，或在治理结构调整中，将研发设计部门法人化；学习广东经验，推进省属科研院所改制，重组成若干科研院企业集团，形成综合科技服务的“省队”；转变科技厅管理的各类工程技术中心、实验室的管理体制和考核体系，推动成果交易、转化与应用。以四川为例，四川要充分利用具有全国竞争力的基础科学研究资源（如风洞等）、成都科技金融发展优势、成都世界500强总部经济发展优势，引入国内外知名的技术交易机构、孵化机构、检验评价机构、风险投资机构，牵动科技资源市场配置格局，吸引各类科技创新活动、科技创新人才、科技管理人才，孵化新兴科技产业和新兴业态。

四、以推进创新发展空间协同为实施重点

创新发展是当前深化供给侧结构性改革、实现产业转型升级、引领经济发展新常态的第一动力，是我国“十三五”乃至更长时期必须坚持的首要发展理念和发展战略。推动创新发展，既要把握总体规律，也要坚持精准施策，实现空间协同、融合发展。

（一）空间异质性要求区域创新协同发展

从创新的理论与实践来看，无论是创新的孕育、发生、扩散，还是创新价值链的空间构建，创新活动从来都不是均质分布的。展望全球，占国土面积3%的城市群创造了70%的GDP，而创新活动更是高度集中在这些城市群。以美国为例，太平洋沿岸城市群、大西洋沿岸城市群、五大湖沿岸城市群集中了华尔街、硅谷、芝加哥

等美国最核心的创新、金融、制造资源，成为创新型经济的策源地和聚集区，其余的国土事实上被排除在创新价值链之外。

2000 年以来，顺应全球科技创新趋势与国内产业升级需求，我国的创新型经济出现井喷式发展。以科技服务业为例，2007 ~ 2011 年年均增速达到 18.6%，已成为国民经济中重要的新兴产业。据普华永道思路特发布的《2015 年全球创新 1000 强》报告显示，国内公司和跨国公司在华设立研发中心的研发投入增长明显，2015 年中国已经成为全球第二大研发投资目标国。这些创新的增长主要集中在环渤海、长三角、珠三角以及长江经济带等经济发达和科技资源丰富的地区。这不仅与科技资源配置等"先天"因素有关，更与经济发展阶段有关。从时序来看，经济发展阶段历经要素驱动阶段、投资驱动阶段、创新驱动阶段和财富驱动阶段，不同阶段对科技创新的需求程度不一样，实现形式也不一样；从空间来看，经济发展到一定阶段才会出现制造集聚向创新集聚升级，形成创新集群。

创新的空间异质性，意味着空间自组织下的创新体系重构。依据创新等级的高低和创新能力的大小，城市可以分为创新枢纽城市、专业化创新中心城市、创新外围城市。由知识创新、科研创新、产品创新构成的创新价值链从创新枢纽城市向创新外围城市延伸，城市创新的竞争就是依从创新价值链对创新等级地位的竞争。一旦知识和技术在创新枢纽城市推陈出新，处于创新价值链末端的创新外围城市因技术锁定效应而面临产能过剩和产业结构调整。而当前供给侧改革的难点正是这些城市的传统产业。因此，协同推进创新枢纽城市的技术扩散与创新外围城市的产业转型升级，十分必要。

（二）按照创新等级实施差异化创新策略

1. 创新枢纽城市

主要是北京、上海、深圳等城市，由这些城市辐射开来，便形成环渤海的北京—天津、长三角的上海—苏州—杭州—南京、珠三角的深圳—广州—香港等创新圈层。创新枢纽城市是我国参与国际创新价值链竞争，培育全球性创新枢纽城市的战略布局。2015 年北京、上海、深圳的第三产业增加值占 GDP 比重分别为 79.8%、67.8%、58.8%，经济的主体形态已升级为服务型经济。创新要素、科技企业、创新创业活动都呈现出向北京、上海、深圳等创新枢纽城市流动、集聚的趋势。这些城市创新发展的重点是集成创新，包括：科技资源存量与增量的整合，研究开发、技术转移、检验检测认证、创业孵化、知识产权、科技咨询、科技金融、科学技术普及的创新链全链条整合，不同领域、模块的创新的体系整合。如深圳国家自主创新示范区南山片区，利用要素完备、产业配套的优势，依托具有综合服务功能的深圳大学南山工业技术研究院，完善线上服务平台，整合知名创新创业平台机构，打造生物医药、智能电网、集成电路等创新集群。

2. 专业化创新中心城市

包括天津、武汉、杭州、成都、西安、重庆等二线城市。在这些城市，著名高校、科研院所等科技资源高度集中，且按产业基础专业化布局，既要求以科技创新促进经济转型与产业升级，又面临创新枢纽城市对科技资源和科技活动的激烈竞争。这类城市已建立起了具有特色优势的产业集群，初步实现以创新提升产业竞争力，亟需通过重大共性技术攻关，形成以共性技术为核心、专用技术为延伸的技术链和产业链，打造更完备、更立体的产业集群。其创新发展的重点是“专业化”，即依托特色优势产业，围绕共性技术和关键环节，发展科技创新与科技服务，形成专业化创新集群。如近年来，重庆利用地处渝新欧铁路和长江黄金水道交汇点的优势，建成全球重要的笔记本电脑生产基地，形成制造业集群与生产性服务业集群。为引入液晶面板生产线等重大高科技项目，重庆实施“大推进”战略，利用战略性科技金融，以股权投资吸引高科技企业的技术和产业投资，从而进一步提升 IT 产业集群，实现经济新常态下的高速增长。

3. 创新外围城市

其余三四线城市属于创新外围城市。它们是我国创新发展的主战场，关系到我国能否由全球创新价值链的重要节点构建起我国自主的国家创新价值链。总体来看，这类城市正处于制造业为主体的工业化中期阶段，一方面由于传统产能过剩、经济增速放缓、增长动力不足，亟需通过固定资产更新、技术更新和产业替代，来提高效率效益和竞争能力；另一方面，又往往面临科技资源不多、可用资金不足、市场需求不大、创新能力不强等挑战。其创新发展的重点是主动接受创新枢纽城市和专业化创新中心城市的创新溢出，以开放合作，实现“技术更新和产业替代”。一个可供选择的办法，就是引入知名高校、科研机构、创新组织，共建新型研发机构，从而培育起新兴产业。如河南省洛阳市先后引进了中科院计算技术研究所、自动化研究所，分别成立了洛阳中科信息产业研究院、中科院自动化研究所（洛阳）机器人与智能装备创新研究院等新型研发机构，将机器人技术与传统重装工业嫁接，打造智能装备产业，形成新的经济增长点。

（三）提升区域创新协同发展的基础能力

1. 深入实施“互联网+”战略

按照创新发展的总体趋势和服务方向，围绕“互联网+”，综合推进四类创新型经济：一是因应消费升级，发展电子商务等“互联网+”产业；二是因应制造升级，发展智慧型先进制造业；三是加快制造业服务化与生产性服务业的融合，实现“制造+金融+设计+物流+……”的价值链延伸；四是加强创新本身的基础产业建设，如下一代信息技术、智能技术、新能源技术等。

2. 积极发展战略性科技金融

创新是一项高投入、高风险、高回报的活动，创新型经济的快速发展与资本密集投入密不可分。在创新生态系统中，科技型龙头企业是创新活动的组织者，共性技术是创新活动中的“公共品”，需要以政府力量来促进科技型龙头企业的成长和共性技术的开发。因此，有必要按照服务对象的不同，在天使投资、风险补偿、创业投资、产业投资等相互衔接的科技金融服务体系外，发展战略性科技金融。

3. 大力培育新型研发机构

新型研发机构是创新的核心。20 世纪末美国 IT 革命的重要原因之一就是研发机构的市场化转型。20 世纪 90 年代初，在政府主导的研发机构之外，美国开始出现按市场化机制运行的高科技孵化器，并逐渐滋生出新的商业模式和产业形态，从而形成“大众创新、万众创业”的生动局面。要探索科研机构的“一院两制”，鼓励高校、科研机构与地方共建研究院、产业基地，推进企业研发机构法人化，促进新型研发机构的创新外溢和服务外溢。

第二节　以创新驱动发展战略提升自组织发展能力的思路和重点

经济的自组织发展从以价格为中心的自我调节模式转换到以创新为中心的自我增强模式，是一条技术进步推动下的经济自我增强模式的实现路径。以创新驱动战略提升地方经济自组织发展能力，其关键在于地方政府对创新驱动战略的高度重视，依据区情选择相匹配的战略重点，以创新激发生产要素的最大生产潜力，从而推动区域经济系统内生发展。

一、西部地区的创新能力分析

据本书不完全统计，目前在全国层面对创新能力进行系统、全面、连续研究并且每年公开发布的权威报告有两个，一是《中国区域创新能力评价报告》，由科技部资助，中国科技发展战略研究小组和中国科学院大学中国创新创业管理研究中心承担，从 1999 年开始，至今已经连续开展 15 年[①]；二是《中国科技发展研究报告》，由中国科技发展战略研究小组发布，从 2005 ~ 2011 年发布了 6 期。另外，还有一个权威报告《中国可持续发展报告》，由中国科

① 《2014 中国区域创新能力报告出炉》，载于《科技日报》，2014 年 12 月 26 日。

学院可持续发展战略研究组每年发布，其中对区域创新能力也有测算。

根据2010～2015年发布的《中国区域创新能力评价报告》来看，区域创新综合能力排名前7位的分别为江苏、广东、北京、上海、浙江、山东、天津①，每年几乎没有变动；每年排名最末5位的均为西部省（区、市）。总体来看，西部地区整体的创新能力偏弱，其创新能力分值远远低于平均水平，且呈现周期性波动，重庆是西部地区领头羊，自2013年以来连续排名第8②。

毫无疑问，西部地区整体的创新能力低于东部地区甚至中部地区，为了更直观地了解西部区域内创新能力的差异，本书从创新经费、创新主体、创新效率3个方面入手，来对比分析西部各省（区、市）的创新能力。由于西部地区的创新水平和能力长期落后，选择总量指标进行比较没有必要，因为其比较结果显而易见，应该选择相对指标进行效率比较，才能够看出省区之间能力的增减情况。

（一）创新经费

技术创新需要庞大的研发资金作为保障，才能得以开展和深入，因此创新活动经费是衡量一个国家和地区创新能力的首要指标。按照惯例，一般把R&D经费看作是政府投入到创新领域的科研经费。本书选择规模以上企业R&D经费占GDP比重，以2010～2014年5年的统计数据为面板数据，来考察西部各省（区、市）创新经费投

---

① 张盖伦：《〈中国区域创新能力评价报告2015〉发布》，载于《科技日报》，2015年12月7日。

② 陈磊：《2014中国区域创新能力报告出炉》，载于《科技日报》，2014年12月26日。

入情况，以期比较各省（区、市）对创新活动的投入能力和重视程度（见表4－1、表4－2）。

表4－1　　2010～2014年西部12省（区、市）的地区生产总值（GDP）

单位：亿元

地区	2010年	2011年	2012年	2013年	2014年
内蒙古	11672.00	14359.88	15880.58	16916.50	17770.19
广西	9569.85	11720.87	13035.10	14449.90	15672.89
重庆	7925.58	10011.37	11409.60	12783.26	14262.60
四川	17185.48	21026.68	23872.80	26392.07	28536.66
贵州	4602.16	5701.84	6852.20	8086.86	9266.39
云南	7224.18	8893.12	10309.47	11832.31	12814.59
西藏	507.46	605.83	701.03	815.67	920.83
陕西	10123.48	12512.30	14453.68	16205.45	17689.94
甘肃	4120.75	5020.37	5650.20	6330.69	6836.82
青海	1350.43	1670.44	1893.54	2122.06	2303.32
宁夏	1689.65	2102.21	2341.29	2577.57	2752.10
新疆	5437.37	6610.05	7505.31	8443.84	9273.46

资料来源：国家统计局发布的《中国统计年鉴》(2010～2014年)。

表4－2　　2010～2014年西部12省（区、市）规模以上企业R&D经费

单位：万元

地区	2010年	2011年	2012年	2013年	2014年
内蒙古	474299	701635	858477	1004406	1080287
广西	358915	586791	702225	817063	848808
重庆	672418	943975	1171045	1388199	1664720

续表

地区	2010 年	2011 年	2012 年	2013 年	2014 年
四川	809767	1044666	1422310	1688902	1960112
贵州	217791	275217	315079	342541	410132
云南	180687	299279	384430	454278	516572
西藏	1162	1637	5312	4617	2943
陕西	710176	966768	1192770	1401480	1606946
甘肃	208652	257916	337785	400743	464410
青海	60210	81965	84197	89540	92528
宁夏	73020	118879	143696	167494	186518
新疆	167254	223352	273425	314257	357812

资料来源：国家统计局发布的《中国统计年鉴》（2010～2014 年）。

根据表 4－1、表 4－2 计算各个省（区、市）规模以上企业 R&D 经费占 GDP 比重，由于比重数值较小，用千分位表示，得到表 4－3，如下：

表 4－3　　2010～2014 年西部 12 省（区、市）规模以上企业 R&D 经费占 GDP 比重

单位：‰

地区	2010 年	2011 年	2012 年	2013 年	2014 年
内蒙古	4.06	4.89	5.41	5.94	6.08
广西	3.75	5.01	5.39	5.65	5.42
重庆	8.48	9.43	10.26	10.86	11.67
四川	4.71	4.97	5.96	6.40	6.87
贵州	4.73	4.83	4.60	4.24	4.43
云南	2.50	3.37	3.73	3.84	4.03

续表

地区	2010 年	2011 年	2012 年	2013 年	2014 年
西藏	0.23	0.27	0.76	0.57	0.32
陕西	7.02	7.73	8.25	8.65	9.08
甘肃	5.06	5.14	5.98	6.33	6.79
青海	4.46	4.91	4.45	4.22	4.02
宁夏	4.32	5.65	6.14	6.50	6.78
新疆	3.08	3.38	3.64	3.72	3.86

表 4-2 表示的是 12 个省（区、市）R&D 经费的总量，表 4-3 表示的是 R&D 经费占 GDP 的比重，即单位 GDP 所投入到创新领域的经费。我们根据表 4-2 和表 4-3 分别绘制代表总量和比重的折线图 4-2 和图 4-3，可以更清楚地掌握 12 个省（区、市）创新经费投入的变动趋势。

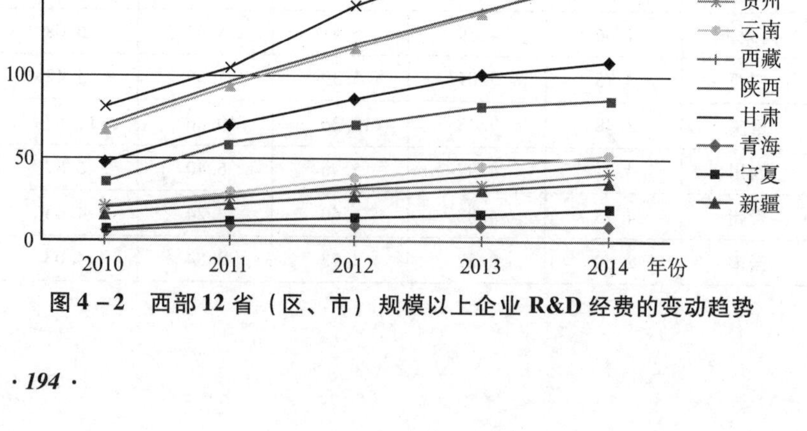

图 4-2 西部 12 省（区、市）规模以上企业 R&D 经费的变动趋势

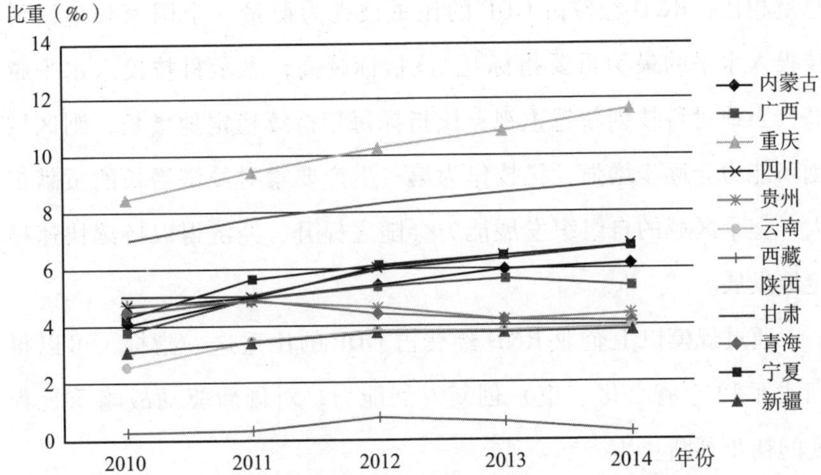

图4-3　西部12省（区、市）规模以上企业R&D经费占GDP比重的变动趋势

图4-2表示12个省（区、市）规模以上企业R&D经费的总量比较及其变动趋势，很明显，2010~2014年R&D经费投入最多的前6位分别是四川、重庆、陕西、内蒙古、广西和云南，排名靠后的后6位分别是甘肃、贵州、新疆、宁夏、青海和西藏。然而，R&D经费的总量多少并不能代表区域创新能力的强弱，它受经济总量的影响很大，正常情况下经济发展水平高的省（区、市）投入R&D经费自然会比经济发展水平低的省（区、市）多，前6位都是西部相对来说经济发展较好的省（区、市）。

图4-3表示12个省（区、市）R&D经费占GDP的比重，图示的结果和图4-2有很大差别。从趋势上不难看出，占比明显分为3个梯次，第一梯次是比重最高的重庆和紧接其后的陕西；而R&D经费总量最多的四川，和宁夏、甘肃、内蒙古、广西、贵州、青海、云南、新疆一起形成第二梯次；第三梯次为西藏。与R&D经费

总量相比，R&D 经费占 GDP 的比重被视为衡量一个国家和地区科技投入水平的最为重要指标①。该指标越高，表示科技投入水平越高，当地对科技创新越重视；该指标每年持续稳定地增长，则区域创新能力会逐步增强，科技作为第一生产要素对经济增长的贡献扩大，整个区域的自组织发展能力会随之提升，经济得以持续快速稳定地发展。

通过规模以上企业 R&D 经费占 GDP 的比重这一指标，可以得到西部 12 个省（区、市）创新发展能力、对创新驱动战略重视程度的初步判断：

（1）第一梯次：重庆创新能力最强，陕西其次，这说明重庆、陕西两地多年来高度重视创新驱动战略取得了成效。重庆提出"重视创新就是重视重庆未来"，于 2015 年发布《重庆市深化体制机制改革加快实施创新驱动发展战略行动计划（2015～2020 年）》，2016 年制定《重庆市深入实施创新驱动发展战略工作方案》，从创新突破、创业培育、基地建设、人才改革、投融资等方面确定了 38 个重点任务。陕西更是把创新作为摆脱西部欠发达省份的抓手，坚决贯彻科技是第一生产力，于 2013 年被国家批准为创新型试点省份，成为继江苏、安徽后的全国第三家、西部第一家创新型试点省份。

（2）第二梯次：四川、宁夏、甘肃、内蒙古、广西、贵州、青海、云南、新疆 9 个省区。第二梯次情况较复杂，四川、宁夏、甘肃、内蒙古排位靠前且呈整体向上趋势，广西、贵州、青海居中段

① 《中国科研经费占 GDP 比重首度突破 2%》，载于《中国新闻网》http：//www.chinanews.com/cj/2014/10－23/6711339.shtml，2014 年 10 月 23 日。

但有整体下滑趋势，云南、新疆虽然比重较低但也在逐年缓慢地增加。作为西部的经济强省，整个西部经济的“领头羊”，四川的创新能力差强人意，具有较大的经济总量但投入创新领域的经费比例偏低，让人意外。创新是经济发展的动力，动力如果不济，区域经济竞争力有逐渐减弱的风险。

（3）第三梯次：西藏。西藏大部分区域是我国的限制开发区和禁止开发区，不是以开发而是以维护生态环境为主要任务，经济发展水平落后，科技产业尚处于起步阶段，创新能力自然无法与其他省区相比。

在 2010 ~ 2014 年的《中国区域创新能力评价报告》中，区域创新能力排名的变动很好地证明以上判断。2010 ~ 2012 年，四川和重庆的区域创新能力排名分别为第 9 和第 10，四川比重庆略强。2013 ~ 2015 年，重庆连续排名第 8，仅次于“铁 7 强”的天津；而四川于 2014 年开始掉出前 10 位。2015 年创新产出指数排名中，西部的陕西和重庆居然跻身前 5 位，前 5 位分别是北京、陕西、上海、天津、重庆，虽然是单一指标，也能看出陕西和重庆的创新实力不容小觑。内蒙古、甘肃的排名也大幅上升，内蒙古从 2014 年的第 27 名跃升至 2015 年的第 21 名，是同年升幅最大的省区，西部创新能力的第二梯队潜力也很大。

（二）创新主体

创新主体是创新实践活动的承担者，是创新驱动发展战略的具体实施者，是提高创新能力的充分必要条件。人才匮乏是制约西部大发展的“瓶颈”，其中创新性人才的极度缺乏更是西部多年来一道无法破解的难题。创新主体包括个人、企业，也包括科研小组、重点实验室等组织。本书选择创新企业作为分析对象，用“规模以上企业中有产品或工艺创新活动的企业占全部企业的比重”这个指标，来考察西部各省（区、市）在创新性人才缺乏的条件下创新性企业的发展情况，比较省（区、市）之间对培育创新主体的重视程度（见表4-4）。国家统计局于2015年第一次将这一指标纳入《统计年鉴》，可见在当前经济形势下这一指标对衡量地区创新能力的重要性。

表4-4　西部12省（区、市）规模以上企业中有产品或工艺创新活动的企业占全部企业的比重

单位：%

	内蒙古	广西	重庆	四川	贵州	云南	西藏	陕西	甘肃	青海	宁夏	新疆
2014年	16.3	26.2	38.3	32.1	28.2	33.8	28.9	37	37.3	28.0	24.9	32.8

资料来源：国家统计局发布的《统计年鉴2015》。

图4-4显示出12个省（区、市）创新企业最新的发展态势，第一梯队是最靠前的3个省市，分别是重庆、陕西和甘肃，100家企业中有近40家是从事创新性生产活动的企业；第二梯队分别是云南、新疆和四川，比重在30~35；第三梯队分别是西藏、贵州、青海、广西和宁夏，比重在25~30；第四梯队是内蒙古，比重在15~20。图4-5展示了2014年西部12省（区、市）的GDP。

通过图4-4、图4-5的对比可以得出结论：即西部各省（区、市）创新企业的发展情况和GDP发展情况不一致，GDP高的省（区、市）不一定创新企业发展就好，GDP低的省份反而更加注重对创新主体的培育，有奋起直追的趋势，一旦创新企业的研发生产效率提高，对当地经济增长的贡献作用就会增大，发挥后发优势实现赶超发展的潜力巨大。

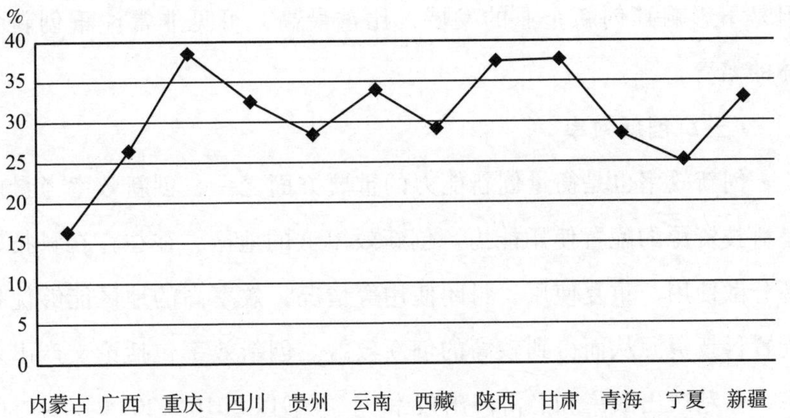

图 4-4　2014 年西部 12 省（区、市）规模以上企业中有产品或工艺创新活动的企业占全部企业的比重

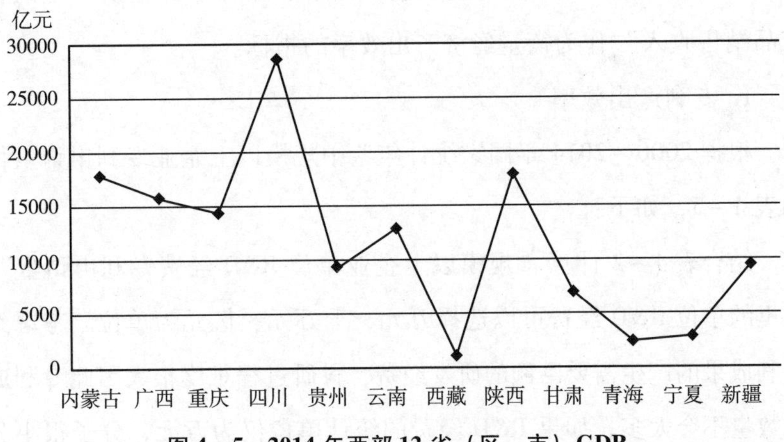

图 4-5　2014 年西部 12 省（区、市）GDP

通过对比可以直观地发现，2014 年四川 GDP 最高，但创新企业发展规模低于重庆、陕西、甘肃、云南和新疆，除了重庆和陕西以外，甘肃、云南和新疆3个省区的经济发展总量远远不及四川，却在创新主体培育上赶超四川。重庆2014年GDP意外下滑，但是不影响其创新企业的发展，比重最高，可见非常注重创新主体的培育。

（三）创新效率

创新效率也是衡量创新能力的重要方面之一，创新效率考量的是科技资源的配置使用能力。创新效率低的地区，往往存在科技资源分散使用、重复使用、封闭使用等情况，效率高的地区能够优化配置科技资源从而得到较高的创新效益。创新效率包括论文产出效率、专利产出效率和经济产出效率①。本书以2010～2014年为时间范围，选择“规模以上企业单位R&D经费专利申请量”作为衡量专利产出效率的指标，选择“规模以上企业单位R&D经费支出的技术市场成交额”“规模以上企业单位新产品开发经费所产生的新产品销售收入”作为衡量经济产出效率的指标。

1. 专利产出效率

根据2000～2014年国家统计年鉴中规模以上企业专利申请量得到表4－5，如下：

结合表4－2计算“规模以上企业单位R&D经费专利申请量”，这里的单位R&D经费可以选择万元、千万元、亿元为单位。考虑到专利成果的产生需要巨额的研发经费，科研过程难度很大因此专利成果数量不会太多，如果R&D经费的统计单位仅为万元，分子很小分

① 中国科学院可持续发展战略研究组：《2015中国可持续发展报告》，科学出版社2015年版，第205页。

母过大，那么这一比值将非常小，例如，重庆市2010年规模以上企业单位R&D经费专利申请量为0.007357，这样小的数值不便于比较，因此本书选择用千万元作为R&D经费的统计单位，即每千万元R&D经费所产生的专利申请量，得到表4-6，如下：

表4-5　　西部12省（区、市）规模以上企业专利申请量　　单位：件

地区	2010年	2011年	2012年	2013年	2014年
内蒙古	720	1250	1650	2062	2269
广西	1158	2069	3025	4468	4840
重庆	4947	8121	9784	12221	12908
四川	4576	5919	13443	15713	19661
贵州	1302	2034	2794	3446	4051
云南	757	1728	2404	2793	3137
西藏	1	20	18	9	18
陕西	2506	4393	5467	7258	7354
甘肃	852	1053	1713	2440	2558
青海	103	168	215	334	384
宁夏	306	601	914	1132	1160
新疆	547	1426	1776	2256	2458

资料来源：国家统计局发布的《中国统计年鉴》（2010～2014年）。

表4-6　　西部12省（区、市）规模以上企业单位R&D经费专利申请量　　单位：件/千万元

地区	2010年	2011年	2012年	2013年	2014年
内蒙古	1.51	1.78	1.92	2.05	2.10
广西	3.2	3.53	4.31	5.47	5.70

续表

地区	2010 年	2011 年	2012 年	2013 年	2014 年
重庆	7.36	8.60	8.35	8.80	7.75
四川	5.65	5.67	9.45	9.30	10.03
贵州	5.98	7.39	8.87	10.06	9.88
云南	4.19	5.77	6.25	6.15	6.07
西藏	0.86	12.22	3.39	1.95	6.12
陕西	3.53	4.54	4.58	5.18	4.58
甘肃	4.08	4.08	5.07	6.09	5.51
青海	1.71	2.05	2.55	3.73	4.15
宁夏	4.19	5.06	6.36	6.76	6.22
新疆	3.27	6.38	6.50	7.18	6.87

图 4-6 显示了西部各省（区、市）每千万元 R&D 经费所产生的专利申请量的变动趋势。图中变动趋势最大的西藏，可谓大起大落，2011 年每千万元 R&D 经费产生 12.22 件专利申请量，是西部地区专利产出效率最高的省区；随后产出效率迅速下滑，至 2013 年跌到 1.95 西部最低水平；2014 年又开始提高。专利产出效率比较好的两个省份是四川和贵州，不但段位高而且呈上扬的态势；重庆虽然产出效率也高，但有下降的趋势。新疆、宁夏、云南、甘肃、广西、陕西的专利产出效率处于西部中等水平，除广西以外均有下降趋势。青海和内蒙古的专利产出效率处于西部末端，但 2012 年青海的专利产出效率开始提高。

2. 经济产出效率

本书选择规模以上企业单位 R&D 经费支出的技术市场成交额、规模以上企业单位新产品开发经费所产生的新产品销售收入两个指标来衡量经济产出效率。

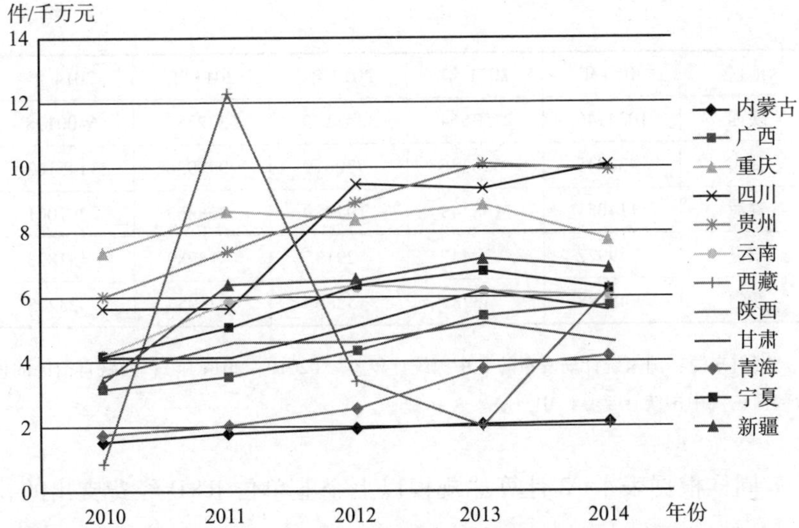

图 4-6　西部 12 省（区、市）规模以上企业单位 R&D 经费专利申请量

根据 2000~2014 年《国家统计年鉴》中规模以上企业技术市场成交额得到表 4-7，如下：

表 4-7　西部 12 省（区、市）规模以上企业技术市场成交额

单位：万元

地区	2010 年	2011 年	2012 年	2013 年	2014 年
内蒙古	271464	226719	1060962	387390	139393
广西	41362	56377	25238	73449	115833
重庆	794410	681453	540188	902760	1562007
四川	547393	678330	1112438	1485752	1990506
贵州	77191	136483	96743	183972	200392
云南	108827	117144	454779	420003	479233
西藏	—	—	—	—	—

续表

地区	2010 年	2011 年	2012 年	2013 年	2014 年
陕西	1024140	2153664	3348153	5332787	6400198
甘肃	430845	526386	730619	999936	1145162
青海	114051	168443	192989	268863	291001
宁夏	9972	39447	29135	14289	31823
新疆	45188	43783	53853	29953	28223

资料来源：国家统计局发布的《中国统计年鉴》（2010～2014 年）；西藏自治区的该项数据在《中国统计年鉴》中空缺。

同样根据表 4－2 计算“规模以上企业单位 R&D 经费支出的技术市场成交额”，如表 4－8 所示。

表 4－8　　西部 12 省（区、市）规模以上企业单位 R&D 经费支出的技术市场成交额

单位：万元

地区	2010 年	2011 年	2012 年	2013 年	2014 年
内蒙古	0. 572348	0. 32313	1. 235865	22. 90013	7. 844204
广西	0. 115242	0. 096077	0. 03594	5. 083011	7. 39066
重庆	1. 181423	0. 721897	0. 461287	70. 62048	109. 5177
四川	0. 675988	0. 649327	0. 782135	56. 29539	69. 75259
贵州	0. 354427	0. 49591	0. 307044	22. 7495	21. 62568
云南	0. 602296	0. 391421	1. 182996	35. 49628	37. 39745
西藏	—	—	—	—	—
陕西	1. 442093	2. 227695	2. 80704	329. 0737	361. 7987
甘肃	2. 064898	2. 04092	2. 162971	157. 9506	167. 4992
青海	1. 89422	2. 05506	2. 292113	126. 6991	126. 3398
宁夏	0. 136565	0. 331825	0. 202754	5. 543593	11. 56317
新疆	0. 270176	0. 196027	0. 196957	3. 54732	3. 043416

根据图 4-7 显示，单位 R&D 经费支出得到的技术市场交易额，陕西省最高，在 2013 年、2014 年两年爆发式增长，高达 329 和 362，即陕西省每支出 1 个单位的 R&D 经费可以得到 329、362 倍的技术市场成交额。据有关报道，陕西省省会城市西安，2010 年以来，技术交易额连续 5 年实现百亿元增长，从 2010 年的 98 亿元①，到 2015 年的 657 亿元，交易额连续 5 年居于全国副省级城市首位②。图 4-7 中居于中间段的分别为甘肃、青海、重庆、四川、云南等省（区、市），广西和新疆比值最低。

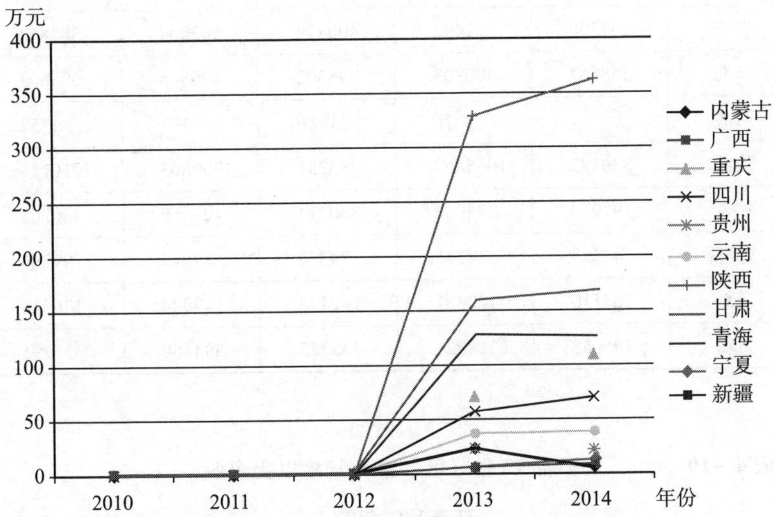

图 4-7　西部 12 省（区、市）规模以上企业单位 R&D 经费支出的技术市场成交额

---

① 董碧娟：《技术市场交易额千倍增长的背后》，经济日报 2014 年 12 月 24 日，第 5 版。

② 张毅：《推动科研成果走出国墙》，《经济日报》2016 年 2 月 29 日，第 14 版。

根据2010~2014年《统计年鉴》考察另一个经济产出效率的指标，见表4-9、表4-10、表4-11。

表4-9　西部12省（区、市）规模以上企业新产品开发经费支出

单位：万元

地区	2010年	2011年	2012年	2013年	2014年
内蒙古	354075	534739	529251	619217	688680
广西	387162	740604	771269	849395	850464
重庆	840244	1073308	1266058	1438649	1863801
四川	1044185	1485843	1782262	2135771	2347013
贵州	264300	362492	400699	403004	383864
云南	258867	390303	396302	496845	605668
西藏	—	2776	1986	1177	1752
陕西	836192	1065457	1285251	1799803	1710125
甘肃	197910	273986	350314	403460	480268
青海	47493	34745	74374	87949	99766
宁夏	103510	120351	142473	149924	176515
新疆	195668	318627	335323	394450	321291

表4-10　西部12省（区、市）规模以上企业新产品销售收入

单位：万元

地区	2010年	2011年	2012年	2013年	2014年
内蒙古	5261434	5188902	5814946	6285040	5573230
广西	9515760	12260904	12369278	15866038	13484220
重庆	24780319	30280328	24299198	26961130	36107819
四川	14357774	21003174	20959773	24758761	27112961
贵州	3106451	4442117	3832764	3683200	4083736

续表

地区	2010 年	2011 年	2012 年	2013 年	2014 年
云南	2328834	3808209	4468160	4433810	5182591
西藏	—	17728	21004	23454	—
陕西	8682771	9657071	8715851	10154791	11267648
甘肃	3442373	5026884	5954233	6185275	7193529
青海	170695	86513	103773	125430	85659
宁夏	1012001	1385912	1856287	2796416	1912824
新疆	2559793	2561510	2760241	3533318	4837892

表 4－11 西部 12 省（区、市）规模以上企业单位新产品开发费产生的新产品销售收入

单位：万元

地区	2010 年	2011 年	2012 年	2013 年	2014 年
内蒙古	14. 85966	9. 703616	10. 98712	10. 14998	8. 092626
广西	24. 57824	16. 55528	16. 03757	18. 67922	15. 85513
重庆	29. 49181	28. 21215	19. 1928	18. 74059	19. 37322
四川	13. 75022	14. 13553	11. 76021	11. 59242	11. 55211
贵州	11. 7535	12. 25439	9. 565195	9. 139363	10. 6385
云南	8. 996257	9. 757058	11. 27463	8. 92393	8. 556818
西藏	—	6. 386167	10. 57603	19. 92693	—
陕西	10. 3837	9. 063783	6. 781439	5. 642168	6. 588786
甘肃	17. 39363	18. 34723	16. 99685	15. 33058	14. 97816
青海	3. 594109	2. 489941	1. 395286	1. 426167	0. 858599
宁夏	9. 776843	11. 51558	13. 02904	18. 65222	10. 83661
新疆	13. 08233	8. 039212	8. 231589	8. 957581	15. 05766

在图 4－8 中，企业每花费 1 个单位费用所带来的新产品销售收

入，排前三位的省（区、市）分别是重庆、广西、甘肃，但是存在整体下滑的趋势；宁夏、西藏、新疆处于中间水平，但整体呈上升趋势，说明这些省份创新效率在不断提高；四川、贵州、陕西、青海、云南等省份也处于中间水平，创新效率有下降的趋势；内蒙古的创新效率最低。

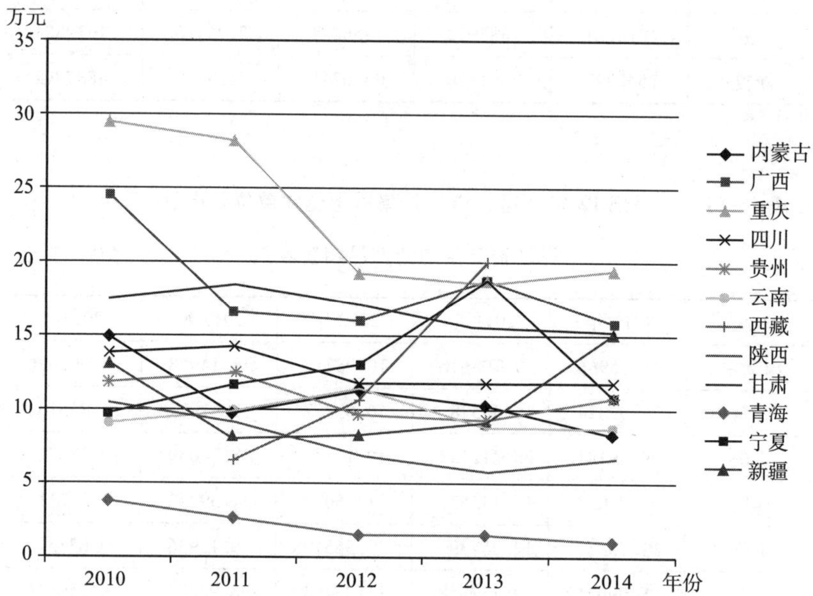

图 4-8　西部 12 省（区、市）规模以上企业单位新产品开发费产生的新产品销售收入

二、西部以创新驱动发展战略提升自组织发展能力的思路构建

结合前面对西部地区创新能力分析，基于当前西部创新能力的现状和国际国内创新领域的最新动向、发展趋势，西部地区推动创

新驱动发展战略，把创新动力转变为区域自组织发展能力，需要从问题导向和目标导向两个方向来构建基本思路。

（一）现状分析

从前面对西部地区创新能力分析来看，西部地区的基础研究有一定实力，各个省（区、市）都认识到创新在地方经济发展中的战略作用，近年来在创新投入、创新主体、创新效率等方面都有较大的提高。

但是，根据科技部发布的年度《区域创新能力评价报告》，在全国区域创新能力的大格局中，西部地区与东部地区的差距不断扩大，西部地区整体仍然偏弱，且呈周期性波动。江苏、广东、北京、上海、浙江、山东、天津构成区域创新能力最强的“铁7位”，每年的排名基本上没有变化。这是中国科技资源最集中的区域，经济发展水平也居全国前列，属于经济科技大省，7省的R&D经费支出占全国总量近7成。[①] 而排名最末5位每年都是西部地区的省（区、市）。从R&D经费占比来看，2010年东中西部R&D经费占GDP比重为1.99%、1.14%、1.07%，2013年比重分别为2.38%、1.32%、1.12%，东中部增长较快，西部增长缓慢，三年仅增加了0.05个百分点。表4-3显示，2010~2014年，除了重庆、陕西以外，西部其他省（区、市）包括四川这样的经济大省，其R&D占比均不足1%，远低于发达地区及全国平均水平。从技术市场成交额来看，全国41.45%的成交额都发生在京津冀地区。从支撑科技创新的重要条件即社会信息化水平来看，以全国平均数为100计，东、中、

① 冯蕾、鲁元珍：《哪个地区最具创新力——从R&D投入看经济动力》，载于《光明日报》，2015年6月18日。

西部因特网普及率之比为197∶45∶32，人均电信业务比为182∶71∶49；电话用户全国占比分别为52%、29.3%、18.7%。全国信息化程度省区排名中前10位没有西部省区，最后4位都在西部①。

除了通过R&D经费及其占比、创新主体、创新效益、创新效率等常规指标比较，可以看出西部地区与东部地区、与全国平均水平的差距以外，在国家新兴创新产业领域，西部地区整体起步水平也落后于东中部地区。例如，最能体现国家“双创”（大众创业、万众创新）战略精神的“互联网+”大数据产业，东西部差距远远超过了GDP差距，在创新产业新的经济领域，区域发展差距将进一步扩大。在《中国“互联网+”指数（2016）》报告中，全国省级排名前6名分别是广东、北京、上海、浙江、江苏和福建，最后6名均位于西部，依次是贵州、新疆、甘肃、宁夏、青海和西藏。其中，广东、北京、上海三个省市的“互联网+”数字GDP占全国超过1/3的份额。② 在《2014年中国网络零售发展白皮书》中，“电商百佳县”省区数量排名前三的分别是浙江省41个、福建省16个、江苏省14个，三个省占了全国71%的份额。作为西部电商营业额最大的省份，四川2013年的经济总量为广东的42%，但2014年四川电商营业额仅为广东的5%左右。据《2014西部电商发展观察报告》显示，在全国网购格局中，顺差区域出现在广东、浙江、上海、北京、福建等地。顺差最大的是广东省，在省外消费1元，同时向省外销售3.4元；而西部地区

---

① 江世银等：《增强西部地区发展能力的长效机制和政策》，中国社会科学出版社2009年版，第318页。

② 周慧：《东西部数字GDP差距更悬殊——中国“互联网+”指数2016报告发布》，载于《21世纪经济报道》，2016年6月17日。

则几乎全是逆差区域，逆差最大的是甘肃，从省外收入 1 元，却有 17 元花到省外[①]。

总体来看，西部地区创新能力提升的空间很大，具有推动地方经济发展的巨大潜力。但西部地区同时也面临创新的基础条件和基础设施较差，创新性人才和企业缺乏，创新成果转化能力、产业化能力较弱，研发资金投入及其使用效率较差等问题。

（二）思路构建

基于当前西部创新能力的现状和国际国内创新领域的最新动向、发展趋势，西部地区推动创新驱动发展战略，把创新动力转变为区域自组织发展能力，需要从两个方向来构建基本思路：一是问题导向，针对区域创新存在的问题制定解决方案，制定更有利于创新驱动发展的政策体系，改善要素条件，逐步提高区域整体创新能力；二是目标导向，把握国际创新领域发展趋势，大力发展国内政府高度重视的、东部经济创新强省已蓬勃开展的新兴创新产业，拓展创新产业新的经济领域，以新型创新产业带动整个地区产业优化升级（见图 4 -9）。

三、西部以创新驱动发展战略提升自组织发展能力的实施重点

根据图 4 -9，西部地区实施创新驱动发展战略的两个基本方向即问题导向和目标导向有不同的实施重点，问题导向思路中的实施重点是加大政府重视力度、积极培育创新主体、大力提高创新效

① 杜妮：《面对购销逆差，西部电商如何突围?》，载于《中国西部》，2015 年第 3 期。

率；目标导向思路中的实施重点是推动生态创新、发展科技服务业、推进空间协同。

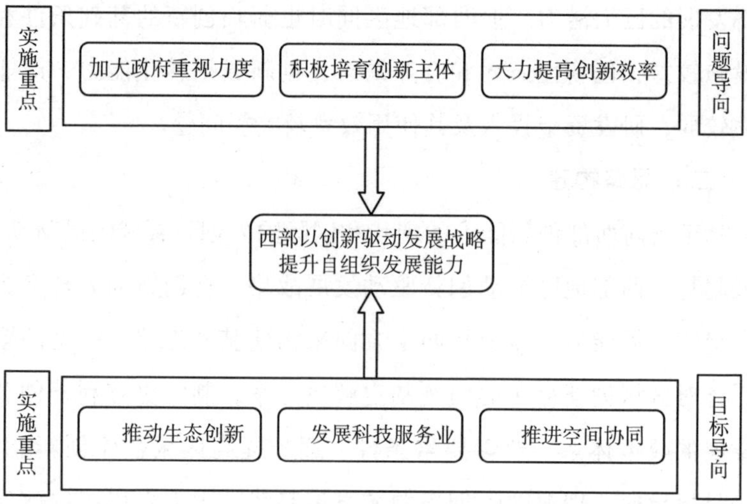

图 4－9　西部以创新驱动发展战略提升自组织发展能力的思路

（一）问题导向思路中的实施重点

与东部地区相比，西部地区在推进创新发展过程中存在很多问题，有些问题是由于历史地理条件等先天原因形成的，还有很多问题是由于思想意识落后、经济活动不够活跃、制度环境不够完善等后天因素所造成。前面对西部地区创新能力的分析，反映出西部12个省（区、市）在不同创新环节的强弱优劣，以下选择政府重视问题、创新主体问题、创新效率问题等为问题导向，分析实施创新驱动发展战略提升自组织发展能力的重点。

1. 加大政府重视力度

地方政府对创新战略的认识程度、重视程度直接影响创新战略对经济发展促进作用的大小。地方政府对创新驱动发展战略的重视程度体现在两个方面：一是创新资金的投入强度，包括R&D 经费支出占 GDP 的比重。二是根据本地区的优势创新资源，选择适合本地区的创新发展路径。一般而言，地方政府对创新驱动发展战略越重视，R&D 经费支出占 GDP 的比重越高，表示政府在有限的经济收入中愿意投入更多的资金支持创新发展；地方政府越重视，就越清楚创新对地区经济发展的重要性，不会随意地制定创新战略实施方案，而是要充分考察东部发展经验再结合本地创新优势来确定创新发展路径，选择了正确的适宜的路径，创新对经济增长的贡献作用就凸显出来。目前的经济创新强省都是当地政府始终高度重视创新驱动发展战略的结果。

在全国区域创新大格局中，西部重庆市、陕西省是最突出最让人关注的两个地区，其取得创新成效与当地政府高度重视创新驱动发展战略休戚相关。

重庆市充分利用西部唯一直辖市在资源配置上的行政优势，持续加大对科技创新的投入力度，并不断根据实践中存在的问题调整创新方案。从 1999 年开始，科技部就组织专家对全国区域创新能力进行排名，截至 2013 年，从来没有中西部地区的省份进入前 10 名，2013 年重庆市跻身第 8 名，2013 年至今位次稳固不变，被誉为西部创新“领头羊”。但是重庆市政府并不满足于此，不断根据发展中出现的问题及时修补创新方案。2016 年全国各城市拥有中小创新创业企业数量排名，重庆虽然 GDP 增速全国领先，但新三板企业挂牌数量和质量却不及成都、西安，成都 147 家排第 9，西安 90 家，重庆只有 81 家，排名位于全国第 20 名。[①] 中小创新创业企业是“双创”时期地方新经济竞争力提升的重要指标之一，重庆市政府认识到问题的紧迫性，于 2016 年年初发布了《重庆市深入实施创新驱动发展战略工作方案》，并在“十三五”规划中确立了“2020 年初步建成西部创新中心”的目标。

陕西省抓住科教资源富集的优势，目光长远，把陕西定位在全国而不仅仅是西部的创新大格局中，加大投入力度，着力科技成果转化，把创新成果与资本市场、科技优势与经济发展对接融合，取得了示范性的成效。2013 年，陕西被科技部批准为国家战略暨创新型试点，成为继江苏、安徽以后全国第三家、西部第一家创新型试点省份。2014 年，陕西省综合科技进步水平居全国第 7 位，科技活动产出指数排全国第 5 位，其中万人科技论文数、获国家科技成果奖系数、输出技术成交额均排全国第 4 位，万人研发人员数排全国第 6 位。科技对经济增长的贡献率从 2006 年的 45.03% 提高到 2014 年的 55.81%，对经济社会发展的支撑引领作用不断增强。[②] 2015 年，西安市技术成果交易额达 657 亿元，自 2010 年以来连续 5 年实现百亿元增长，位列全国城市第三位、副省级城市第一位。本地转化从 2010 年的 8 亿元、占比 8% 左右，到 2014 年突破百亿元，占比 31.16%。目前，陕西已成为成为全国创新网络的重要节点和“一带一路”区域创新中心[③]，

① 周慧：《新三板区域创新版图：北京领衔　东西部分化明显》，载于《21 世纪经济报道》，2016 年 7 月 15 日。

② 刘锦：《陕西跻身三大试点省》，载于《陕西日报》2015 年 10 月 12 日，第 9 版。

③ 张梅：《2020 年我省将率先建成创新型省份》，载于《陕西科技报》，2015 年 11 月 27 日。

在国家重点战略中占有突出位置。

2. 积极培育创新主体

创新主体包括创新型人才和创新型企业，这是创新立国、创新立省的基础，也是国家和地区核心竞争力的重要标志。从前面“2014 年规模以上企业中有产品或工艺创新活动的企业占全部企业的比重”的分析中可以看出，西部排在前 5 位的分别是重庆、甘肃、陕西、云南、新疆，西部的经济强省四川这一指标差强人意，排在新疆之后位列第 6。甘肃、云南、新疆等经济欠发达的地区在创新领域取得这样的进步非常难得，尽管其经济总量在西部地区中等偏后，但并不妨碍这些省区加大创新的力度，对创新性企业的重点培育，足以看出西部经济欠发达地区立足创新、发挥后发优势、实现赶超发展的决心和行动。

强化创新性人才的主体地位，西部地区应该以各类科研平台、大型项目、高新园区等为载体，制定诉求明确、形式多样、内容务实的人才配套政策，着力培育本地人才和引进外地人才。充分依靠本地区的高等院校、科研院所等优势资源，通过重大科技项目申报、合作、咨询等方式，将人才培养和产业科技需求结合起来，理论探索和实践创新结合起来，以参与科技项目来激发本地人才的创新潜力。依托重大科研攻关项目和工程、重点学科、重点实验室、工程技术研究中心、高新产业园区、攀西战略资源创新开发试验区等载体，建设一批高层次创新型科技人才培养基地①，用以培育本

① 中国生产力学会课题组、郑新立、高铁生、翟立功、陈胜昌、常义：《“十三五”时期实施创新驱动发展战略和建设创新型国家的战略目标和战略重点》，载于《经济研究参考》，2015 年第 3 期。

地创新人才和引进外地创新人才，做好其配偶就业、子女教育等方面的配套工作。设立人才发展专项基金，以项目形式资助创新型人才开展不同领域的科研创新工作①，吸引海内外优秀科技人才来西部创业，同时吸引本地籍优秀人才回家乡创业。

强化创新性企业的主体地位，建立以企业为主体的产学研合作创新体系，做大做强一批有影响的创新型企业和高新技术企业。创新性企业是创新驱动发展战略的核心力量，是创新要素优化配置、科技成果向现实生产力转化、自有高科品牌创建、知识产权申请的具体承担者。韩国企业研发人数占全国研发人员总数的60%以上，每千名企业职工中拥有研究人员87人，每千名企业研发人员获得本国专利数居世界第2位。② 创新型国家知识产权80%以上产生于企业。西部应当把企业作为创新战略的中坚力量，一要搭建高校、科研院所创新型人才向企业流动的桥梁，鼓励企业按照科技需求与高校、科研院所联合培养创新性人才，对企业创新性人力资本的积累给予最大的政策支持；二要把企业的重大科技需求列入政府科技计划项目，打造由骨干企业主导、高校、科研院所、高新技术园区等共同参与实施的技术研发与创新联盟，建立以骨干企业为主导的产学研合作创新体系和创新成果转化体系；三要加大地方财政对基础研究、重大攻关的投入，鼓励企业开拓多元化的市场融资渠道，探索合资、入股、风险投资、创业投资等资本运作模式，缩短研发周期③。

---

① 李怡：《区域创新系统演化机理与西部区域创新系统培育》，西南财经大学博士学位论文，2010年。

②③ 中国生产力学会课题组、郑新立、高铁生、翟立功、陈胜昌、常义：《“十三五”时期实施创新驱动发展战略和建设创新型国家的战略目标和战略重点》，载于《经济研究参考》，2015年第3期。

3. 大力提高创新效率

科技是第一生产力，创新性成果只有转化成生产力并实现产业化，才能促进经济发展。巨额的科研经费投入必须产出科研成果，科研成果必须转化才能带来经济效益即创新效益，单位投入成本获取更高的创新效益才能提高创新效率。我国创新驱动战略发展战略实施以来，创新性成果的数量和质量都有大幅度提升，创新效益也在各个方面得到体现，科技对经济增长的贡献率不断提高，然而与国外相比，我国创新效率还处于很低的水平。据统计，在 2000 ~ 2013 年十多年的时间内，我国企业的新产品销售占销售额的比例一致在 12% 左右，而美国企业在 20 世纪 60 ~ 70 年代这一比例已达 50%，日本企业在 80 年代更是高达 65%。我国与发达国家在创新效率上存在巨大的差距，说明单位投入我国获得的创新效益低，创新成果转化为生产力程度低，创新与发展的融合度低，这非常不利于我国参与国际市场竞争。我国政府也认识到提高创新效率的重要性和紧迫性，国务院办公厅于 2016 年 5 月发布了《促进科技成果转移转化行动方案》[①]，围绕总体思路、重点任务、组织与实施等进行了具体部署，并在附件中布置了《重点任务分工及进度安排表》，足见我国政府对该问题的重视程度。

西部地区整体创新效率低于全国平均水平，但是不同省份在专利产出效率、经济产出效率等单项指标上有很大的提升。前面对西部地区 12 个省（区、市）创新效率的分析显示，规模以上企业单位 R&D 经费专利申请量最高的前 3 个省区分别是四川、贵州、新

① 《国务院办公厅关于印发促进科技成果转移转化行动方案的通知》，载于《中华人民共和国国务院公报》2016 年第 14 期。

疆；规模以上企业单位 R&D 经费支出的技术市场成交额最高的前 3 个省份分别是陕西、甘肃、青海；规模以上企业单位新产品开发费产生的新产品销售收入最高的前 3 个省（区、市）分别是重庆、广西、甘肃。西部地区提升创新效率的潜力巨大，以陕西省为例，全省科技对经济增长的贡献率从 2006 年的 45.03% 提高到 2014 年的 55.81%[①]；省会西安市技术成果交易额达 657 亿元，自 2010 年以来连续 5 年实现百亿元增长，位列全国城市第三位、副省级城市第一位；全市创新成果在本地转化从 2010 年的 8 亿元、占比 8% 左右，到 2014 年突破百亿元，占比 31.16%。

西部地区各个省份要贯彻落实《促进科技成果转移转化行动方案》，并按照《重点任务分工及进度安排表》进行部署。充分发挥政府、高校、科研院所、企业的优势互补，建立以骨干企业为主导、面向市场的产学研合作创新体系和创新成果转化体系。建立健全西部技术交易市场，综合运用“互联网 +”、会展、招商等打造全方位多渠道的西部技术展示平台。引进、培育一批专业性的高端的中介服务机构，为企业提供技术交易、技术咨询、技术评估、项目包装、项目推介、人才培训、知识产权保护、企业管理培训、ISO9000 国际质量体系培训和认证等综合服务[②]。以创新成果产业化来推进科技创新与经济发展的融合，围绕产业链部署创新链，围绕创新链完善资金链，促进产业链向两端延伸，着力推进产业高端升级，加快构建以高新技术产业为主导的现代产业体系；推进

---

① 《国家战略暨创新型试点：陕西跻身三大试点省》，载于《新华网》 http://news.xinhuanet.com/house/xa/2015-10-12/c_1116788685.htm，2015 年 10 月 12 日。

② 任晓蕙：《陕西科技优势转化有效途径探析》，载于《理论导刊》，2003 年第 12 期。

产业技术创新战略联盟建设，以产业链延伸为基础，构建产业技术创新链。[①]

（二）目标导向思路中的实施重点

西部加快创新发展，不仅要清楚自己的优势和劣势，寻求突破的方法，还要关注国内外尤其是我国东部地区创新发展的最新动态，掌握创新领域新的经济形态，结合自身优势融入更大的格局之中。

1. 推动生态创新

除了生态技术开发推动以外，生态创新的实现主要从两个方面进行，一是以绿色低碳消费为导向的市场拉动，二是以绿色低碳消费为导向的管制推动。西部地区是我国实施生态文明战略的重要区域，推动生态创新既符合西部以创新战略提升自组织发展能力的要求，也符合西部以生态战略提升可持续发展能力的要求。

在创新模式上，西部地区可以探索地方政府主导、多方协同的生态创新模式。从前面对生态创新研究动态的分析中可以看出，国外生态创新研究中隐含了分权治理前提假设，因体制原因而普遍忽略区域层级（特别是地方政府）生态创新的问题。我国目前正在快速推进科技体制改革，西部地区可以充分发挥在高校、科研院所方面的比较优势，探索地方政府主导、多方协同的生态创新实现方式和治理机制。

在特色形态上，西部地区可以发展以 ECO^2[②] 为导向的低碳城

---

① 王珍珍：《“十二五”以来我国省域创新驱动发展战略实施成效分析》，载于《经济研究参考》，2014 年第 58 期。

② ECO^2 的概念源于世界银行组织出版的《ECO^2 城市》一书，取“生态”（Ecologic）和“经济”（Economic）的英文单词前三个相同的字母，故形象地称为 ECO 平方，其汉语译为生态经济城市。

市，由低碳城市建设的生态路径和经济路径可以形成城市低碳经济循环体系。按照 ECO^2 发展模式的基本理念，低碳城市建设就不仅是在城市经济社会各领域中实施强制性的碳减排措施，更重要的是形成城市生活各利益主体协同共赢的利益机制。① 由低碳城市建设的生态路径和经济路径可以形成城市低碳经济循环体系，如图 4－10 所示。

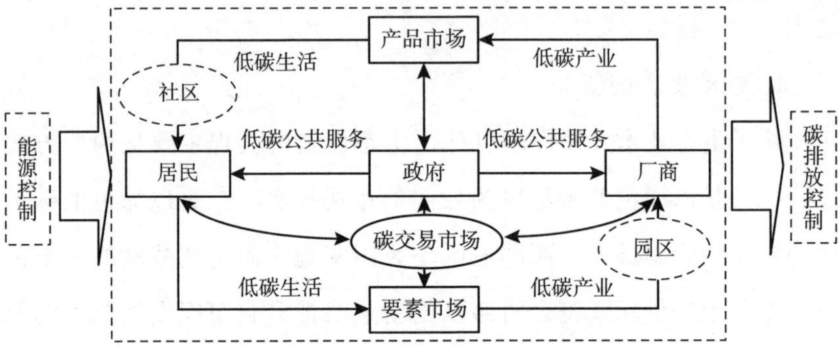

图 4－10　城市低碳经济循环

第一，以能源流为主线的生态路径（图 4－10 中虚线表示），实现能源控制—能源循环—碳排放控制的全流程能源规划、渠道集成与碳约束。

其中，能源循环中的原料燃料生产碳排放—生产过程碳排放—消费碳排放—废弃物处理碳排放尤为重要，研究表明碳排放主要集中在这一链路上。生态路径上的碳约束可以由碳足迹法来测量，目前国内外计算碳足迹的方法主要有两种：一是用生命周

① 王彬彬、杜受祜：《ECO^2：低碳城市的第三种模式?》，载于《四川师范大学学报（社会科学版）》，2012 年第 3 期。

期评估（LCA）法①计算产品制造、使用、处置的整个生命周期中的碳排放量；二是通过计算产品制造、使用和处置时所使用煤、石油、天然气等化石燃料的碳排放量。除了在具体商品与服务层次的碳排放计量外，低碳城市碳排放控制的两个重要节点是社区和园区。（1）社区是现代城市的细胞，是人们生活、居住的场所，也是低碳产品的终端消费市场。在逆城市化的潮流下，社区亦呈现出多元化、模块化的发展方向，逐渐集成了生产、生活、生态等多重功能。国际知名的低碳社区（如丹麦的贝泽、英国的贝丁顿、德国的沃邦、瑞典的维克舍），通过改变在城市蔓延中社区复制对自然资源的线性消耗、降低社区活动所产生的碳排放、加强社区生态绿化改造，实现社区碳中和，并推动社区生产方式、生活方式、价值观念的根本变革，从而影响低碳技术、产品和服务供给。（2）园区是在空间管制政策指导下集中统一规划的产业区域。目前园区碳减排在我国应用较多，其主要手段是采用新能源和清洁生产技术，提高能源、原材料的综合利用效率，降低环境污染物溢出生产过程的总量。②

第二，以低碳产业—低碳生活—低碳公共服务，形成低碳区域层次的经济路径（图 4 - 10 中实线表示），通过构建循环实现经济体内部碳中和。

从新古典经济学的角度来看，在图 4 - 10 的城市经济活动循环模型中，经济体存在政府、居民、厂商三类经济主体和产品市场、要素市场、碳交易三大市场。政府向居民和厂商提供低碳公共服

① PAS2050：2008：《商品和服务在生命周期内的温室气体排放评价规范》。

② 王彬彬、杜受祜：《ECO^2：低碳城市的第三种模式？》，载于《四川师范大学学报（社会科学版）》，2012 年第 3 期。

务，包括低碳产业的发展规划、低碳技术的支持政策、低碳产品的公共采购、低碳理念的教育推广、低碳消费的补贴政策等，以此获得政府报酬和政府税收；在要素市场上，居民向厂商不仅提供劳动、资本、土地，而且还提供支持低碳生产与服务的知识技术、企业家才能，以此获得政府补贴和工资收入；在商品、服务市场上，厂商不仅在三次产业上形成低碳产业的产业链，而且向居民提供低碳商品和服务，以此获得政府补贴和销售收入；在碳交易市场，政府、居民、厂商之间相互交易标准化的配额碳减排指标和自愿碳减排指标，获取碳减排补偿性收益，并发展碳现货、期货、期权和掉期等金融衍生品。①

2. 发展科技服务业

西部地区科技服务业发展最快最好的是陕西省，陕西省把发展科技服务业作为供给侧改革促进成果转化效率的重要突破口，积极发展以科技服务业为重要支撑的现代服务业。其省会西安市通过出台科技服务业发展规划，开展国家现代服务业综合试点，设立了首期 6 亿元创投引导基金，搭建西安现代服务业综合试点服务平台，建立起覆盖科技创新全链条的现代服务产业链。2015 年，全市科技服务业增加值超过 600 亿元，占现代服务业增加值的比重达到 30%，成为新的经济增长点。②

根据全国创新领域最新的发展态势，西部地区发展科技服务业应该着力在两个方面：大数据和平台经济。技术创新和制度创新是

---

① 王彬彬、杜受祜：《ECO^2：低碳城市的第三种模式?》，载于《四川师范大学学报（社会科学版）》，2012 年第 3 期。

② 张毅：《陕西西安——推动科研成果走出国墙》，载于《经济日报》2016 年 2 月 29 日。

经济体制演化的共同决定力量。信息时代实施创新驱动发展战略需要依托新一代信息技术和新兴经济形态，而大数据和平台经济则构成现阶段科技服务业发展的基本条件。

(1) 大数据为发展科技服务业提供技术条件。

传统的信息搜集技术仅能利用其中微量的信息，绝大部分信息资源被忽略、闲置和浪费。难以充分获取、记录、存储和计算信息，正是传统技术无法对信息时代的供给与需求进行全面反映和精确计算的技术原因。以云计算的分布式处理、分布式数据库和云存储、虚拟化技术为基础，大数据技术应运而生。

第一，大数据可以发现和利用默会知识。哈耶克认为，碎片化是知识存在的主体形式，其中还有大量未经组织、隐含于社会生活之中的默会知识，如地方风俗、消费习惯等。[①] 电子商务网站上可以根据客户历年来的购买记录、浏览记录、出行轨迹、收货方式等进行网络定制营销，正是基于大数据技术依据客户消费习惯的预测。第二，大数据使现时预测（Now Casting）成为可能。大数据基于海量信息存储、云计算、互联网应用，大大缩短了信息搜集和处理的时间。更重要的是，大数据不强调事前的理论设定，不依赖信息的高质量要求，不注重变量间的因果关系，其内在逻辑是“数据驱动理论”[②]“数据即事实”“数据即决策”[③]，从而可以实时地发现

① 肖炳兰：《论哈耶克对计划经济存在基础的消解》，载于《经济评论》，2000 年第 4 期。

② 王达：《宏观审慎监管的大数据方法：背景、原理及美国的实践》，载于《国际金融研究》，2015 年第 9 期。

③ 周涛：《大数据 1.0 版本，2.0 版本和 3.0 版本：颠覆性变化下的商业革命》，载于《人民论坛》，2013 年第 10 期。

问题、修正计划、宏观预测[①]和强化监管。第三，大数据可以促进个性化、多样化的供给和需求。大数据的兴起，为解开需求的“长尾”破除了技术“瓶颈”。一旦能依据个体的偏好规划生产和供给，就能克服市场自身的盲目性，真正发挥计划经济合理配置资源的优势。第四，大数据正在推动企业组织和商业模式的深刻变革。随着大数据技术的发展，企业内的数据积累和循环正走向对外数据服务，大数据越来越具有公共性。正如网络技术从局域网联通成互联网的发展趋势，在不久的将来也必然要求在行业层面乃至宏观层面对大数据进行整合、管理和应用，大数据将成为重要的国家战略资源。

（2）平台经济为发展科技服务业提供制度和组织条件。

在网络技术和大数据的推动下，社会生产、流通和消费呈现出前所未有的信息化、扁平化、无界化。[②] 平台实质上是一种交易空间或场所，促成双方或多方客户之间的交易，收取恰当的费用而获得收益。[③] 作为一种新兴的经济形态，平台经济是全球化、信息化、网络化三大趋势的集大成者。[④] 它广泛存在于各个行业，包括机场、交易所、购物中心（Shopping Mall）、信用卡系统、新型供销体系等线下平台经济和电子商务、金融服务、社交网络等线上平台经济。

平台经济的基础是所谓的双边市场（Two-sided Markets）。有别

---

① 刘涛雄、徐晓飞：《大数据与宏观经济分析研究综述》，载于《国外理论动态》，2015 年第 1 期。

② 张亚斌、马莉莉：《大数据时代的异质性需求、网络化供给与新型工业化》，载于《经济学家》，2015 年第 8 期。

③ 黄贝拉、徐伟：《大数据经济学简评》，载于《农村经济与科技》，2015 年第 11 期。

④ 李允尧、刘海运、黄少坚：《平台经济理论研究动态》，载于《经济学动态》，2013 年第 7 期。

于传统市场，双边市场是由通过同一平台发生交互影响的交易双方构成，其中一方的收益取决于加入平台的另一方的数量。[①] 以手机应用的营销为例，在传统市场下手机生产商一般采用向目标群体直销或预装捆绑软件等销售方式，而在双边市场下则会以平台商的身份，创建一个诸如超市一样的“应用商店”（如苹果公司、华为公司等），由第三方应用开发商提供各种性能和用途的手机应用，供使用该品牌手机的消费者选择；应用下载越多，其他消费者越倾向于购买，开发商获利就越多，而手机生产商则因提供增值服务而提高市场占有率。双边市场这种跨侧或同侧的网络外部性，事实上是对交易双方的利益捆绑：供应商为了吸引消费者，必须根据消费者的偏好开发多种产品和服务，并对优势客户采取倾斜性定价；[②] 而偏好相似的消费者通过团购、订购等方式，获得合理的市场价格，并引导供应商的产品生产和服务。这样，长期隐藏在“长尾市场”中的潜在需求也能被充分挖掘出来。[③] 在模仿型排浪式消费基本结束，个性化、多样化消费已然到来的中国经济“新常态”下，从卖方市场到买方市场再到双边市场是大势所趋。

3. 推进空间协同

科技创新与经济发展的融合体现在省域空间上，表现为以创新链—产业链—价值链为脉络，各个省区中心城市按照自身创新优势和产业定位进行协同合作，从而形成区域创新系统。通过对现有创新

---

① Mark Armstrong, “Competition in Two – Sided Markets”, *The RAND Journal of Economics*, Vol. 37, No. 3 (September 2006), pp. 668 – 691.

② 李小玲、李新建：《双边市场中平台企业的运作机制研究评述》，载于《中南财经政法大学学报》，2013 年第 1 期。

③ 李凌：《平台经济发展与政府管制模式变革》，载于《经济学家》，2015 年第 7 期。

资源分布和各省（区、市）创新绩效的分析，可以形成以四川、重庆、陕西、广西、内蒙古、云南等创新资源相对集中的省（区、市）为载体，以成都、重庆、西安、兰州、南宁、贵阳、昆明、呼和浩特、包头和银川为中心城市，通过打造大型优势创新企业或产业集群作为创新极，促进以产业链条为纽带的多创新极共生演化，逐步培育和完善各区域内部创新系统，在长江上游地区、西北地区、西南地区和北部地区布局成都—重庆、西安—兰州、南宁—贵阳—昆明、呼和浩特—包头—银川4个各具特色的区域创新系统，构建以系统化创新推进西部地区经济社会发展的空间载体。[①] 通过空间协同形成西部创新系统，有助于西部各省（区、市）扬长避短，降低创新成本，发挥创新要素集成效应，提高西部创新发展的整体竞争力。

第三节　以创新驱动发展战略提升自组织发展能力的实践

西部各个省（区、市）在推进创新驱动发展战略中取得了很好的实践效果，区域经济系统内生产要素因创新驱动而重新优化组合，提升了西部自组织发展能力。由于区域功能不同，资源要素、生产条件、竞争优势等方面也不相同，因此不同地区应该选择适合本地区的创新发展模式。

---

① 李怡：《区域创新系统演化机理与西部区域创新系统培育》，西南财经大学博士论文，2010年。

一、战略资源型城市创新驱动绿色发展的“攀枝花实践”

攀枝花市是我国重要的战略资源地区，2013 年被纳入攀西国家级战略资源创新开发试验区，成为全国唯一一个资源开发综合利用试验区。攀枝花作为资源型、重工业城市，集资源型经济和老工业基地于一身，同样也面临资源型城市和老工业基地的环境污染问题，2004 年被评为全国十大空气污染城市。经过了 12 年的持续治理，攀枝花市空气质量达标率从 2004 年的 16% 上升到 2015 年的 98.9%，不仅成功摘掉了污染的“帽子”，还被评为全国呼吸环境十佳城市之一。究其原因，就是攀枝花市实现了大气污染治理与经济转型的良性互动，走出了一条创新驱动、绿色发展的道路。

（一）攀枝花市创新驱动绿色发展取得的成效

攀枝花市气候独特，自然资源富集，宜居宜游的优势突出，自 2004 年被评为全国十大空气污染城市之后，全市上下受到极大震动，改善空气质量成为市委、市政府以及全市人民最迫切的愿望。攀枝花市确立了以创新驱动推动产业优化升级，从而改变空气质量实现绿色发展的发展思路。2004 ~2012 年，全市空气质量优良率分别为 16%、53.9%、80.7%、83.8%、90.2%、88.2%、89%、91.2%、93.7%。2013 年全市空气质量有所下降，在 9 月和 11 月全省 25 个重点监测城市中排名倒数第一，再次成为四川空气最差城市，全年空气质量达标率为 92.6%。2014 年攀枝花市从督促攀钢等重点污染企业认真履行环保社会责任着手，对高炉进行技改，加强生态环境保护建设，取得显著成效，空气质量优良率为 94.8%（新标准评价为 92.6%），在全省 8 个重点城市中名列首位，被评为全国呼吸环境十佳城市。

2015 年，全市环境空气质量进一步好转，达标率达到了 98.9%，二氧化硫、二氧化氮、可吸入颗粒物（PM10）等指标均呈现可持续改善的良好势头，6 项监测因子月均浓度全部达到国家标准。2015 年攀枝花市在全省环境空气质量 8 个重点城市达标率排名中再次名列第一，在全省环境空气质量 26 个城市达标率排名中名列第七，若按达标天数排名名列第一，实现了历史性突破。总体上来看，攀枝花市在大气污染治理方面取得了较大的成功，从 2004 年空气质量达标率仅为 16%，到 2015 年的 98.9%，12 年的时间里上升了 82.9 个百分点，虽然某些月份空气质量有所下降，但是总体趋势仍是持续改善。

攀枝花市作为以资源开发为主的重工业城市，在大气污染治理和生态环境保护的同时，大力推广循环经济、优化能源结构，积极开发阳光康养产业和旅游业，形成了大气污染治理倒逼经济转型，经济转型进一步巩固治理成果的良性互动格局。攀枝花被国家旅游局授予“中国优秀旅游城市”称号，成为继大庆、克拉玛依等之后又一个获得这一称号的以工业和能源生产而建市的城市。

（二）“攀枝花实践”的基本特征

1. 以观念转变为引领

攀枝花既是资源型的重工业城市，又是“中国优秀旅游城市”；既要发展以攀钢为代表的重工业，又要解决掉重工业发展带来的大气污染……创新驱动绿色发展是攀枝花破解环发矛盾的唯一途径。自 1965 年中华人民共和国第一个特区“攀枝花特区”确立以来，钢铁经济成为攀枝花市的“单核经济”，这样的发展实践使得攀枝花市随着钢铁产业在国内国际上的发展而“一荣俱荣，一损俱损”。攀枝花因钢炼钢、因钢兴市，要实现创新驱动绿色发展，就必须完成重大发展观点的转变，即摒弃多年以来根深蒂固的“因钢兴市”，树立“因钛兴市”，从“百里钢城”到“钒钛之都”，把钒钛多元素共生矿这一战略资源的综合开发利用作为攀枝花未来发展的立足点。

2. 以制度创新为保障

攀枝花推进制度创新，逐步形成了政府主导、部门联动的“大环保”工作格局。

一是全面构建“大环保”工作格局。攀枝花市成立了以市长为组长、分管副市长为副组长，相关部门主要领导为成员的攀枝花市大气污染防治工作领导小组。

二是强化部门联动。市政府根据与省政府签订的大气污染防治目标责任书和《攀枝花市大气污染防治行动计划实施细则》要求，制订了《〈攀枝花市大气污染防治行动计划实施细则〉2014 年度实施计划》《〈攀枝花市大气污染防治行动计划实施细则〉2015 年度实施计划》，并将大气污染防治目标任务、工作措施和各重点工程项目分解落实到各县（区）政府、市级各相关部门和各大企业，做到责任全覆盖、管理无空白。环保部门充分发挥好牵头抓总作用，及时进行督促、检查、协调；发展改革委等部门在抓好产业结构调整的同时，加大了重点行业落后产能淘汰力度，进一步优化工业布局；建设部门重点抓建筑工地和市政工程扬尘管理；公安部门负责老旧机动车强制报废和“黄标车”淘汰工作；城管执法部门按规定频次对道路进行清扫和洒水降尘；质监、气象等其他各有关部门认真履职尽责，齐抓共管，形成工作合力。攀钢、攀煤等国有大企业在自身效益不佳的情况下积极主动开展大气污染治理工作，起到了表率作用，也体现了企业的社会责任。

此外，创新持续实施大气污染防治包抓驻点推动的工作机制，确保责任落实到部门、落实到人头，有力推动了大气污染防治工作。可以说，攀枝花市大气污染防治工作做到了工作落实有方案，工作任务有分解，工作目标有考核，工作责任有落实。

3. 以科技创新为驱动

一是着力整治工业污染源。攀钢用改革创新的方法和思路采用BOO模式进行二氧化硫治理，引进社会资金，选择环保专业公司投资14000余万元对6号、新1号烧结机、新2号烧结机脱硫装置进行升级改造，成效显著，外排二氧化硫浓度达到新的排放标准，脱硫效率稳定在95%以上；攀钢发电厂已于2015年7月1日停运了全部3台100兆瓦发电机组，从而彻底解决了外排二氧化硫浓度不能稳定达标排放的状况；对所有球团企业实施了脱硫系统升级改造、完善了在线监测设施。以上措施实施后，攀枝花市空气二氧化硫浓度2014年首次达到国家标准，2015年1~11月二氧化硫平均浓度比2014年同期又下降32%，实现了历史性突破。同时实施完成了攀钢新3焦、4焦炉装煤除尘改造、攀钢五氧化二钒焙烧工序除尘改造、攀钢矿业公司选矿厂闭路除尘系统改造、攀煤电厂、攀枝花发电公司除尘系统升级改造工作。

二是转变资源利用方式，提升资源综合利用水平。以攀西战略资源创新开发试验区建设为契机，做好科技项目安排，现已研发低品位钒钛磁铁矿分选、提钛技术、提钒技术、微细粒级钛铁矿回收、钛渣冶炼、高钛型高炉渣综合利用技术、含铁粉尘回收利用技术、钛白废酸回收利用、硫酸亚铁深度开发、泥磷回收等数十项综合利用技术，支撑着全市上百家企业从事“三废”资源的综合利用，① 截至2014年年底，全市工业“三废”利用创造的产值超过100亿元。

4. 以民生建设为支撑

攀枝花积极开发新能源，大力推广太阳能灌溉项目和分布式光伏发电扶贫项目。2014年年底，攀枝花正式出台《关于促进太阳能应用和产业加快发展的若干政策意见》，推出17项含金量较高的政策措施，准备用5～10年把攀枝花打造成为太阳能应用、先进技术示范、太阳能特色产业基地，到2020年，全市太阳能产业产值预计达到100亿元②。目前攀枝花最有代表性的太阳能民生项目一是太阳能灌溉项目，二是分布式光伏发电扶贫项目。截至2015年上半年，全市已建成太阳能提灌项目19个，项目总投资1686万元，太阳能发电装机达693.09千瓦，累计灌溉林地和农地2万余亩。③ 从应用情况看，太阳能抽水提灌的单位成本为1.58元/立方米，远低于柴油发电提灌的6.67元/立方米及利用电网抽水

① 王永生：《矿业循环经济如何走向纵深——以攀枝花市为例》，载于《国土资源》，2008年第3期。

② 王云：《缺了攀西　四川新能源战略有点难》，载于《四川日报》，2011年5月19日。

③ 江潇：《全市建成太阳能提灌项目19个》，载于《攀枝花日报》，2015年6月26日。

的3.31元/立方米；从应用效果看，太阳能提灌站不仅为当地群众生活饮水提供了保障，也在旱季发挥了抗旱稳产作用，增效十分显著。[①] 2015年，攀枝花启动分布式光伏发电扶贫试点工作，依托充足的阳光，帮助贫困户修建分布式光伏发电装置，把太阳能转化为电力，以增加贫困户收入。目前，攀枝花市有7户居民光伏发电建成投运，累计发电量达80000千瓦时，居民光伏发电上网电费达27752元，居民光伏发电补贴达28000元。居民通过光伏发电，电能自发自用，自用一度电，享受国家发电补贴0.42元，余电按上网电价每度0.46元卖给国家电网，每年能够获取过万元的经济收益。

（三）进一步完善“攀枝花实践”的建议

1. 在试验区内全域推进留存电量政策

攀西战略资源创新开发试验区包括攀枝花市全境，凉山州的西昌市、冕宁县、德昌县、会理县、会东县、宁南县，以及雅安市的石棉县和汉源县，共3市州11个县市区，只有攀枝花是全域纳入攀西战略资源创新开发试验区。自1965年以来，攀枝花在国家钢铁钒钛等战略资源开发上都处于重要地位和发挥核心作用，境内不仅有攀钢、四川钒钛产业技术研究院等专业企业和科研院所，而且钒钛及相关产业年产值规模也已接近千亿，成为生产规模全国第一、世界第二的钒产品生产基地，全国最大的钛原料基地、全流程钛工业基地和含钒钛机械制造基地[②]。

---

① 江潇：《全市建成太阳能提灌项目19个》，载于《攀枝花日报》，2015年6月26日。

② 刘旭：《创新开发托起中国钒钛之都》，载于《四川日报》，2014年11月27日。

在全世界来看，资源型产业一般都是高载能产业，资源开发总是与能源配套紧密结合，能源成本是最重要的成本之一。受限煤减排的影响，攀枝花一大批钒钛企业的经营成本上升，不得不限产停产。在中国经济“新常态”下，传统资源型产业总体上存在产能过剩的问题，钒钛等战略资源产业成为各省市竞争的新热点，攀枝花的钒钛企业由于能源成本过高，有可能向外转移投资。为实现攀西战略资源创新开发试验区的可持续发展，省委省政府应在试验区内全域推进留存电量政策，让攀枝花比照凉山、雅安享有留存电量，进一步支持攀西战略资源创新开发试验区建设。

2. 安排“双创”政策和专项资金支持攀枝花建立新型研究院

长期制约钒钛资源创新开发的主要“瓶颈”在于技术。作为战略资源，钒钛资源的选冶、分离以及材料工程开发技术复杂，难度极大，需要多专业的学科支持，核心技术的联合攻关，专门技术的分类支撑，后续技术的不断拓展，技术转化应用的持续推广。自攀西战略资源创新开发试验区设立以来，省委省政府高度重视试验区的科技创新工作，从平台建设、科技研发、资金投入、人才政策等方面给予支持。然而，攀枝花地处边远，难以引进“千人计划”“百人计划”等领军人才，境内高校、科研院所、孵化器的科研实力、整合能力、孵化能力又十分有限。而企业的科技创业虽然能直接对接市场需求和生产应用，但科技创新并不是企业的第一业务，企业不可能全方位、全流程开展科技创新，更不可能开展具有前瞻性的基础性研发。因此，攀枝花迫切需要一支专业的科技服务人才队伍和引领型研发机构。

自国家大力推进“双创”以来，一些地方引进著名高校、科研院所，成立地校、地院结合的“协同创新研究院”，如深圳清华大学研究院、四川大学苏州研究院。这些研究院采用人才使用双轨制，由高校、科研院所派出高端人才兼任研究院核心技术骨干，同时按市场机制组建技术应用与服务团队，现已成为科技服务业的新的主力军。省委省政府在大力建设成都高新区和绵阳科技城的同时，将攀枝花高新区也列入建设重点，安排“双创”政策；在攀西战略资源创新开发专项资金中增加资金额度，用于攀枝花引进著名高校、科研院所，建设新型研究院。

3. 对已开展节能减排并取得技改成果的企业给予一定的后补助

近年来，随着国家推进节能减排力度不断加强、节能减排要求不断提高，能源强度、碳强度等指标对企业节能减排形成刚性约束。在攀枝花，攀钢采用 BOO 模式进行二氧化硫治理，选择环保专业公司投资 14000 余万元对 6 号、新 1 号烧结机、新 2 号烧结机脱硫装置进行升级改造；攀钢发电厂已于 2015 年 7 月 1 日停运了全部 3 台 100 兆瓦发电机组，从而彻底解决了外排二氧化硫浓度不能稳定达标排放的状况。为节能减排达标，企业投入大量资金、资源进行技术改造，增加了企业的经营成本，这部分投入需要在长期经营中逐渐收回。一旦企业按照现有的节能减排标准，设定技术指标，进行技术改造，企业的节能减排能力就被“锁定”在现有水平之上。

然而，在今后较长时期内，节能减排标准预期将进一步提高。环保标准提高周期与企业技术改造周期不一致，造成环保标准变化较快，企业在现有的技术改造尚未形成成果或刚形成成果尚未收回投资时，就面临技术指标落后于新要求，要达标就要进一步改造的困境。这不仅占用企业大量资金，而且还有可能影响企业的正常经营。建议省委省政府在下达节能减排指标时，有约束性标准和预期性标准，指导企业在技术改造中预留技术指标的弹性空间；对已切实开展节能减排并取得技改成果的企业，在科技专项中列支项目，进行后补助。

4. 将太阳能民生项目纳入四川省“十三五”能源发展规划重点项目

在太阳能产业发展中，最能体现民生福利的是太阳能灌溉项目和分布式光伏发电扶贫项目，目前这两个项目已在攀枝花逐步推进。攀枝花太阳能灌溉项目是我省试点推广太阳能光伏提灌技术的首个项目，仁和区分布式光伏发电扶贫项目是我省目前唯一一个进入国家光伏扶贫的项目，从太阳能产业发展与民生福祉的结合来看，这两个项目具有表率性和唯一性。建议将这两个项目纳入四川省“十三五”能源发展规划重点项目给予支持。

尤其是2014年国家能源局、国务院扶贫开发领导小组办公室联合印发《关于实施光伏扶贫工程工作方案》、2015年国家能源局新能源和可再生能源司发布《光伏扶贫实施方案编制大纲（试行）》之后，分布式光伏发电扶贫项目在30多个试点县快速推进。作为四川省目前唯一入选该项目的地区，攀枝花更应该抓住机遇大力发展，可以采取以村为单位整体推进（一次性覆盖到全村符合条件的贫困户），做到光伏扶贫受益对象精准到户，长期稳定受益。

二、中心城区发展文化创意产业的“成华实践”

创意产业是指以创意为核心增长要素的产业或缺乏创意就无法

生存的产业，一般分为文化创意和科技创意两类。目前，我国文化创意产业已经成为国民经济支柱产业，是城市经济发展的新引擎。2012 年，国家首批北京、上海、深圳、重庆、成都、西安等 16 个国家级文化和科技融合示范基地，标志着城市文化产业的科技创新进入新阶段。成华区是四川省省会成都市的中心城区，先后被评为“中国最具幸福感城区”“中国十大最有吸引力城区”“中国最具投资价值城区”，近年来以发展文化创意产业为突破口，使区域竞争力得到很大的提升。

（一）国内文化创意产业的梯度发展竞争格局

第一梯队是以珠三角、长三角、环渤海大城市圈为代表的东部发达地区，具体来说是北京、上海、深圳、广州等一线城市。我国东部发达地区是我国文化创意产业的先导部队和发展主体，是进军国际、实现中国创造的主力。北京和上海的人均 GDP 达到了 7000 ~ 9000 美元以上，广州、深圳的人均 GDP 接近 1 万美元。① 从要素投入来看，各国的创意要素和创意资源都呈现出向高等级城市流动、集聚的趋势，在此机制作用下，北京的服务业占 GDP 比重已经达到 73% 以上，和国际化大都市、世界发达国家城市已经一致②。从消费需求来看，全国的恩格尔系数③农村是 40% 多，城市是 30% 多，而东部发达地区已经降到了 20% 左右。文化创意产业是以城市日益

---

①② 金元浦：《我国文化创意产业发展的三个阶梯与三种模式》，载于《中国地质大学学报（社会科学版）》，2010 年第 1 期。

③ 恩格尔系数（Engel's Coefficient）是食品支出总额占个人消费支出总额的比重。国际上常用恩格尔系数来衡量一个国家和地区人民生活水平的状况。根据联合国粮农组织提出的标准，恩格尔系数在 59% 以上为贫困，50% ~ 59% 为温饱，40% ~ 50% 为小康，30% ~ 40% 为富裕，低于 30% 为最富裕。在中国运用这一标准进行国际和城乡对比时，要考虑到那些不可比因素，如消费品价格比价不同、居民生活习惯的差异，以及由社会经济制度不同所产生的特殊因素。

壮大的中产阶层的需求来推动的，在全球化的条件下，它以国内和国际的两个消费群体作为对象。随着恩格尔系数的下降、消费层次的提高，东部发达地区已经形成了一定规模的消费市场。第一梯队的主要城市与发达国家的大城市具有同样的竞争力，应该按照国际规律参与到国际文化创意产业的发展当中，参与到文化创意产业的全球竞争之中。

第二梯队是以武汉、郑州、合肥、太原、沈阳、长春、重庆、成都、西安为代表的中西部发展中地区。这些二线城市人均 GDP 在 3000～5000 美元，服务业占 GDP 比重在 50% 左右，是国内著名高校集中的地区，是区域性文化中心和创新要素集聚地，具备文化创意产业发展的部分条件。作为支撑中国制造业大国和世界制造中心的接续城市，它们不仅要承接东部地区制造业的转移，还要发展更加高端的制造业。文化创意产业对于第二梯队的主要城市的功用在于，通过科技创新、文化创意与高端制造的相互融合、交叉发展，有力提升城市的核心竞争力。

第三梯队是以云南昆明、青海西宁、新疆乌鲁木齐、内蒙古呼和浩特、广西南宁、贵州贵阳、甘肃兰州为代表的西部欠发达地区。这些城市具有厚重的历史积淀、璀璨的少数民族文化、雄奇的自然景观。以传统文化资源为依托，发展文化旅游和特色文化产业，将带动当地经济起飞和跨越式发展。

（二）“成华实践”的基本特点

成华区顺应数字时代的创意产业发展趋势，实施“数字创意”战略，发挥电子科技大学的技术优势和四川音乐学院的创意优势，整合智能技术、新媒体网络、数字娱乐产业，构建以创意为核心的大文化产业体系，不断提升产业竞争力和城市竞争力。

1. 产业功能由融合发展向综合引领升级

成华区的文化创意产业发展，从属于成都市的总体态势，总体上位于我国文化创意产业的第二方阵。随着成都市创建中西部最具影响力、全国一流和国际知名的文化之都，成华区的文化创意产业发展要向第一方阵迈进，形成特色鲜明的大文化体系，承担起引领制造业高端化与城市现代化的重任。

——文化创意产业引领产业升级。在“东调”后，成华区逐步引入文化创意产业，一是要在原有企业生产环节外移后，将保留下来的设计、研发等部门进一步提升为现代化的创意部门；二是要弥补传统商贸业、传统物流业外迁后的服务业产业“真空”；三是要为发展数字化的新兴服务业奠定基础。

——文化创意产业引领城市复兴。城市复兴自 20 世纪 70 年代后席卷欧美等发达国家。一些早期迅速扩展的工业城市，通过基础设施更新、经济结构重组、郊区化发展等恢复生机。成华曾是成都市的老工业区，工业化水平走在全市前列，但严重滞后的城市化水平妨碍了工业化进程，形成“工业基地 + 大农村”的区域格局。随着成都城市建设和经济发展的重心逐步向东向南转移，成华区原有的产业结构、空间结构、所有制结构被打破，需要从老工业区向现代化新城市转型。文化创意产业通过梳理城市文脉、整合文化符号、传播文化形象、塑造城市品牌，带动商业、房产、交通等城市生活方式的重建，实现城市复兴。如西班牙的毕尔巴鄂在修建古根海姆博物馆后，迅速从一个衰退中的传统重工业城市成为欧洲著名建筑圣地和现代艺术殿堂，成为“以文化带动城市经济”设想的成功典范。

2. 产业业态由文化旅游向文化创意转型

在成华文化创意产业发展初期，主要依托电视塔、沙河、北湖、昭觉寺等一些既有资源开发，发展都市文化旅游。这是起步阶段的主要业态，衍生出的是传统演出业、工艺品制作、“节日经济”等。成华区通过合并文化局和旅游局，组建成新的文化旅游局来推动和管理这一产业业态。

今天，全球文化产业走向创意产业，以高科技和金融支撑文化产业的发展，产生出一大批新的业态。随着我国文化创意产业完成初始积累和产业布局，以东部地区各大城市为首，逐步摆脱文化旅游的业态层级，向更为专业化的文化创意的业态层级跨越。《文化及相关产业分类（2012）》明确将旅游产业和体育产业从文化创意产业中分离出来，进一步规范和促进了这一发展趋势。成华区按照文化创意产业的发展规律，审时度势地组建了新的成华区文化广播电视和新闻出版局，统领大文化产业的发展。

从文化旅游向文化创意转型，要将传统文化产业与新兴创意产业融合起来，将内容生产、渠道提供与商业消费统一起来，将创意理念与技术表现衔接起来。一是要将熊猫文化、工业文化、历史遗址等成华精华的文化旅游资源，通过数字化、网络化、高科技技术支撑和移动化技术的应用，进一步开发和提升。二是要积极推动本区特色优势文化企业的转型升级。三是要大力引进高科技、大资本的全媒体企业落户成华，整合本地文化资源，融入全媒体的资源网络。成华区本地成长起来的企业风雅堂已经从早期的旅游产品加工商，发展为工艺美术设计与发包商，并正计划通过每年发布主题为《三国吃货》的动漫产品，进一步向专业的动漫设计工作室转型。

3. 产业形态由从实物主导向数字主导转变

成华区文化创意产业以创意设计、数字音乐、演艺娱乐为主导，是具有明显的数字化特征和高技术导向的产业。由实物主导向数字主导转变，就是要依托“智慧成华”建设，突破成华文化创意产业发展的技术瓶颈和传播“瓶颈”，形成虚拟与现实结合的内容服务与创意体验。

“智慧成华”体系下的文化创意产业发展，具有显著的优势。一是在文化内容生产上，除了需要大量的文字、图片和音视频内容外，以3D技术支持的内容产品也必将形成大量的需求。更多的数字内容产品和文化服务将依托于新型的移动宽带网络提供，比如数字化的图书馆、博物馆、文化馆和学校等，以远距离互动、虚拟现实技术、真实情景再现为重点的服务将广泛应用于影视欣赏、演唱会、艺术设计、教育教学等领域。[①] 二是在文化管理上，可以把真实的文化地理空间和虚拟的网络文化空间结合起来，协同管理，给人们提供更加丰富的文化体验。比如虚拟课堂与真实课堂的互动、数字博物馆和真实博物馆的结合等。三是在文化体验上，文化创意通过与实体经济的结合，实现更个性化的贴心服务。例如，在云计算、物联网和大数据的支持下，依托基于位置的服务和图片搜索技术，快速找到、体验、订购所需要的文化产品。

① 王明旨：《大数据时代下“互联网+”对创新设计产业的影响》，载于《设计艺术研究》，2015年第10期。

第五章

以社会协调战略提升包容发展能力：新型城镇化的视角

2016年发布的《国务院关于深入推进新型城镇化建设的若干意见》首次将新型城镇化确定为“一项重要的民生工程”①。对此，习近平同志指出，“要坚持以创新、协调、绿色、开放、共享的发展理念为引领，以人的城镇化为核心，更加注重提高户籍人口城镇化率，更加注重城乡基本公共服务均等化，更加注重环境宜居和历史文脉传承，更加注重提升人民群众获得感和幸福感。”② 这表明，在我国城镇化由数量型快速增长阶段进入质量型均衡发展阶段后，在更加注重以人为本的“十三五”时期，深入推进新型城镇化要求走内涵式发展道路，而走内涵式发展道路必须要转换城镇化的发展动力。其中，共享发展就是新型城镇化的新动力之一。

关于城镇化中的共享发展，学术界存在较多探索，如工农剪

---

① 国务院：《国务院关于深入推进新型城镇化建设的若干意见》，载于《中华人民共和国国务院公报》，2016年第6期。

② 《习近平：新型城镇化要坚持五大理念》，载于《新华每日电讯》，2016年2月24日，第1版。

刀差[①]和地价剪刀差、[②] 失地农民的有效补偿[③]和权利保障、[④] 农村流动人口的半城市化、[⑤] 物的城镇化向人的城镇化转化、[⑥] 城市新移民的发展权[⑦]和社会权利保障[⑧]等。这些研究集中梳理了中华人民共和国成立后的城镇化长期积累的历史问题和21世纪前10年城镇化进程中快速增加的新矛盾，为维护和保障农业转移人口的正当权益提出了有益观点和对策方法，丰富了共享发展的内涵。然而，根据城镇化发展的“S”型曲线，自2004年后我国城镇化发展速度开始放缓，[⑨] 快速城镇化已接近尾声，大规模自发式进城潮基本结束，逆城镇化趋势有可能提前到来。[⑩] 在此背景下，共享发展已不仅致力于“被动型”城镇化的群体的权益补偿和权益发展，更是致力于以城镇文明吸引农民工“主动”留城和新增农业转移人口“主动”进城，它是城镇化发展新阶段下实现可持续城镇化的基本动力。

本书从城镇化率首次超过50%时的国际现象切入，以马克思主

---

① 韩志荣：《工农三大剪刀差及其现状分析》，载于《经济研究》，1996年第10期。

② 何安华、孔祥智：《中国城镇化进程中的地价“剪刀差”成因及测算（2002～2012年）》，载于《河北学刊》，2015年第1期。

③ 孔祥智、王志强：《我国城镇化进程中失地农民的补偿》，载于《经济理论与经济管理》，2004年第5期。

④ 曹荣庆：《失地农民的社会保障权利与获取途径》，载于《经济理论与经济管理》，2005年第2期。

⑤ 王春光：《农村流动人口的“半城市化”问题研究》，载于《社会学研究》，2006年第5期。

⑥ 乔小勇：《“人的城镇化”与“物的城镇化”的变迁过程：1978～2011年》，载于《改革》，2014年第4期。

⑦ 刘嘉汉、罗蓉：《以发展权为核心的新型城镇化道路研究》，载于《经济学家》，2011年第5期。

⑧ 苏昕：《新型城镇化背景下的城市新移民社会权利保障》，载于《马克思主义研究》，2014年第2期。

⑨ 王建军、吴志强：《城镇化发展阶段划分》，载于《地理学报》，2009年第2期。

⑩ 曹宗平：《内在动因、外在条件与“逆城市化”潜流》，载于《改革》，2016年第1期。

义经典作家和西方马克思主义理论的视角，探讨城乡人口转移的驱动因素及其阶段性演化，提出不可持续的“城镇化中期陷阱”。本书认为，共享发展是跨越这一陷阱的中国道路，作为我国新型城镇化的关键区域，西部地区应以共享发展引领新型城镇化。

第一节　“城镇化中期陷阱”与动力转换

2011 年年末我国常住人口城镇化率首次突破 50%，达到 51.27%。有超过一半的国民生活在城镇中，这是“中国社会结构的一个历史性变化”①，标志着我国已成为一个城镇化国家。② 城镇化率 50%，在比例上是城镇化的中期阶段，在发展方式上是城镇化的重要转折点。从英国、美国、德国、日本、巴西、韩国等国的历史经验来看，城镇化率首次超过 50% 的时期，既是各国经济高速发展、先进产业崛起并成为一流经济大国的时期，也是两极分化、住房紧张、交通拥挤、环境污染、公共服务不足、基础设施缺乏等社会问题集中爆发的时期。各国在快速城镇化阶段本质上都是“通过牺牲社会公平、国民利益、生态环境、资源、农村和农民等，换取经济利益的最大化。”③ 早在 1851 年，英国就成为世界上第一个城镇化率超过 50% 的国家。恩格斯在其著作《英国工人阶级状况》详细描绘了

---

① 温家宝：《政府工作报告——2011 年 3 月 5 日在第十一届全国人民代表大会第四次会议上》，载于《中华人民共和国全国人民代表大会常务委员会公报》，2011 年第 3 期。

② 李浩：《城镇化率首次超过 50% 的国际现象观察——兼论中国城镇化发展现状及思考》，载于《城市规划学刊》，2013，年第 1 期。

③ 李璐颖：《城市化率 50% 的拐点迷局——典型国家快速城市化阶段发展特征的比较研究》，载于《城市规划学刊》，2013 年第 3 期。

这一过程。在1844年左右的伦敦，“250万人这样聚集在一个地方：使这250万人的力量增加了100倍；他们把伦敦变成了全世界的商业首都。”① 透过繁华，恩格斯敏锐地洞察到“为这一切付出了多大的代价”，“只有到过这个世界城市的‘贫民窟’……才会开始觉察到，潜伏在他们每一个人身上的几百种力量都没有使用出来，而且是被压制着，为的是让这些力量中的一小部分获得充分的发展，并能够和别人的力量相结合而加倍扩大起来，”② 城市中充斥着自利主义下利益争夺的“社会战争”③。而“每一个大城市都有一个或几个挤满了工人阶级的贫民窟，”④ 这里居住拥挤、污水横流、疾病流行，生活条件极其恶劣，而居住其中的工人阶级衣不蔽体、过度劳动、极度贫穷，生活状态十分困苦。⑤ 那么，是什么驱使人们不断地来到这些“住宅地狱”⑥？马克思和恩格斯认为，是18世纪60年代以来的工业革命以及由此建立起的大工业。“大工业在农业领域内所起的最革命的作用，是消灭旧社会的堡垒——‘农民’，并代之以雇用工人。”⑦ 机器生产不仅使农村的家庭纺织业破产，⑧ 而且在农业生产领域也产生了“过剩人口”。“农业区成了慢性贫穷的发源地，而工厂区则成了周期贫穷的发源地。”⑨ 虽然如此，“工业的迅速发展产生了对人手的需要；工资提高了，工人成群结队地从农

---

① 《马克思恩格斯全集》第2卷，人民出版社1957年版，第303页。
② 《马克思恩格斯全集》第2卷，人民出版社1957年版，第303~304页。
③ 《马克思恩格斯全集》第2卷，人民出版社1957年版，第304页。
④ 《马克思恩格斯全集》第2卷，人民出版社1957年版，第306页。
⑤ 《马克思恩格斯全集》第2卷，人民出版社1957年版，第307~358页。
⑥ 《马克思恩格斯全集》第23卷，人民出版社1972年版，第726页。
⑦ 《马克思恩格斯全集》第23卷，人民出版社1957年版，第551页。
⑧ 《马克思恩格斯全集》第2卷，人民出版社1957年版，第281~291页。
⑨ 《马克思恩格斯全集》第2卷，人民出版社1957年版，第550页。

业地区涌入城市。人口以令人难以相信的速度增长起来，而且增加的差不多全是工人阶级。”① 除了美国因受益于欧洲蜂拥而来的移民而在 1918 年左右跨越了城镇化率 50% 的“门槛”，上述的其余国家如同英国一样，基本都经历了农村向城市大规模转移人口的城镇化早期阶段。在这一阶段，出于加快积累的需要，“资本主义不断减少从事农业的人口的比例……增加大工业中心数目，”② 而在资本主义生产方式击垮了传统生产方式之后，农业转移人口为了摆脱绝对贫困，大量涌入相对收入较高的城市，被裹挟进资本主义剩余价值生产过程之中。

以列斐伏尔、大卫·哈维、卡斯泰尔为代表的西方马克思主义学者，更完整地观察了 20 世纪、特别是第二次世界大战以后西方国家的城镇化发展。在城镇化率超过 50% 之后，城镇成了西方社会的主流生活空间，空间生产成了资本主义生存发展的重要条件。大卫·哈维关于资本的三级循环的论述从侧面反映了城乡人口转移的趋势。当直接的生产和消费领域（初级循环）出现过度积累后，城镇工业和服务业对农业转移人口的消纳能力接近饱和，并出现“过剩人口”。在改变方向之后，资本或者进入了用于生产的固定资本（厂房和设备、发电能力、铁路网、港口等）和消费基金（如住房）所构成的二级循环，或者进入了社会支出（如教育、卫生保健等社会性基础设施领域的长期投资）和科研与开发的三级循环。③ 资本

① 《马克思恩格斯全集》第 2 卷，人民出版社 1957 年版，第 296 页。

② “大工业中心”是指城市。参见《列宁全集》第 3 卷，人民出版社 1984 年版，第 551 页。

③ ［英］大卫·哈维：《新帝国主义》，初立忠、沈晓雷译，社会科学文献出版社 2009 年版，第 90～91 页。

的二、三级循环，特别是固定资本、消费基金和社会支出的资本循环，成为吸纳农业转移人口的新的劳动力“蓄水池”，从而在速度趋于平缓的高度城镇化阶段继续促进城乡人口转移。在新移民流入的同时，城镇逐渐衍生出了以富裕和贫穷划分的不同的空间区域。随着资本循环和城镇产业的升级，城镇需要越来越多的高技能劳动力从事更复杂的劳动，而劳动力的当代再生产和代际再生产则高度依赖住房、医疗、教育、休闲、文化娱乐和社会服务等高端的生活资料。这方面需求一旦快速增加，就会出现住房有效供给不足、社会基础设施拥挤等“集体消费”危机：一方面，这类生活资料因严重短缺而价格上涨，日益推高城镇的生活成本；另一方面，政府财政难堪重负，在与西方选举政治捆绑下，成为城镇利益冲突和社会风险的诱因之一。[①] 两者都制约了城镇新移民的进一步流入，反而促进了逆城镇化的趋势。

第二次世界大战后，随着发展中国家的经济起飞，这些国家也开始了大规模的城镇化运动。西方发展经济学将这一过程剥离了阶级属性，概括为国家现代化进程中二元经济结构的一元化：在不发达经济体内存在资本主义的现代工业部门和非资本主义的传统农业部门；经济发展的实质是现代工业部门的扩张，而现代工业部门的扩张又需要吸收大量来自农业部门的廉价劳动力。[②] 这种城乡人口转移，受到了多方面因素的影响：一是受到高工资的吸引，由于现代工业部门拥有更高的劳动生产率，其实际工资水平高于农业部

① Manuel Castells, *The Urban Question*: *A Marxist Approach*, In Alan Sheridan (trans.), Cambridge: MIT Press, 1977, p. 149 – 169.

② William Arthur Lewis, “Economic Development with Unlimited Supplies of Labour”, *Manchester School*, Vol. 22, No. 2 (May 1954), pp. 139 – 191.

门；二是由农业剩余和人口规模决定，农业剩余越多，对劳动力的需求越少，转移的规模越大；① 三是受城乡预期收入差异的影响，当劳动力在城镇的预期收入高于农村时，就会转移到城镇工业部门；② 四是受农村“过剩人口”的影响，由于农业生产率提高、农村家庭规模变大，劳动力供给增加而农业部门的需求减少，从而促使人们去城镇寻找工作机会。作为发展中国家，墨西哥在1959年就达到了城镇化率50%的发展水平。然而，一个深刻的教训是，由于奉行自由主义的城镇化政策，到20世纪90年代初，墨西哥的城镇化率已达到70%，远超其工业化水平和当时奥地利等一些发达国家的城镇化水平，被认为是“过度城镇化”。其原因在于农业部门的增长衰退和就业困难，人们要不为生计所迫，要不为了提高个人或家庭在农村的相对经济地位与尊重而背井离乡；③ 就算寄居在大城市周围的贫民窟，也出于农村比城市的相对贫困而不愿回流。④ 随着经济发展和收入上升，年轻一代的农村居民越来越多地被城镇的生活方式所吸引，多样的购物选择、丰富的生活必需品、便利的基础设施成为城乡人口转移的重要因素。而这又构成了各国高度城镇化阶段城乡人口转移的主要群体之一。

---

① Dale W. Jorgenson, "The Development of a Dual Economy", *The Economic Journal*, Vol. 71, No. 282 (June, 1961), pp. 309 – 334.

② Howard Pack and Michael Todaro, "Technological Transfer, Labour Absorption, and Economic Development", *Oxford Economic Papers*, Vol. 21, No. 3 (November, 1969), pp. 395 – 403.

③ Oded Stark and David E. Bloom, "The New Economics of Labour Migration", *American Economic Review*, Vol. 75, No. 2 (May 1985), pp. 173 – 178.

④ Oded Stark and J. Edward Taylor, "Migration Incentives, Migration Types: The Role of Relative Deprivation", *The Economic Journal*, Vol. 101, No. 408 (September, 1991), pp. 1163 – 1178.

综上所述，无论是西方国家的城镇化，还是发展中国家的城镇化，都呈现出以下趋势：一方面，城镇劳动力价值的提高，要求增加更丰富、更高端的生活资料的供给；另一方面，从满足生存到追求幸福和尊重，人的需求层次也在不断跃升。因此，促进包括城乡人口转移在内的人口流动的动力从客观和主观上都是阶段性递进的。而世界上很多国家由于没有根据城镇化动力演化的规律及时地转换动力，出现了严重的环境问题、社会问题、经济问题、政治问题。这种所谓的“城市病”，从城镇化发展阶段的角度，实质上如同“中等收入陷阱”① 一样，是一种“城镇化中期陷阱”的现象。它源于资本主义空间生产中资本对城镇劳动力所创造的剩余价值的剥夺：在快速城镇化阶段，由于存在大量农业转移人口，资本不仅有“无限”的剩余价值来源，还可以用排斥新移民的方式适当“补贴”原有的城镇劳动力，以维持空间生产的秩序；随着人口的持续流入，城镇两极分化不断加剧、公共资源日益稀缺，在缺乏政府调节下，就催生出贫与富、城镇居民与新移民等一系列矛盾，使城镇社会陷入撕裂甚至对立的泥潭。如在拉美、东南亚一些发展中国家，在高度城镇化的阶段仍然有大量人口流入城镇，城镇化率继续走高，但由于新移民无法融入城镇社会或者被城镇社会所排斥，城镇化的一些负效应不断显现。“今天，全世界大约600万难民和400万无家可归者生活在城镇。”② 城镇贫民生活在城镇边缘，他们就业

① 是指“使各经济体赖以从低收入经济体成长为中等收入经济体的战略，对于它们向高收入经济体攀升是不能够重复使用的，进一步的经济增长被原有的增长机制锁定，人均国民收入难以突破10000美元的上限，一国很容易进入经济增长阶段的停滞徘徊期”。参见马岩：《我国面对中等收入陷阱的挑战及对策》，载于《经济学动态》，2009年第7期。

② Robert Muggah, *Researching the Urban Dilemma: Urbanization, Poverty and Violence*, Ottawa: IDRC, 2012, p. 32.

不足、工作条件恶劣、公共服务缺乏，极易受到暴力组织的侵扰；不平等滋生暴力，这反过来又加剧了贫困和不平等，形成一个恶性循环。①

第二节　共享发展：跨越“城镇化中期陷阱”的中国道路

既然导致“城镇化中期陷阱”的原因是剥夺和排斥，那么“共享”就是破除这一陷阱的根本途径。所谓“共享”，在共产主义社会制度下是指“所有人共同享受大家创造出来的福利”②。按照我国城镇化发展进程，“共享”不能一蹴而就，只有在高度城镇化阶段才能可持续地实现。这是因为：第一，“共享”需要足够的城镇经济剩余。“共享”的前提是“把生产发展到能够满足所有人的需要的规模”③。只有城镇化发展到中后期，城镇的资本积累和产业集聚达到一定规模，经济部门产生足够的剩余，才能改善初次分配，或者部分转化为公共资源用于二次分配。第二，“共享”需要人口规模效应。“共享”是一种具有外部性的公共品，其实现基础是人口规模。当参与“共享”的农业转移人口达到一定规模时，“共享”的经济效率及其产生的社会效益才能达到最优水平。④ 第三，“共

---

① 在加拉基斯、危地马拉、伯利兹、巴斯特尔等拉丁美洲国家城市，凶杀率是该国平均水平的 2.5～2.8 倍。参见 Robert Muggah, *Researching the Urban Dilemma: Urbanization, Poverty and Violence*, pp. 27－37.

②③ 《马克思恩格斯文集》第 1 卷，人民出版社 2009 年版，第 689 页。

④ 马凯：《转变城镇化发展方式　提高城镇化发展质量　走出一条中国特色城镇化道路》，载于《国家行政学院学报》，2012 年第 5 期。

享”需要农业和农村的复兴。“共享”的保障是农业劳动生产率的不断提升和农村的同步发展。要避免因农村破败而逃离农村的“拉美国家城镇化陷阱”，就必须应对城镇化冲击，复兴农业和农村，促进城乡协调发展，从相对贫困的角度缩小城乡差距。第四，“共享”需要治理能力的提升。“共享”的主要实现方式是政府主导的收入与服务再分配。在公共资源不足的情况下，“共享”所形成福利负担有可能造成政府的财政危机和债务危机。要避免过度福利化的“欧美国家城镇化陷阱”，就必须加快国家治理能力现代化，提升汲取、统筹、再分配等政府能力。

中华人民共和国成立以后的城镇化是“从政府直接干预到政府间接干预，再到农民自主选择与社会秩序趋向统一的历史进程”①。自 2011 年我国城镇化率超过 50% 以后，2012 年中央经济工作会议提出，城镇化是现代化建设的历史任务，也是扩大内需的最大潜力所在。城镇化形成的内需潜力，主要是农业转移人口从农业向非农产业转移、进而向城镇居民转变②的城镇化进程中释放出来的消费需求、投资需求以及通过乘数效应最终拉动的社会总需求，因此从需求潜力推进城镇化进程是我国城镇化战略的重大转向，人的需求逐渐成为城镇化的发展导向和主要基点。2013 年党的十八届三中全会进一步提出“走中国特色新型城镇化道路，推进以人为核心的城镇化”③。这是中国特色新型城镇化道路区别于以往、区别于绝大多

---

① 解安、徐宏潇、胡勇：《新中国城镇化曲折历程的唯物史观分析》，载于《马克思主义研究》，2015 年第 12 期。

② 任远：《新型城镇化需回归人的需求和权利的多样性》，载于《光明日报》，2015 年 1 月 20 日。

③ 《中共中央关于全面深化改革若干重大问题的决定》，人民出版社 2013 年版，第 23 页。

数发展中国家和部分追赶型发达国家的城镇化道路的关键，[①] 意味着国家“力求突破过去那种以人口比例增加和规模扩张为主的城镇化，”[②] 着力提高城镇化质量和城乡居民的福利和幸福。事实上，新型城镇化一开始就是按照共享发展的理念推进的。2013 年中央农村工作会议明确将以人为核心的城镇化锁定在处于“半城镇化”[③] 的农民工、新增农业转移人口和城镇贫民，提出“三个 1 亿人”目标，即“到 2020 年，要解决约 1 亿进城常住的农业转移人口落户城镇，约 1 亿人口的城镇棚户区和城中村改造，约 1 亿人口在中西部地区的城镇化。”[④] 2014 年，“三个 1 亿人”目标被纳入当年政府工作报告，成为到 2020 年实现全面建成小康社会宏伟目标下城镇化所要达到的阶段性目标和总体框架。此后，以《国家新型城镇化规划（2014 ~ 2020 年）》为标志，围绕农业转移人口落户城镇和享有基本公共服务，我国开展了一系列制度建设和政策创新，并将江苏、安徽两省和宁波等 62 个城市（镇）列为国家新型城镇化综合试点地区。从理论上看，一旦户籍制度等制约人口流动和权利获得的制度障碍被实质性破除，新型城镇化就应回归到以生活方式和民生质量为基础的城乡人口双向流动，最终实现城乡一体化的均衡状态。

---

① “资本主义国家城市化的本质是资本的城市化而非人的城市化。”参见杨静：《西方马克思主义城市理论探析》，载于《人民日报》，2016 年 1 月 25 日，第 16 版。

② 李欣平：《新型城镇化要以人为核心》，载于《经济日报》，2013 年 12 月 13 日，第 15 版。

③ 半城镇化是一种农村人口向城镇人口转换过程中的不完全的城镇化状态，表现形式为半城镇化区域和人口半城镇化。其主体就是在城镇工作、居住但户籍、住房、消费等仍然在农村的农民工。参见辜胜阻：《统筹解决农民工问题需要改进低价工业化和半城镇化模式》，载于《中国人口科学》，2007 年第 5 期。

④ 《中央农村工作会议在北京举行》，载于《人民日报》，2013 年 12 月 25 日，第 1 版。

2015 年，《中共中央关于制定国民经济和社会发展第十三个五年规划的建议》首次提出创新、协调、绿色、开放、共享五大发展理念。这是“‘十三五’乃至更长时期我国发展思路、发展方向、发展着力点的集中体现，也是改革开放 30 多年来我国发展经验的集中体现，反映出我们党对我国发展规律的新认识。”① 五大发展理念相互贯通，相互促进，共同引领新型城镇化：坚持创新发展，推动技术创新、制度创新、社会治理创新，使城镇成为科技进步和经济发展的增长极；坚持协调发展，统筹大中小城市和小城镇发展，促进产业和城镇融合发展；坚持绿色发展，改善城镇生产体系和生活方式，建设资源节约、环境友好型城镇；坚持开放发展，适应全球化和区域化发展趋势，发展城市群和城镇群，推动城镇经济开放与一体化市场建设；坚持共享发展，促进城镇化发展的成果为城乡居民所分享，实现福利和幸福的增进。在五大发展理念中，城镇化的共享发展是依据经济发展规律和社会发展规律，建构由经济关系、社会关系、政治关系等构成的新型城乡关系。共享发展的初级阶段是社会反哺，高级阶段是共同建设，最终目的是共同富裕，② 它是“中国特色社会主义的本质要求。”③ 共享发展表明，党和政府始终代表最广大人民的根本利益，并以共同富裕为奋斗目标，这是城镇化的中国道路的本质特征，也是新型城镇化得以实现的核心因素。

---

① 习近平：《关于〈中共中央关于制定国民经济和社会发展第十三个五年规划〉的说明》，人民出版社 2015 年版，第 66 页。

② 刘武根、艾四林：《论共享发展理念》，载于《思想理论教育导刊》，2016 年第 1 期。

③ 《中国共产党第十八届中央委员会第五次全体会议文件汇编》，人民出版社 2015 年版，第 32 页。

第三节　西部地区：我国新型城镇化的关键区域

2014年年底，李克强同志在国家博物馆参观人居科学研究展时，专门提出了“中西部地区如何突破‘胡焕庸线’[①]，实现城镇化，在家门口分享现代化”的命题。这一命题的实质是，中西部地区通过新型城镇化，打破“胡焕庸线”这一由综合自然地理条件决定的人口分布和流向定律，[②] 让返乡农民工和新增农业转移人口能在中西部地区就近城镇化。

西部地区历来是我国农民工的主要输出区域，是自然条件、经济基础和共享能力最弱的区域之一，也是城镇化水平和质量发展滞后的区域。随着人口流向的转变，“十三五”时期西部地区既要实现将近1亿人的人口城镇化目标，又要克服“城镇化中期陷阱”的挑战，是我国新型城镇化的重点和难点区域。

一、“十二五”时期人的城镇化视域下西部地区的人口流向

从人的城镇化角度来看，城镇化水平的提高通常有三种可能的

---

① “胡焕庸线”是胡焕庸教授1935年提出的，以黑龙江瑷珲（今黑河市）和云南腾冲为两端的直线。该线“将中国人口区划为东南半壁和西北半壁两部分，东南半壁以‘36%’的国土面积占据‘96%’的人口，而西北半壁以‘64%’的国土面积仅占据‘4%’的人口。”参见戚伟、刘盛和、赵美风：《“胡焕庸线”的稳定性及其两侧人口集疏模式差异》，载于《地理学报》，2015年第4期。

② 陈明星、李扬、龚颖华、陆大道、张华：《胡焕庸线两侧的人口分布与城镇化格局趋势——尝试回答李克强总理之问》，载于《地理学报》，2016年第2期。

实现形式：一是城镇人口的自然增长快于农村人口的自然增长；二是农村地区发展非农产业转变为城镇，实现城镇人口的长入式增长；三是农村人口向城镇迁移，实现城镇人口的迁移增长。[①] 研究表明，人口迁移才是我国城镇化水平提高的主要实现形式。[②]

"十二五"时期西部地区的人口流动总体上呈现出以下趋势。(1) 向省内首位城市和本地城镇流动。2011 年，除了新疆出现城镇人口反向流入农村的"逆城镇化"现象外，其他 11 个省（区、市）城镇化率提升的主要来源是本地农业转移人口。(2) 以"胡焕庸线"为界，分别向西北省份的城镇和东南沿海地区的城镇跨省流动。以全国第 6 次人口普查数据为例，2010 年西部地区总体上是人口流出区域，净流出 330. 5 万人，占西部地区人口的 1. 98%，见表 5 – 1。其中，作为西部地区最大的城市群，成渝城市群流入人口 382. 4 万人，流出人口 716. 4 万人，已成为当年我国 6 个流动人口规模在 200 万人以上的城市群之一，流出人口接近流入人口的 2 倍。在西南地区，由于临近珠三角、长三角等沿海经济发达地区，成渝城市群、南宁城市群、贵阳城市群人口净流出，且综合流出选择指数是综合流入选择指数的 2 倍左右。在西北地区，以关中城市群为分界线，呼包鄂城市群、兰西城市群、天山北麓城市群，越远离珠三角、长三角等经济中心的区域性城市群人口集聚能力越强，尤其是新疆的天山北麓城市群流入人口接近流出人口的 10 倍。(3) 西

① 毛新雅、王桂新：《长江三角洲地区人口入迁及城市化的区域经济因素分析：基于面板数据的研究》，载于《市场与人口分析》，2006 年第 2 期。

② Kevin Honglin Zhang and Shunfeng Song, "Rural-urban migration and urbanization in China: Evidence from time-series and cross-section analyses", *China Economic Review*, Vol. 14, No. 4 (September 2003), pp. 386 – 400.

部沿边省份成为新的人口流入地，西部内陆省份的人口流出发生分流。随着我国“一带一路”建设和沿边开放，与沿海地区相似的“边界效应”显现，产业、人口向西部沿边省份进一步集聚。2011年，内蒙古、云南、西藏、青海、新疆等省区外地流入城镇人口超过流入外地城镇人口，[①] 青海虽然不是沿边省份，但由于全省人口规模小，因此外地净流入城镇人口对常住人口城镇化率的贡献在西部地区是最高的，达到2.98个百分点。与此同时，处于沿海地区与沿边地区的“中间地带”的西部内陆省份，除了有一小部分人口流向西部沿边省份，主要还是流向东部沿海地区。如广西、重庆、四川、贵州、陕西、甘肃、宁夏，人口大量向外省城镇迁移，其中在广西、重庆、四川、贵州，超过10%以上的城乡总人口流向外省。鉴于这四个省（区、市）都是我国的劳务输出大省，输出目的地主要是珠三角、长三角等沿海发达地区，因此外流人口的主体是已非农化就业并在城镇居住的农民工，是最有可能实现市民化的群体。(4) 随着农民工大量回流，省内流动已超过跨省流动，成为西部地区人口流动的主要形式。据国家卫生和计划生育委员会《中国流动人口发展报告（2013)》，2011年四川、重庆等劳务大省农民工外出打工流向中，省内流动的比例首次超过跨省流动的比例，“80后”“90后”等新生代农民工加速回流，农村剩余劳动力的就近转移和省内转移为西部地区新型城镇化提供了人口来源，转移型城镇化成为西部地区最重要的城镇化形式。

① 郭东杰、王晓庆：《经济开放与人口流动及城镇化发展研究》，载于《中国人口科学》，2013年第5期。

表 5－1　　　　西部地区城市群人口流动规模分布①

城市群	流入		流出		净流入		综合流入选择指数	综合流出选择指数
	总数（万人）	占比（%）	总数（万人）	占比（%）	总数（万人）	净流入率（%）		
西部	1069.2	14.19	1399.7	32.51	－330.5	－1.98	—	—
成渝	382.4	5.07	716.4	16.64	－334.0	－4.39	88.83	291.32
南宁	100.3	1.33	270.8	6.29	－170.5	－7.44	77.44	366.02
贵阳	88.2	1.17	141.3	3.28	－53.1	－4.53	132.98	372.95
关中	115.1	1.53	117.1	2.72	－2.0	－0.09	91.06	162.18
昆明	105.6	1.40	64.1	1.49	41.5	2.96	133.38	141.73
呼包鄂	136.5	1.81	49.5	1.15	87.0	12.37	343.20	217.88
兰西	57.1	0.76	30.6	0.71	26.5	3.63	138.24	129.69
天山北麓	84.0	1.11	9.9	0.23	74.1	13.70	274.60	56.66

二、“十三五”时期“三个1亿人”目标的西部地区分解

经过改革开放30多年的发展，西部地区城镇化得到长足发展。2013年全国城镇化率达到53.73%。同年，内蒙古为58.71%，广西为44.82%，四川为48.50%，贵州为37.83%，云南为39.31%，陕西为51.31%，甘肃为40.13%，青海为48.51%，宁夏为52.02%，新疆为44.47%。② 从城镇化率的变异

① 纪韶、朱志胜：《中国城市群人口流动与区域经济发展平衡性研究——基于全国第六次人口普查长表数据的分析》，载于《经济理论与经济管理》，2014年第2期。

② 数据整理自西部地区各省统计年鉴、《新中国60年统计资料汇编》。其中：(1) 重庆1997年获批设立直辖市，为计算方便，相关数据已经合并到四川；(2) 由于西藏数据缺失较多，故不纳入计算；(3) 因为1999～2000统计口径调整及多个省区在2005年调整成常住人口，本数据结合城镇人口或非农人口除以各省年末总人口所得。

系数 $V_x = \frac{\sqrt{\frac{1}{n}\sum_{i=1}^{n}\left(x_i - \frac{1}{n}\sum_{i=1}^{n}x_i\right)^2}}{\frac{1}{n}\sum_{i=1}^{n}x_i}$ 来看，1990～2013 年，除了内蒙古、甘肃、青海、新疆等地广人稀的西北省区，广西、四川、贵州、云南、陕西、宁夏等省区的城镇化发展速度都超过同期全国水平，尤其是四川、云南两省接近全国水平的 2 倍。西部地区城镇化率总体上接近 50% 的水平，进入城镇化风险集中凸显的区间。

据我们测算，"十三五"时期西部地区要实现将近 1 亿人的人口城镇化目标。第一，从"半城镇化"人口以及城镇化进程中自然增长的农业转移人口来看，2013 年西部地区外出农民工 5250 万人，占全国的 31.61%。① 按照 2009～2013 年人口城镇化的平均速度，西部地区的城镇化率每年提高 1.58 个百分点，农业转移人口常住城镇的每年新增规模为 603.25 万人。考虑到受经济新常态、人口流出等多种因素影响，2014～2020 年城镇化增长率有可能回落，西部地区在这 7 年间预计将累计解决近 4000 万进城常住的农业转移人口落户城镇。第二，从城镇棚户区和城中村改造来看，在西部地区 12 个省（区、市）中，仅四川省就提出在 2013～2017 年全省改造危旧房棚户区约 150 万户，按照四川省人口抽样调查户均 2.76 人计算，四川将通过城镇棚户区和城中村改造的主体工程实现 414 万人口城镇化。② 第三，通过城市群培育和中心镇建设，还可以促进 4000 万左右人口在西部地区就地城镇化。即使考虑到这三部分的人口城镇

① 国家统计局：《2013 年全国农民工监测调查报告》，载于《中国信息报》，2014 年 5 月 13 日，第 1 版。

② 数据整理自中华人民共和国国家统计局网站分省年度数据。

化存在着重复计算，西部地区实现人口城镇化的目标占“三个1亿人”目标的比重，还是远高于2013年该区域人口占全国总人口27.04%的比重。因此，以人为核心的新型城镇化的关键区域在西部地区。只有西部按期实现人口城镇化的既定目标，才能保证“三个1亿人”目标的达成，才能确保到2020年全国城镇化率总体达到60%的水平。

第四节 共享发展能力建设：西部地区新型城镇化的破题之法

新型城镇化的核心是人的城镇化，农业转移人口进入城镇、转化为市民的初衷已经从简单的就业谋生转变为寻求更安定、更现代、更美好的城镇生活。据我们在全国多个城市对当地干部和农民工的专项调查发现：虽然西部地区务工收入比东部地区低，但是仍有接近一半的农民工明确表示愿意回流西部；即使在东莞等农民工集中就业的城市，农民工只要接受职业教育就能转为当地城镇户籍，但绝大多数农民工仍不愿意放弃西部家乡的户籍和土地权利，他们来东莞务工的主要动机之一是为了子女能享受教育、医疗等城市公共服务；西部地区农民工最为迫切的需求依次是固定就业和稳定收入、生活住房、社会福利和保障、技能培训等，且越年轻、学历越高的农民工越向往城市生活、越关注民生质量。这表明，共享发展已是农业转移人口进城落户、成为城镇居民的共同意愿，西部地区应当顺应这一意愿，不断增强共享发展的能力，实现可持续的新型城镇化。

一、西部地区新型城镇化共享发展能力的评价

2015 年，党的十八届五中全会从增加公共服务供给、实施脱贫攻坚工程、提高教育质量、促进就业创业、缩小收入差距、建立更加公平更可持续的社会保障制度、推进健康中国建设、促进人口均衡发展 8 个方面部署共享发展。而从欧美国家早期的城镇化和拉美国家城镇化的经验和教训来看，城镇化的共享发展不仅包括生活水平、公共服务的共享发展，而且还包括人居环境的共享发展；新型城镇化应成为就业增进、产业升级、社会进步、生活品质提升、生态环境改善和人民生活幸福度提高的发展转型过程。① 由此，我们根据城镇化进程中生活质量提升规律和城乡一体化发展趋势，借鉴联合国千年发展目标和人类发展指数、国家统计局全面建成小康社会统计监测指标体系等，从生活水平、公共服务、人居环境 3 个维度，构建了三级评价指标体系，来测度西部地区城镇化共享发展的能力，见表 5 - 2。

为了体现城乡居民同权共享的原则，本指标体系在数据可获的基础上，尽量使用反映城乡差距的相对指标：在生活水平维度，突出城乡收入、消费、物价的一体化水平以及城镇充分就业水平；在公共服务维度，体现政府公共服务供给能力以及基本公共服务均衡化水平；在人居环境维度，显示城镇生活的健康度和舒适度。在评价技术上，本指标体系用“中心化”方法 $x' = \frac{x - \bar{x}}{S}$ 对指标进行无量

---

① 任远：《人的城镇化：新型城镇化的本质研究》，载于《复旦学报（社会科学版）》，2014 年第 4 期。

纲化处理，以此反映31个省（区、市）的有关指标在全国的相对水平。① 在指标权重设置上，本指标体系赋予每一项指标相同的权重（重要性），即权重是1/12。我们以我国城镇化率首次突破50%的2011年为基期，选择前后相差2年的2009年和2013年进行比较，相关数据来自中华人民共和国国家统计局网站分省年度数据。

表5－2　　共享发展能力评价指标体系

一级指标	二级指标	三级指标	注释	变动方向
生活水平	收入水平	城镇家庭人均可支配收入/农村家庭人均纯收入	衡量城乡家庭收入之比的指标	→1
	消费结构	城镇家庭恩格尔系数/农村家庭恩格尔系数	衡量城乡家庭贫困程度的比较的指标	→1
	物价水平	城市居民消费价格指数/农村居民消费价格指数	衡量城乡居民收入的实际购买力之比的指标	→1
	就业水平	城镇登记失业率	衡量城镇的充分就业程度的指标	↓
公共服务	教育	普通高中师生比	衡量非义务教育的教育资源配置的宽裕程度的指标	↑
	卫生	每万人拥有城市卫生技术人员/每万人拥有农村卫生技术人员	衡量城乡卫生医疗资源配置之比的指标	→1
	信息	互联网普及率	衡量家庭信息化水平的指标	↑
	安全	每万人交通事故死亡人数	衡量地区公共安全保障水平的初级指标	↓

① 由于西藏数据缺失较多，故不纳入计算。

续表

一级指标	二级指标	三级指标	注释	变动方向
人居环境	居住条件	城镇收入房价比	衡量城镇住房对家庭收入的负担状况的指标	↑
	基础设施	人均城市道路面积	衡量支持城镇汽车消费的基础设施条件的指标	↑
	生态条件	人均公园绿地面积	衡量城镇生态建设水平的初级指标	↑
	环境管理	生活垃圾无害化处理率	衡量城镇环境治理水平的初级指标	↑

从2013年的横向比较来看，受产业基础和发展阶段制约，西部各省生活水平的城乡一体化水平滞后于东部地区，在城乡收入差距上西部地区处于全国平均水平之上，其中贵州、云南、陕西、甘肃是全国城乡收入比最大的省份，高达4.28倍、4.28倍、4.11倍和4.00倍；城乡消费差距、城乡物价水平差异、城镇就业水平总体处于全国后列，而贵州、云南、内蒙古城乡消费差距较小的原因是以上省区城乡整体性贫困。在公共服务方面，教育资源相对紧张，考虑到部分应届初中毕业生外出打工而放弃高中学业，那么教育资源的稀缺程度还将更高；卫生医疗资源较多集中在城镇，其中青海、贵州、云南等省城乡卫生资源差距分别达到4.86倍、3.67倍和3.14倍，信息服务和安全服务也整体上供给不足。在人居环境方面，由于西部地区临近城镇化率50%的区间，住房需求和房地产投资快速增加，住房价格上升速度快于收入上升速度，西部地区的城镇收入房价比滑落到全国中后列；交通基础设施、生态条件、环境基础设施建设滞后，人口承载力下降。见表5－3。

表 5－3　　2013 年西部地区省（区、市）各指标在全国的位序

省（区、市）	收入水平	消费结构	物价水平	就业水平	教育	卫生	信息	安全	居住条件	基础设施	生态条件	环境管理
内蒙古	21	8	28	24	19	17	17	14	1	10	6	14
广西	26	16	8	12	24	13	22	17	12	7	17	10
重庆	22	12	19	18	29	3	16	7	17	26	8	3
四川	18	15	21	28	27	11	25	8	24	18	19	13
贵州	30	2	30	14	26	29	28	2	22	28	30	17
云南	29	5	29	26	12	26	29	10	20	25	21	22
陕西	27	30	3	11	23	7	14	18	23	12	20	11
甘肃	28	21	7	3	22	12	27	22	21	20	29	30
青海	24	29	27	13	8	30	11	30	15	19	27	27
宁夏	25	24	5	27	17	24	18	27	7	3	2	16
新疆	14	25	11	15	7	18	9	28	11	16	25	26

从 2009 年与 2013 年的纵向比较来看，虽然西部地区生活水平维度的城乡一体化水平仍然落后于全国平均水平，但随着西部地区承接东部地区产业转移、西部地区产业从首位城市向次级城市扩散，生活水平维度的城乡一体化水平与全国平均水平的差距正在不断缩小，见图 5－1。由于东部地区城镇化率先进入中期阶段，各种城镇社会矛盾、环境问题等早已显现，东部地区在加强公共服务、提升共享发展能力方面已提前布局，因此，2009～2013 年西部地区公共服务的发展速度滞后于东部地区，在全国的相对水平有所下降，见图 5－2。同时，在返乡农民工和新增农业转移人口在西部地区就近城镇化的背景下，人口城镇化速度加快，西部地区原有的绿色、舒适的人居环境已日益拥挤，低房价负担的比较优势也逐渐消失，这在重庆、贵州、云南、甘肃等省（市）表现得尤为突出，见

图5－3。总体上，西部地区人口城镇化率偏低的省份与共享发展能力不足的省份高度重合。

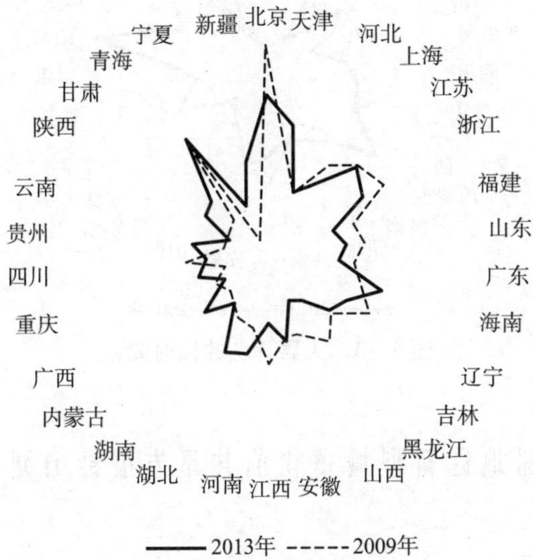

图5－1　生活水平的相对变化

图5－2　公共服务的相对变化

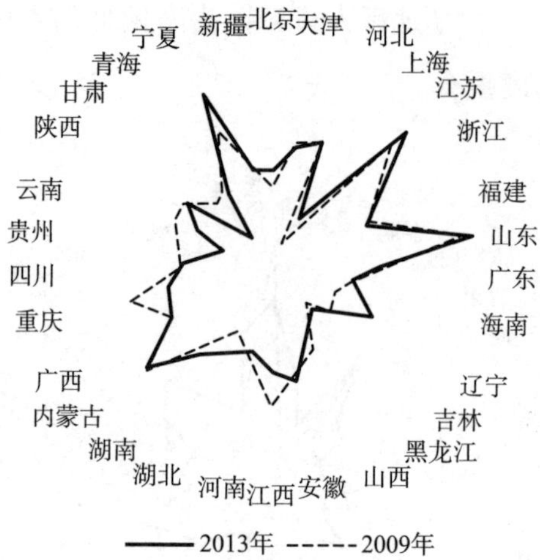

图5－3　人居环境的相对变化

二、西部地区新型城镇化的共享发展能力建设

如上所述，在城镇化中期阶段以后，西部地区新型城镇化的主要动力来自共享发展。根据共享发展的基本特征，西部地区应从生活水平、公共服务和人居环境三个维度提高共享发展的能力：

1. 增强共享发展的产业基础

产业基础是共享发展的前提，离开产业基础的共享发展只能是共同贫困。在经济新常态下，虽然中国经济整体进入工业化中后期，但除重庆、成都、西安等少数超大城市、特大城市外，西部地区大部分城镇仍处于工业化中前期。此时正是人口、产业加快向城镇集聚的阶段，也是快速城镇化的高峰阶段，就业机会与适当的城乡收入差距是吸引农业转移人口的基本驱动因素。因此，西部地区应按照资本空间循环和流动的规律，主动承接国内外产业转移，提高资本形成能力，增强共享发展的产业基础。重点把握好两种产业转移趋势：一是在“三期叠加”下新一轮的过剩产业和过剩产能转移趋势，如传统重工业、化工业、劳动密集型产业向西部欠发达地区的整体转移；二是国家“一带一路”倡议和长江经济带战略下，跨国公司全球价值链重构和我国国家价值链构建的产业转移趋势，如面向丝绸之路经济带沿线国家对外贸易，在西部地区设立的研发机构、生产基地、物流中心等。在以承接产业转移吸纳大量农业转移人口的基础上，同步加快城镇建设，培育各类服务业，进一步推动城乡人口转移。

2. 破除制约共享发展的体制机制

体制机制障碍是共享发展的制度藩篱，其中户籍制度以及黏附在户籍关系上的社会经济差别是维持既有城乡二元结构、制约共享发展的主要障碍之一。2014 年发布的《国务院关于进一步推进户籍制度改革的意见》，明确提出到 2020 年建立新型户籍制度的目标。其创新之处是建立居住证制度，“在保留了户籍制度与地方性社会福利挂钩的同时，也将居住证与地方性社会福利的享受资格挂起钩。”① 这使得已常住城镇但不愿落户城镇的农民工可以共享基本的社会福利。西部地区应在农民工集中流向的大中城市全面建立居住证制度，以新生代农民工为重点，为不同条件和述求的农民工分类提供稳定的基本公共服务。在此基础上，以公共服务的增量福利引导土地承包经营权、宅基地使用权、集体收益分配权等存量福利的改革，在宪法和法律的框架内，探索多样化的土地承包经营权、宅基地使用权、集体收益分配权实现形式，合理分享新型城镇化的收

① 熊万胜：《新户籍制度改革与我国户籍制度的功能转型》，载于《社会科学》，2015 年第 2 期。

益，提高农民工落户城镇后的生存发展能力，吸引农民工真正融入现代城市文明。

3. 构建共享发展的公共服务普惠机制

公共服务是实现共享发展的基本方式。由于制度惯性和大城市的经济崛起，我国的社会资源和公共服务高度集中在大中城市的核心城区，与此相匹配的是，包括农民工在内的人口向大中城市流动，造成大中城市的人口过载和公共服务过度拥挤。而本应大量吸纳流动人口的小城市、城镇、村镇，由于缺乏产业和公共服务，尽管户籍制度改革的力度最大，[①] 但对农民工的吸引力远低于大城市。[②] 在西部地区城镇体系中，中小城市和城镇的比例超过全国平均水平，县城及其他中心镇是西部城镇的主体。要根据功能布局、产业分工、承载条件、人口历史分布等因素，沿铁路、高速公路等重要交通线，集中发展适度人口规模的功能型城镇和产业型城镇。鉴于西部地区公共服务资源偏少且高度集中在省会城市的特点，通过人员交流、帮扶指导、兼并重组、品牌输出、连锁经营等方式，大力推动教育、医疗、养老等优质公共服务资源下移至中心镇，让县城和中心镇成为农业转移人口“离土不离乡”、就近城镇化的主要去处。

4. 提升共享发展的治理能力

基层是共享发展的实现平台，是公共服务供给和社会矛盾化解的最前沿。进入城镇化中期阶段后，随着城乡人口转移，在原有的

① 王美艳、蔡昉：《户籍制度改革的历程与展望》，载于《广东社会科学》，2008 年第 6 期。

② 孙文凯、白重恩、谢沛初：《户籍制度改革对中国农村劳动力流动的影响》，载于《经济研究》，2011 年第 1 期。

城乡二元结构的基础上，又形成了原有户籍居民与新移民之间的二元结构，就业机会、公共资源、文化习俗等方面的摩擦增多，城镇化的代价和风险集中凸显。在从管制向治理、经济发展为重向公共服务为重的转型中，基层组织面临能力不足的挑战。再加上部分基层党组织软弱涣散问题、民族问题、宗教问题及其他西部地区特有的社会问题，基层治理能力亟待加强和提升。要坚持不懈地加强基层党组织建设和基层民主建设，把握城镇社会的发育发展规律，加强原有户籍居民与新移民等不同群体之间的事务协商和文化融合，加强街道居民自治、社区居民自治与院落（小区）自治相协同的基层自治体系，完善政府公共服务、社会组织有偿服务和公益服务、居民志愿服务三位一体的公共服务供给模式，形成政府主导、社会广泛参与的基层复合治理。

参考文献

[1] A. J. Jacobs, "Embedded Autonomy and Uneven Metropolitan Development: A Comparison of the Detroit and Nagoya Auto Regions, 1969 - 2000", *Urban Studies*, Vol. 40, No. 2 (February 2003), pp. 335 - 360.

[2] Alberto Alesina, Reza Baqir and William Easterly, "Public Goods and Ethnic Divisions", *The Quarterly Journal of Economics*, Vol. 114, No. 4 (November 1999), pp. 1243 - 1284.

[3] Amartya Sen, *Development as Freedom*, New York: Alfred A. Knopf, 1999, p. 3.

[4] Antonio Savoia and Kunal Sen, "Measurement, Evolution, Determiants, and Consequences of State Capacity: A Review of Recent Research", *Journal of Economic Surveys*, Vol. 29, No. 3, (2015), pp. 441 - 458.

[5] Barry Clark, *Political Economy: A Comparative Approach* (*Second Edition*), London: Praeger Publishers, p. ix.

[6] Barry Eichengreen, "Secular stagnation: A review of the issues", In Coen Teulings and Richard Baldwin (eds.), *Secular Stagna-*

tion: Facts, Causes and Cures, London: CEPR Press, 2014, p. 41.

[7] Brian Levy, "State Capacity, Accountability and Economic Development in Africa", *Commonwealth & Comparative Politics*, Vol. 45, No. 4 (November 2007), pp. 499 – 520.

[8] Bruce Cumings, "State Building in Korea: Continuity and Crisis", In Matthew Lange and Dietrich Rueschemeyer (eds.), *States and Development: Historical Antecedents of Stagnation and Advance*, Gordonsville: Palgrave Macmillan Press, 2005, pp. 211 – 235.

[9] Cameron G. Thies, "State Fiscal Capacity and State Failure", *European Political Science Review*, Vol. 7, No. 2 (May 2015), pp. 167 – 187.

[10] Chris Freeman, "Continental, National and Sub-national Innovation Systems—Complementarity and Economic Growth", *Research Policy*, Vol. 31, No. 2 (February 2002), pp. 191 – 211.

[11] Daniel Berliner, Anne Greenleaf, Milli Lake and Jennifer Noveck, "Building Capacity, Building Rights? State Capacity and Labor Rights in Developing Countries", *World Development*, Vol. 72 (August 2015), pp. 127 – 139.

[12] Daron Acemoglu and James Robinson, *Why Nations Fail: The Origins of Power, Prosperity, and Poverty*, New York: Crown Business, 2012, pp. 15 – 27.

[13] Daron Acemoglu, Andrea Vindigni and Davide Ticchi, "Emergence and Persistence of Inefficient States", *Journal of the European Economic Association*, Vol. 9, No. 2 (April 2011), pp. 177 – 208.

[14] Daron Acemoglu, "Politics and Economics in Weak and Strong States", *Journal of Monetary Economics*, Vol. 52, No. 7 (October 2005), pp. 1199 – 1226.

[15] Daron Acemoglu, Simon Johnson and James A. Robinson, "The Colonial Origins of Comparative Development: An Empirical Investigation", *The American Economic Review*, Vol. 91, No. 5 (December 2001), pp. 1369 – 1401.

[16] David Hulme, Antonio Savoia and Kunal Sen, "Governance as a Global Development Goal? Setting, Measuring and Monitoring the Post – 2015 Development Agenda", *Global Policy*, Vol. 6, No. 2 (May 2015), pp. 85 – 96.

[17] Deborah Boucoyannis, "No Taxation of Elites, No Representation: State Capacity and the Origins of Representation", *Politics & Society*, Vol. 43, No. 3 (September 2015), pp. 303 – 332.

[18] Douglass C. North, *Institutions, Institutional Change and Economic Performance*, Cambridge: Cambridge University Press, 1990, pp. 42 – 44.

[19] Edward P. Lazear and Sherwin Rosen, "Rank – Order Tournaments as Optimum Labor Contracts", *The Journal of Political Economy*, vol. 89, No. 5 (October 1981), pp. 841 – 864.

[20] Eva A Paus, "Productivity Growth in Latin America: The Limits of Neoliberal Reforms", *World Development*, Vol. 32, No. 3 (March 2004), pp. 427 – 445.

[21] Francis Fukuyama, *State – Building: Governance and World*

Order in the 21st Century, Ithaca: Cornell University Press, 2004, p. 9.

[22] George T. Abed and Hamid R. Davoodi, "Corruption, Structural Reforms, and Economic Performance in the Transition Economies", In George T. Abed and Sanjeev Gupta (eds.), *Governance*, *Corruption*, *& Economic Performance*, Washington DC: International Monetary Fund, 2002, pp. 412 – 435.

[23] Herman E. Daly, Beyond Growth: *The Economic of Sustainable Development*, Boston: Beacon Press, 1996, pp. 121 – 129.

[24] Hillel Soifer and Matthias vom Hau, "Unpacking the Strength of the State: The Utility of State Infrastructural Power", *Studies in Comparative International Development*, Vol. 43, No. 3/4 (September 2008), pp. 219 – 230.

[25] Hugh Ward, Xun Cao and Bumba Mukherjee, "State Capacity and the Environmental Investment Gap in Authoritarian States", Comparative Political Studies, Vol. 47, No. 3 (March 2014), pp. 309 – 343.

[26] Jacques Lesourne, *The Economics of Order and Disorder*: *The Market as Organizer and Creator*, Oxford: Clarendon Press, 1992, pp. 57 – 72.

[27] James E. Rauch and Peter B. Evans," Bureaucratic Structure and Bureaucratic Performance in Less Developed Countries", *Journal of Public Economics*, Vol. 75, No. 1 (2000), pp. 49 – 71.

[28] James Lee, "Developmentalism, Social Welfare and State

Capacity in East Asia: Integrating Housing and Social Security in Singapore", *Journal of Asian Public Policy*, Vol. 2, No. 2 (July 2009), pp. 157 – 170.

[29] Jon Pierre and B. Guy Peters, *Governance, Politics and the State*, Basingstoke: Palgrave Macmillan, 2000, pp. 4 – 8.

[30] Jonathan Isham, Michael Woolcock, Lant Pritchett and Gwen Busby, "The Varieties of Resource Experience: Natural Resource Export Structures and the Political Economy of Economic Growth", *The World Bank Economic Review*, Vol. 19, No. 2 (2005), pp. 141 – 174.

[31] Karl Pichelmann, "When 'Secular Stagnation' Meets Piketty's Capitalism in the 21st Century Growth and Inequality Trends in Europe Reconsidered", 12*th Euroframe Conference: Challenges for Europe* 2050, (12 June 2015), Vienna.

[32] Karl Polanyi, *The Great Transformation: The Political and Economic Origins of Our Time*, Boston: Beacon Press, 2001, p. Xxvi.

[33] La Porta, F. Lopez-de – Silanes R., A. Shleifer, R. Vishny, "The Quality of Government", *Journal of Law, Economics, and Organization*, Vol. 15, No. 1 (1999), pp. 222 – 279.

[34] Linda Weiss, "Global Governance, National Strategies: How Industrialized States Make Room to Move Under the WTO", *Review of International Political Economy*, Vol. 12, No. 5 (December 2005), pp. 723 – 749.

[35] Linda Weiss, "Globalization and State Power", *Development and Society*, Vol. 29, No. 1 (June 2000), pp. 1 – 15.

[36] Linda Weiss, "Introduction: Bringing Domestic Institutions Back In", In Linda Weiss (eds.), *States in the Global Economy: Bringing Domestic Institutions Back in*, Cambridge: Cambridge University Press, 2003, p. 1.

[37] Linda Weiss, "State Power and the Asian Crisis", *New Political Economy*, Vol. 4, No. 3 (November 1999), pp. 317 – 342.

[38] Linda Weiss, "The State-augmenting Effects of Globalisation", *New Political Economy*, Vol. 10, No. 3 (September 2005), pp. 345 – 353.

[39] Mark Armstrong, "Competition in Two – Sided Markets", *The RAND Journal of Economics*, Vol. 37, No. 3 (September 2006), pp. 668 – 691.

[40] Mark Dincecco and Gabriel Katz, "State Capacity and Long-run Economic Performance", *The Economic Journal*, Vol. 126, No. 590 (February 2016), pp. 189 – 218.

[41] Mark Robinson, "Hybrid States: Globalisation and the Politics of State Capacity", *Political Studies*, Vol. 56, No. 3 (October 2008), pp. 566 – 583.

[42] Matthew Lange and Dietrich Rueschemeyer, "States and Development: An Introduction", In Matthew Lange and Dietrich Rueschemeyer (eds.), *States and Development: Historical Antecedents of Stagnation and Advance*, New York: Palgrave Macmillan, 2005, pp. 3 – 4.

[43] Matthias Busse and Steffen Gröning, "Does foreign aid improve governance?", *Economics Letters*, Vol. 104, No. 2 (August 2009),

pp. 76 – 78.

[44] Moses Abramovitz, "Catching Up, Forging Ahead, and Falling Behind", *The Journal of Economic History*, Vol. 46, No. 2 (June 1986), pp. 385 – 406.

[45] Noel D. Johnson and Mark Koyama, "Tax Farming and the Origins of State Capacity in England and France", *Explorations in Economic History*, Vol. 51 (January 2014), pp. 1 – 20.

[46] Paul Collier, "The Political Economy of State Failure", *Oxford Review of Economic Policy*, Vol. 25, No. 2, The Political Economy of Development (Summer 2009), pp. 219 – 240.

[47] Paul Krugman and Anthony J. Venables, "Globalization and the Inequality of Nations", *The Quarterly Journal of Economics*, Vol. 110, No. 4 (November 1995), pp. 857 – 880.

[48] Paul Krugman, *The Self Organizing Economy*, Cambridge: Blackwell Publishers, 1996, pp. 75 – 97.

[49] Paul M. Romer, "Increasing Returns and Long – Run Growth", *Journal of Political Economy*, Vol. 94, No. 5 (October 1986), pp. 1002 – 1037.

[50] Peter B. Evans, Dietrich Rueschemeyer and Theda Skocpol, *Bring the State Back In*, Cambridge: Cambridge University Press, p. Viii.

[51] Peter Evans and James E. Rauch, "Bureaucracy and Growth: A Cross – National Analysis of the Effects of 'Weberian' State Structures on Economic Growth", *American Sociological Review*, Vol. 64, No. 5,

(October 1999), pp. 748 – 765.

[52] Peter Evans, *Embedded Autonomy: States and Industrial Transformation*, Princeton: Princeton University Press, 1995, pp. 36 – 69.

[53] Petros G. Sekeris, "State Power, State Capacity, and Development", *Peace Economics, Peace Science, and Public Policy*, vol. 21, No. 4 (2015), pp. 553 – 560.

[54] P. N. Rosenstein – Rodan, "Notes on the Theory of the 'Big Push'", In Howard S. Ellis and Henry C. Wallich (eds.), *Economic Development for Latin America*, London: Palgrave Macmillan UK, 1961, pp. 57 – 81.

[55] P. N. Rosenstein – Rodan, "Problems of Industrialization of Eastern and South – Eastern Europe", *The Economic Journal*, Vol. 53, No. 210/211 (June – September 1943), pp. 202 – 211.

[56] Raúl Prebisch, "Commercial Policy in the Underdeveloped Countries", *American Economic Review*, Vol. 49, No. 2 (May 1959), pp. 251 – 273.

[57] Raúl Prebisch, *The Economic Development of Latin America and its Principal Problems*, New York: United Nations Department of Economic Affairs, 1950, pp. 15 – 18.

[58] Robert M. Solow, "A Contribution to the Theory of Economic Growth", *Quarterly Journal of Economics*, Vol. 70, No. 1, 1956, pp. 65 – 94.

[59] Sahr Kpundeh and Brian Levy (eds), *Building State Capacity in Africa: New Approaches, Emerging Lessons*, Washington DC:

World Bank Publications, 2004, p. 1.

[60] Simon Kuznets, "Economic Growth and Income Inequality", *American Economic Review*, Vol. 45, No. 1 (March 1955), pp. 1 – 28.

[61] Stephen Knack and Philip Keefer, "Institutions and Economic Performance: Cross – Country Tests Using Alternative Institutional Measures", *Economics and Politics*, Vol. 7, No. 3 (November 1995), pp. 207 – 227.

[62] Timothy Besley and Torsten Persson, *Pillars of Prosperity: The Political Economics of Development Clusters*, Princeton: Princeton University Press, 2011, p. 2.

[63] Timothy Besley and Torsten Persson, "Fragile States and Development Policy", *Journal of the European Economic Association*, Vol. 9, No. 3 (June 2011), pp. 371 – 398.

[64] Timothy Besley and Torsten Persson, "State Capacity, Conflict and Development", *Econometrica*, Vol. 78, No. 1 (January 2010), pp. 1 – 34.

[65] Timothy Besley and Torsten Persson, "The Causes and Consequences of Development Clusters: State Capacity, Peace and Income", *Annual Review of Economics*, Vol. 6, No. 1 (August 2014), pp. 927 – 949.

[66] Timothy Besley and Torsten Persson, "The Origins of State Capacity: Property Rights, Taxation, and Politics", *American Economic Review*, Vol. 99, No. 4 (September 2009), pp. 1218 – 1244.

[67] Timothy Besley, Ethan Ilzetzki, and Torsten Persson, "Weak

States and Steady States: The Dynamics of Fiscal Capacity", *American Economic Journal: Macroeconomics*, Vol. 5, No. 4 (October 2013), pp. 205 – 235.

[68] Thomas Piketty, *Capital in the Twenty – First Century*, Arthur Goldhammer (trans.), Cambridge: The Belknap Press of Harvard University Press, p. 1.

[69] Tuan – Hwee Sng and Chiaki Moriguchi, "Asia's Little Divergence: State Capacity in China and Japan before 1850", *Journal of Economic Growth*, Vol. 19, No. 4 (December 2014), pp. 439 – 470.

[70] Ulrich Witt, "Self-organization and Economics—What is New?", *Structural Change and Economic Dynamics*, Vol. 8, No. 4 (October 1997), pp. 489 – 507.

[71] Valerie Bockstette, Areendam Chanda and Louis Putterman, "States and Markets: The Advantage of an Early Start", *Journal of Economic Growth*, Vol. 7, No. 4 (December 2002), pp. 347 – 369.

[72] Walt Whitman Rostow, "The Stages of Economic Growth", *Economic History Review*, Vol. 12, No. 1 (August 1959), pp. 1 – 16.

[73] William Easterly, "Inequality does Cause Underdevelopment: Insights from a New Instrument", *Journal of Development Economics*, Vol. 84, No. 2 (November 2007), pp. 755 – 776.

[74] 胡锦涛:《高举中国特色社会主义伟大旗帜　为夺取全面建设小康社会新胜利而奋斗——在中国共产党第十七次全国代表大会上的报告》，北京：人民出版社，2007 年。

[75] 胡锦涛:《坚定不移沿着中国特色社会主义道路前进　为

全面建成小康社会而奋斗——在中国共产党第十八次全国代表大会上的报告》，北京：人民出版社，2012 年。

[76]《中共中央关于制定国民经济和社会发展第十三个五年规划的建议》，北京：人民出版社，2015 年。

[77]《国务院关于加快科技服务业发展的若干意见》，载于《中华人民共和国国务院公报》，2014 年第 31 期。

[78] 中华人民共和国环境保护部：《2015 中国环境状况公报》2016 年 5 月 20 日。

[79] 樊纲：《渐进式改革的政治经济学分析》，上海：上海远东出版社，1996 年。

[80] 王洛林、魏后凯：《中国西部大开发政策》，北京：经济管理出版社，2003 年。

[81] 柯武刚、史漫飞：《制度经济学：社会秩序与公共政策》，韩朝华译，上海：商务印书馆，2000 年。

[82] 王绍光、胡鞍钢：《中国国家能力报告》，沈阳：辽宁人民出版社，1993 年。

[83]［美］乔尔·S. 米格代尔著，张长东、朱海雷、隋春波、陈玲译，《强社会与弱国家：第三世界的国家社会关系及国家能力》，南京：江苏人民出版社，2009 年。

[84]［英］W. 阿瑟·刘易斯：《经济增长理论》，梁小民译，上海：上海三联书店、上海人民出版社，1994 年，第 475～576 页。

[85] 中国科学院可持续发展战略研究组：《2006 中国可持续发展战略报告》，北京：科学出版社，2006 年。

[86] 中国科学院可持续发展战略研究组：《2015 中国可持续

发展报告》，北京：科学出版社，2015 年。

[87] 中国科学院可持续发展战略研究组：《2010 中国可持续发展战略报告——绿色发展与创新》，北京：科学出版社，2010 年。

[88] 王松霈：《西部大开发的绿色经济道路》，北京：经济管理出版社，2007 年。

[89] 李晓燕：《低碳农业发展研究——以四川为例》，北京：经济科学出版社，2010 年。

[90] 张晓等：《中国水旱灾的经济学分析》，北京：中国经济出版社，2000 年。

[91] 高吉喜：《可持续发展理论探索——生态承载力理论、方法与应用》，北京：中国环境出版社，2007 年。

[92] 汪晓文、康玲芬、韩雪梅等著：《西部地区自我发展能力研究——基于问题地区和对外开放的视角》，北京：中国社会科学出版社，2014 年。

[93] 钱方明：《开放与区域经济发展——兼对江浙模式的应用分析》，北京：人民出版社，2006 年。

[94] 李红梅、周英：《中国西部地区对外开放战略研究》，北京：中央民族大学出版社，2007 年。

[95] 姚慧琴、徐璋勇、安树伟、赵勋：《西部蓝皮书：中国西部发展报告（2015）》，北京：社会科学文献出版社，2015 年。

[96] 常修泽：《创新立国战略》，北京：学习出版社，2013 年。

[97] 江世银等：《增强西部地区发展能力的长效机制和政策》，北京：中国社会科学出版社，2009 年。

[98] 徐晋：《平台经济学——平台竞争的理论与实践》，上海：

上海交通大学出版社，2007 年。

[99] 习近平:《大力发展循环经济，加快建设资源节约型、环境友好型社会》，载于《管理世界》2005 年第 7 期。

[100] 林毅夫、蔡昉、沈明高:《我国经济改革与发展战略抉择》，载于《经济研究》1989 年第 3 期。

[101] 林毅夫:《战略抉择是经济改革与发展成功的关键》，载于《经济科学》1994 年第 3 期。

[102] 林毅夫、蔡昉、李周:《比较优势与发展战略——对"东亚奇迹"的再解释》，载于《中国社会科学》1999 年第 5 期。

[103] 周黎安:《中国地方官员的晋升锦标赛模式研究》，载于《经济研究》2007 年第 7 期。

[104] 杨瑞龙:《我国制度变迁方式转换的三阶段论——兼论地方政府的制度创新行为》，载于《经济研究》1998 年第 1 期。

[105] 杨瑞龙、杨其静:《阶梯式的渐进制度变迁模型——再论地方政府在我国制度变迁中的作用》，载于《经济研究》2000 年第 3 期。

[106] 徐现祥、王贤彬、舒元:《地方官员与经济增长——来自中国省长、省委书记交流的证据》，载于《经济研究》2007 年第 9 期。

[107] 中国经济增长与宏观稳定课题组:《资本化扩张与赶超型经济的技术进步》，载于《经济研究》2010 年第 5 期。

[108] 王绍光:《国家治理与基础性国家能力》，载于《华中科技大学学报》(社会科学版) 2014 年第 3 期。

[109] 国家统计局农村社会经济调查总队:《2003 年全国扶贫

开发重点县农村绝对贫困人口1763万》，载于《调研世界》2004年第6期。

[110] 钟茂初：《“可持续发展”的意涵、误区与生态文明之关系》，载于《学术月刊》2008年第7期。

[111] 韦森：《再评诺斯的制度变迁理论》，载于《经济学》(季刊) 2009年第2期。

[112] 国务院发展研究中心资源与环境政策研究所、中国西部发展研究院李佐军、张佑林：《我国西部地区环境保护的难点与对策（上)》，载于《中国经济时报》2012年9月11日。

[113] 王彬彬、李晓燕：《生态补偿的制度建构：政府和市场有效融合》，载于《政治学研究》2015年第5期。

[114] 王彬彬：《论生态文明的实施机制》，载于《四川大学学报》(哲学社会科学版)，2012年第3期。

[115] 王彬彬：《西部地区生态文明建设的空间形态研究》，载于《统计与决策》2009年第3期。

[116] 王彬彬：《西部地区生态承载力动态研究》，载于《青海社会科学》2008年第7期。

[117] 王彬彬、杜受祜：《ECO^2：低碳城市的第三种模式?》，载于《四川师范大学学报》（社会科学版）2012年第3期。

[118] 李晓燕、蔡军：《生态文明理念下西部地区自然资源有偿化开发——基于构建资源开发补偿机制的视角》，载于《西南民族大学学报》（人文社科版）2014年第3期。

[119] 李晓燕、王彬彬：《四川发展低碳农业的必然性和途径》，载于《西南民族大学学报》（人文社科版）2010年第1期。

[120] 李晓燕、王彬彬:《低碳农业:应对气候变化下的农业发展之路》,载于《农村经济》2010 年第 3 期。

[121] 俞可平:《科学发展观与生态文明》,载于《马克思主义与现实》2005 年第 4 期。

[122] 李玲、江宇:《有为政府、有效市场、有机社会——中国道路与国家治理现代化》,载于《经济导刊》2014 年第 4 期。

[123] 张慧君、黄秋菊:《国家制度能力与经济转型:理解中国模式的政治经济维度》,载于《天津社会科学》2011 年第 2 期。

[124] 陈曙光:《中国模式:确定性与不确定性——兼评西方话语中的"中国模式"观》,载于《教学与研究》2014 年第 2 期。

[125] 柳新元:《制度安排的实施机制与制度安排的绩效》,载于《经济评论》2002 年第 4 期。

[126] 何平、蒋玉珉:《新制度学派的"国家悖论"学说及其现实意义》,载于《经济学动态》2003 年第 8 期。

[127] 曹海军:《"国家学派"评析:基于国家自主与国家能力维度的分析》,载于《政治学研究》2013 年第 1 期。

[128] 黎静:《发展中国家的国家能力比较》,载于《政治学研究》1999 年第 3 期。

[129] 黄清吉:《国家能力基本理论》,载于《政治学研究》2007 年第 4 期。

[130] 方福前:《围绕"凯恩斯革命"的最新争论》,载于《教学与研究》2006 年第 12 期。

[131] 张红:《西部生态文明与可持续发展》,载于《人民论坛》2011 年第 5 期。

[132] 余谋昌:《生态文明: 建设中国特色社会主义的道路——对十八大大力推进生态文明建设的战略思考》, 载于《桂海论丛》2013 年第 1 期。

[133] 陈家刚:《生态文明与协商民主》, 载于《当代世界与社会主义》2006 年第 2 期。

[134] 朱安东、李民骐、韩野:《国家能力与中国经济增长的可持续性》, 载于《政治经济学评论》2012 年第 4 期。

[135] 陈增贤:《我国西部地区生态文明建设现状及其成因解析——基于马克思主义生态观》, 载于《甘肃理论学刊》2015 年第 2 期。

[136] 欧阳景根、张艳肖:《国家能力的质量和转型升级研究》, 载于《武汉大学学报》(哲学社会科学版) 2014 年第 4 期。

[137] 张军驰、樊志民:《西部生态环境治理的路径选择——以生态文明为视角》, 载于《河南社会科学》2010 年第 11 期。

[138] 封凯栋:《国家创新系统: 制度与演化的视角》, 载于《国家行政学院学报》2011 年第 3 期。

[139] 林跃勤:《增长方式转换与后发国家赶超研究——前苏联样本及其启示》, 载于《经济学家》2012 年第 3 期。

[140] 王珂、秦成逊:《西部地区实现绿色发展的路径探析》, 载于《经济问题探索》2013 年第 1 期。

[141] 吴振明:《深入实施西部大开发战略背景下的西部地区对外开放新思路》, 载于《经济问题探索》2012 年第 11 期。

[142] 中国生产力学会课题组、郑新立、高铁生、翟立功、陈胜昌、常义:《"十三五"时期实施创新驱动发展战略和建设创新型国家

的战略目标和战略重点》，载于《经济研究参考》2015 年第 3 期。

[143] 王珍珍：《"十二五"以来我国省域创新驱动发展战略实施成效分析》，载于《经济研究参考》2014 年第 58 期。

[144] 王睿、陈德敏：《西部地区向西开放总体战略构想研究》，载于《中国软科学》2013 年第 4 期。

[145] 金芳：《西部地区的生态文明发展模式与策略研究》，载于《中国农村观察》2008 年第 2 期。

[146] 任晓蕙：《陕西科技优势转化有效途径探析》，载于《理论导刊》2003 年第 12 期。

[147] 肖炳兰：《论哈耶克对计划经济存在基础的消解》，载于《经济评论》2000 年第 4 期。

[148] 王达：《宏观审慎监管的大数据方法：背景、原理及美国的实践》，载于《国际金融研究》2015 年第 9 期。

[149] 周涛：《大数据 1.0 版本，2.0 版本和 3.0 版本：颠覆性变化下的商业革命》，载于《人民论坛》2013 年第 10 期。

[150] 刘涛雄、徐晓飞：《大数据与宏观经济分析研究综述》，载于《国外理论动态》2015 年第 1 期。

[151] 张亚斌、马莉莉：《大数据时代的异质性需求、网络化供给与新型工业化》，载于《经济学家》2015 年第 8 期。

[152] 李允尧、刘海运、黄少坚：《平台经济理论研究动态》，载于《经济学动态》2013 年第 7 期。

[153] 李小玲、李新建：《双边市场中平台企业的运作机制研究评述》，载于《中南财经政法大学学报》2013 年第 1 期。

[154] 李凌：《平台经济发展与政府管制模式变革》，载于《经

济学家》2015 年第 7 期。

[155] 缪艳娟:《企业内控规范实施机制的新制度经济学分析》, 载于《会计研究》2010 年第 11 期。

[156] 于林:《加快西部地区生态环境建设的对策研究》, 载于《生态经济》(学术版) 2008 年第 10 期。

[157] 陈灿平、高玉翔:《西部地区生态环境与生态文明制度建设研究》, 载于《西南民族大学学报》(人文社会科学版) 2013 年第 12 期。

[158] 李小云:《中国农村贫困报告》, 载于《中国农业大学学报》2004 年第 1 期。

[159] 施祖麟、王亚华:《西部大开发中的生态环境可持续发展问题》, 载于《中国发展》2002 第 11 期。

[160] 杨永军、江华锋、任建通:《中国西部区域综合竞争力的实证研究初探》, 载于《安徽农业科学》2007 年第 20 期。

[161] 何爱平、赵仁杰:《丝绸之路经济带背景下西部生态文明建设: 困境、利益冲突及应对机制》, 载于《人文杂志》2016 年第 3 期。

[162] 吴传钧:《增强我国西部地区自我发展能力是根本》, 载于《学会》1999 年第 11 期。

[163]《低碳经济的推手: 农业生产的可持续发展》, 载于《绿色视野》2008 年第 6 期。

[164] 齐亚彬:《资源环境承载力研究进展及其主要问题剖析》, 载于《中国国土资源经济》2005 年第 5 期。

[165] 涂菲:《战略资源储备与民族地区出口产品结构调整》,

载于《西南民族大学学报》(人文社科版) 2007 年第 7 期。

[166] 刘雨林:《关于西藏主体功能区建设中的生态补偿制度的博弈分析》,载于《干旱区资源与环境》2008 年第 1 期。

[167] 付红波:《西部欠发达地区主导产业选择及发展对策》,载于《西南民族大学学报》(人文社科版) 2005 年第 7 期。

[168] 杜琼:《西部沿边地区创新对外开放模式研究》,载于《中国集体经济》2013 年第 7 期。

[169] 肖昭升、吴文化:《我国向西开放国际运输通道的战略构想》,载于《综合运输》2007 年第 10 期。

[170] 崔欣欣:《把握"一带一路"建设机遇　打造我国西部地区对外开放新引擎》,载于《对外经贸》2016 年第 4 期。

[171] 陈劭锋、苏利阳、刘扬、李颖明、潘明麒:《新时期我国生态文明建设的战略构想》,载于《科技促进发展》2013 年第 7 期。

[172] 杨婷婷:《"丝绸之路经济带"构想下西部地区开放问题研究——基于东部率先开放的经验》,载于《延边党校学报》2015 年第 1 期。

[173] 段小梅、黄志亮:《新常态下西部地区进一步扩大对外开放的挑战与应对策略》,载于《当代经济管理》2016 年第 6 期。

[174] 陈万灵:《后金融危机时期互利共赢开放战略的调整方向》,载于《战略决策研究》2010 年第 5 期。

[175] 金元浦:《我国文化创意产业发展的三个阶梯与三种模式》,载于《中国地质大学学报》(社会科学版) 2010 年第 1 期。

[176] 段雯娟:《中国品牌节落户"中国避暑之都"贵州》,载于《地球》2014 年第 5 期。

[177] 宗和:《贵阳生态文明城的谋与势》,载于《决策》2013 年第 2 期。

[178] 卿红:《论生态文明建设法治化》,载于《行政与法》2010 年第 12 期。

[179] 杨国华:《论〈跨太平洋伙伴关系协议〉(TPP) 与我国多边和区域一体化战略》,载于《当代法学》2016 年第 1 期。

[180] 高丽峰、李文芳、侯新华:《入世后辽宁省外贸依存度变动研究》,载于《沈阳工业大学学报》(社会科学版) 2012 年第 1 期。

[181] 张玉颖、张雨琪、万深艳:《〈2015 中国地方政府效率报告〉公布重点城市排行榜》,载于《管理观察》2015 年第 12 期。

[182] 杜妮:《面对购销逆差,西部电商如何突围?》,载于《中国西部》2015 年第 3 期。

[183] 黄贝拉、徐伟:《大数据经济学简评》,载于《农村经济与科技》2015 年第 11 期。

[184] 王永生:《矿业循环经济如何走向纵深——以攀枝花市为例》,载于《国土资源》2008 年第 3 期。

[185] 蔡永青、王永生、汪冰、郭冬艳:《我国生态文明建设新举措盘点》,载于《当代经济》2015 年第 11 期。

[186] 王明旨:《大数据时代下"互联网+"对创新设计产业的影响》,载于《设计艺术研究》2015 年第 10 期。

[187]《中共中央国务院关于深化体制机制改革 加快实施创新驱动发展战略的若干意见》,载于《人民日报》2015 年 3 月 24 日。

[188]《中共中央国务院关于构建开放型经济新体制的若干意见》,载于《人民日报》2015 年 9 月 18 日。

[189] 任理轩:《坚持开放发展——“五大发展理念”解读之四》,载于《人民日报》2015 年 12 月 23 日。

[190] 《中共中央国务院印发〈国家创新驱动发展战略纲要〉》,载于《人民日报》2016 年 5 月 20 日。

[191] 习近平:《共同维护和发展开放型世界经济》,载于《人民日报》2013 年 9 月 7 日。

[192]《落实创新协调绿色开放共享发展理念 确保如期实现全面建成小康社会目标》,载于《人民日报》2016 年 1 月 7 日。

[193] 霍小光、吴晶晶:《坚定不移创新创新再创新 加快创新型国家建设步伐》,载于《人民日报》2014 年 6 月 10 日。

[194] 《国务院印发〈关于加快科技服务业发展的若干意见〉》,载于《人民日报》2014 年 10 月 29 日。

[195] 黄秋生、罗成翼、陈元:《开放发展:开创对外开放的新局面》,载于《光明日报》2016 年 6 月 18 日。

[196] 国家发展与改革委员会:《西部大开发“十二五”规划》,载于《经济日报》2012 年 2 月 21 日。

[197] 杨虎涛:《〈国家为什么会失败〉的失败》,载于《中国社会科学报》2014 年 6 月 16 日,第 B01 版。

[198] 冯蕾、鲁元珍:《哪个地区最具创新力——从 R&D 投入看经济动力》,载于《光明日报》2015 年 6 月 18 日。

[199] 潘岳:《社会主义生态文明》,载于《学习时报》2006 年 9 月 27 日。

[200] 危旭芳:《理解绿色发展的五个维度》,载于《学习时报》2016 年 2 月 22 日。

[201] 周黎安、李宏彬、陈烨：《相对绩效考核：关于中国地方官员晋升的一项经验研究》，载于《经济学报》第1期第1辑，2005。

[202] 李晓燕、王彬彬：《加快绿色发展 建设生态文明新家园》，载于《四川经济日报》2016年7月4日。

[203] 周慧：《东西部数字GDP差距更悬殊——中国“互联网+”指数2016报告发布》，载于《21世纪经济报道》2016年6月17日。

[204] 周慧：《新三板区域创新版图：北京领衔 东西部分化明显》，载于《21世纪经济报道》2016年7月15日。

[205] 张梦洁：《31省份上半年进出口调座次：广东总量第一青海增速领跑》，载于《21世纪经济报道》2015年8月5日。

[206] 门洪华：《对中国对外开放战略的若干思考》，载于《开放导报》2008年6月8日。

[207] 中国人民大学国家发展与战略研究院：《以“杠杆率软着陆”实现控风险与稳增长》，载于《中国证券报》2015年10月8日。

[208] 孟庆：《创新驱动发展必须坚持需求导向》，载于《中国经济时报》2016年5月23日。

[209] 黄剑辉、应习文：《在区域差距中挖掘经济潜力》，载于《华夏时报》2015年1月8日。

[210] 杨玉华、江国成、程士华：《低碳经济推“秸秆能源”走向前台》，载于《经济参考报》2009年12月28日。

[211]《四川省国民经济和社会发展第十三个五年规划纲要》，载于《四川日报》2016年2月15日。

[212] 王云:《缺了攀西 四川新能源战略有点难》，载于《四川日报》2011年5月19日。

[213]《美国国际集团将购买新疆四川农村减排指标》，载于《中国环境报》2007年11月2日。

[214] 王鲁铨:《贵阳市发布2015年环境状况公报》，载于《贵州日报》2016年6月3日。

[215] 李薛霏:《〈贵州贵安新区绿色数据中心发展报告〉发布》，载于《贵州日报》2015年6月26日。

[216]《重庆市国民经济和社会发展第十三个五年规划纲要》，载于《重庆日报》2016年3月21日。

[217]《陕西省国民经济和社会发展第十三个五年规划纲要》(摘登)，载于《陕西日报》2016年2月16日。

[218]《贵州省国民经济和社会发展第十三个五年规划纲要》，载于《贵州日报》2016年2月17日。

[219]《青海省国民经济和社会发展第十三个五年规划纲要》，载于《青海日报》2016年2月15日。

[220]《宁夏回族自治区国民经济和社会发展第十三个五年规划纲要》，载于《宁夏日报》2016年3月4日。

[221] 邱宜钢:《国家发展改革委印发实施〈珠江—西江经济带发展规划〉》，载于《广西日报》2014年8月4日。

[222]《广西壮族自治区国民经济和社会发展第十三个五年规划纲要》，载于《广西日报》2016年6月5日。

[223] 廖兴阳:《云南能否回归内陆门户》，载于《昆明日报》2014年6月6日。

[224]《云南省国民经济和社会发展第十三个五年规划纲要》，载于《云南日报》2016年5月6日。

[225]《中共甘肃省委关于制定国民经济和社会发展第十三个五年规划的建议》，载于《甘肃日报》2015年11月30日。

[226]《内蒙古自治区国民经济和社会发展第十三个五年规划纲要》，载于《内蒙古日报》2016年3月8日。

[227]《中共西藏自治区委员会关于制定"十三五"时期国民经济和社会发展规划的建议》，载于《西藏日报》2015年12月31日。

[228]《2014中国区域创新能力报告出炉》，载于《科技日报》2014年12月26日。

[229] 张盖伦:《〈中国区域创新能力评价报告2015〉发布》，载于《科技日报》2015年12月7日。

[230] 陈磊:《2014中国区域创新能力报告出炉》，载于《科技日报》2014年12月26日。

[231] 张梅:《2020年我省将率先建成创新型省份》，载于《陕西科技报》2015年11月27日。

[232] 江潇:《全市建成太阳能提灌项目19个》，载于《攀枝花日报》2015年6月26日。

[233] 刘旭:《创新开发托起中国钒钛之都》，载于《四川日报》2014年11月27日。

[234] 侯高岚:《后发优势理论分析与经济赶超战略研究》，载于《中国社会科学院博士学位论文》，2003年。

[235] 李怡:《区域创新系统演化机理与西部区域创新系统培育》，载于《西南财经大学博士学位论文》，2010年。

［236］刘传岩：《西部地区开放型经济发展研究》，载于《中共中央党校博士论文》，2013 年。

［237］张平：《外商直接投资对中国区域经济的影响研究》，兰州大学博士学位论文，2010 年。

［238］罗丽英、滕艳飞：《论正式制度的实施机制的累积效应》，“第五届经济学年会（制度经济学领域）”论文，厦门，2005 年 12 月。

后　记

星霜荏苒，光阴如箭。作为学术生涯的起点，2010 年我作为课题负责人申报的国家社会科学基金青年项目《提升西部地区自我发展能力战略研究》（项目编号：10CJY003）得以立项。在之后的六年时间里，我和我的课题组成员们辗转四川、云南、广西、贵州、重庆、宁夏、甘肃等西部多个省（自治区、直辖市）、数十个区（市、县）开展实地调研，也前往浙江、江苏等东部省份搜集典型案例和成功经验。我们跟随国家前进的脚步，几易研究方案和写作内容，研究的主题从西部地区自我发展到向西开放再到“一带一路”倡议。虽然其中辛苦种种、困难重重，但我们坚信所有的真诚付出都有回报。六年来，我在《马克思主义研究》《政治学研究》《四川大学学报（哲学社会科学版）》《中国社会科学报》等核心报刊上发表学术论文近十篇，多篇论文被《人大报刊复印资料》全文转载，呈报的多份对策建议获得了省级领导批示和相关部门采纳。

在师友的鼓励下，我将课题研究成果修改成书并公开出版。在本书面世之际，我要感谢全国哲学社会科学规划办公室的研究资助，感谢项目评审专家的青睐和指导性意见，感谢四川大学相关领导和同事对项目研究给予的帮助和提供的诸多便利，感谢开题时专家学者对本研究提出的宝贵意见和建议，感谢课题组成员们风雨同舟、历尽艰难、共同完成了研究成果，感谢四川大学社会科学研究处在本项目的基础上对我的进一步培养并予以四川大学中央高校基本科研业务费研究专项项目（项目批准号：skqx2017－27）资助，感谢经济科学出版社李雪老师为本书出版付出的大量心血。

特别感谢我的博士生导师、四川大学经济学院邓玲教授。感谢您把我带入区域经济发展研究的殿堂，引领我完成人生中最为重要的一段求索历程。您严谨的治学态度、开阔的学术视野、忘我的学术奉献精神、拳拳的关爱品格让我受益终生。

感谢我的老师、四川大学原副校长、博士生导师杜肯堂教授。您总是于细微处启迪我探究学问的意识，常常教导我科研学习不囿于书本、不枉于课堂，在点拨之间让我领略治学专研的学术要义。

感谢四川省社会科学院原副院长、博士生导师杜受祜研究员。非常荣幸能成为您国家社科基金重大项目的子课题负责人，我由此进入资源环境经济学的研究领域。您严谨细致的科研精神、大公无私的助人品格、谦和待人的长者之风值得我终身学习。

感谢四川大学党委副书记、博士生导师曹萍教授多年来给予我的支持和帮助。您对我学术方向的引领和指导、对我事业成长的鼓励和关怀促使我砥砺前行。

谨以此书献给我的家人。感谢长辈的默默奉献和关怀包容。感谢我最亲密的爱人和学术伴侣、四川省社会科学院李晓燕研究员，感谢你对我一如既往的支持和理解，帮我承担工作压力让我全身心地投入本书写作，陪伴我走过这一段艰苦奋斗的岁月。感谢我最心爱的儿子王宇琨，六年的科研岁月伴随着你的出生和成长，阳光开朗、聪颖机灵的你是我最大的精神动力，让我体会为人父的喜悦和骄傲。感谢我挚爱的亲人们，你们的爱给予了我完成本书的勇气和信心。

在本书的写作过程中，我参阅了国内外学者的著作和文章，我要诚挚感谢学者们为我的研究所铺下的坚实基础。尽管我严格遵循学术规范，但难免百密一疏，如果我引用了您的观点而疏忽了注释，深表歉意，恳请您谅解与批评指正。

王彬彬　于四川大学望江校区

二〇一七年十二月二十日